ENSAIOS PSICANALÍTICOS

COLEÇÃO "CLÍNICA PSICANALÍTICA"
Títulos publicados

1. Perversão — Flávio Carvalho Ferraz
2. Psicossomática — Rubens Marcelo Volich
3. Emergências Psiquiátricas — Alexandra Sterian
4. Borderline — Mauro Hegenberg
5. Depressão — Daniel Delouya
6. Paranoia — Renata Udler Cromberg
7. Psicopatia — Sidney Kiyoshi Shine
8. Problemáticas da Identidade Sexual — José Carlos Garcia
9. Anomia — Marilucia Melo Meireles
10. Distúrbios do Sono — Nayra Cesaro Penha Ganhito
11. Neurose Traumática — Myriam Uchitel
12. Autismo — Ana Elizabeth Cavalcanti / Paulina Schmidtbauer Rocha
13. Esquizofrenia — Alexandra Sterian
14. Morte — Maria Elisa Pessoa Labaki
15. Cena Incestuosa — Renata Udler Cromberg
16. Fobia — Aline Camargo Gurfinkel
17. Estresse — Maria Auxiliadora de A. C. Arantes / Maria José Femenias Vieira
18. Normopatia — Flávio Carvalho Ferraz
19. Hipocondria — Rubens Marcelo Volich
20. Epistemopatia — Daniel Delouya
21. Tatuagem e Marcas Corporais — Ana Costa
22. Corpo — Maria Helena Fernandes
23. Adoção — Gina Khafif Levinzon
24. Transtornos da Excreção — Marcia Porto Ferreira
25. Psicoterapia Breve — Mauro Hegenberg
26. Infertilidade e Reprodução Assistida — Marina Ribeiro
27. Histeria — Silvia Leonor Alonso / Mario Pablo Kuks
28. Ressentimento — Maria Rita Kehl
29. Demências — Delia Catullo Goldfarb
30. Violência — Maria Laurinda Ribeiro de Souza
31. Clínica da Exclusão — Maria Cristina Poli
32. Disfunções Sexuais — Cassandra Pereira França
33. Tempo e Ato na Perversão — Flávio Carvalho Ferraz
34. Transtornos Alimentares — Maria Helena Fernandes

35. Psicoterapia de Casal	Purificacion Barcia Gomes e Ieda Porchat
36. Consultas Terapêuticas	Maria Ivone Accioly Lins
37. Neurose Obssesiva	Rubia Delorenzo
38. Adolescência	Tiago Corbisier Matheus
39. Complexo de Édipo	Nora B. Susmanscky de Miguelez
40. Trama do Olhar	Edilene Freire de Queiroz
41. Desafios para a Técnica Psicanalítica	José Carlos Garcia
42. Linguagens e Pensamento	Nelson da Silva Junior
43. Término de Análise	Yeda Alcide Saigh
44. Problemas de Linguagem	Maria Laura Wey Märtz
45. Desamparo	Lucianne Sant'Anna de Menezes
46. Transexualismo	Paulo Roberto Ceccarelli
47. Narcisismo e Vínculos	Lucía Barbero Fuks
48. Psicanálise da Família	Belinda Mandelbaum
49. Clínica do Trabalho	Soraya Rodrigues Martins
50. Transtornos de Pânico	Luciana Oliveira dos Santos
51. Escritos Metapsicológicos e Clínicos	Ana Maria Sigal
52. Famílias Monoparentais	Lisette Weissmann
53. Neurose e Não Neurose	Marion Minerbo
54. Amor e Fidelidade	Gisela Haddad
55. Acontecimento e Linguagem	Alcimar Alves de Souza Lima
56. Imitação	Paulo de Carvalho Ribeiro
57. O Tempo, a Escuta, o Feminino	Silvia Leonor Alonso
58. Crise Pseudoepiléptica	Berta Hoffmann Azevedo
59. Violência e Masculinidade	Susana Muszkat
60. Entrevistas Preliminares em Psicanálise	Fernando José Barbosa Rocha
61. Ensaios Psicanalíticos	Flávio Carvalho Ferraz
62. Adicções	Decio Gurfinkel

Coleção Clínica Psicanalítica
Dirigida por Flávio Carvalho Ferraz

ENSAIOS PSICANALÍTICOS

Flávio Carvalho Ferraz

Casa do Psicólogo®

© 2011 Casapsi Livraria e Editora Ltda.
É proibida a reprodução total ou parcial desta publicação, para qualquer finalidade,
sem autorização por escrito dos editores.

1ª Edição
2011

Editores
Ingo Bernd Güntert e Juliana de Villemor A. Güntert

Assistente Editorial
Luciana Vaz Cameira

Editoração Eletrônica e Produção Gráfica
Fabio Alves Melo

Coordenação de Revisão
Lucas Torresini

Preparação de Original
Ana Paula Girardi

Projeto Gráfico da Capa
Yvoty Macambira

**Dados Internacionais de Catalogação na Publicação (CIP)
(Câmara Brasileira do Livro, SP, Brasil)**

Ferraz, Flávio Carvalho
   Ensaios psicanalíticos / Flávio Carvalho Ferraz. -- São Paulo : Casa
do Psicólogo®, 2011. -- (Coleção clínica psicanalítica / dirigida por Flávio
Carvalho Ferraz)

   ISBN 978-85-8040-013-7

   1. Ensaios psicanalíticos 2. Psicanálise I. Ferraz, Flávio Carvalho .
II. Título. III. Série.

11-12975	CDD-150.195

Índices para catálogo sistemático:
1. Ensaios psicanalíticos 150.195

Impresso no Brasil
Printed in Brazil

*As opiniões expressas neste livro, bem como seu conteúdo, são de responsabilidade de seus autores,
não necessariamente correspondendo ao ponto de vista da editora.*

Reservados todos os direitos de publicação em língua portuguesa à

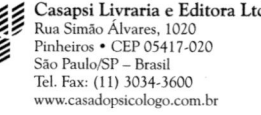

Casapsi Livraria e Editora Ltda.
Rua Simão Álvares, 1020
Pinheiros • CEP 05417-020
São Paulo/SP – Brasil
Tel. Fax: (11) 3034-3600
www.casadopsicologo.com.br

À memória de minha irmã
Helena Maria Carvalho Ferraz

Sumário

Viagens... por Rubens Marcelo Volich 11

1 - A psicanálise entre as ciências da loucura 27
2 - O louco de rua na literatura...63
3 - As montagens perversas como defesa contra a psicose............121
4 - Sacher-Masoch, A *vênus das peles* e o masoquismo...................133
5 - O primado do masculino em xeque 149
6 - A abordagem psicanalítica das tendências antissociais.............171
7 - Violência e medo 203
8 - Das neuroses atuais à psicossomática 215
9 - A tortuosa trajetória do corpo na psicanálise 237
10 - Por uma metapsicologia dos restos diurnos 261
11 - Transmissão da psicanálise e formação psicanalítica 281
12 - Alienação e sublimação no trabalho..309
13 - Algumas consequências da teoria freudiana sobre a ética 329

Viagens...

Rubens Marcelo Volich

"Me dá um silêncio... e eu conto"
(João Guimarães Rosa)

A paisagem ondulada da serra convida ao devaneio. Serpenteando entre vales e montes, pequenos córregos fazem companhia a estradas solitárias pelas quais é possível por muito tempo viajar quase sem cruzar outros passantes. Se eles surgem, uma névoa de poeira se levanta e encobre a paisagem, os animais e a vegetação do entorno, reforçando o clima onírico da viagem. Por caminhos como esses é possível chegar ao Córrego do Bom Jesus, alcançar o alto da Pedra de São Domingos, ou seguir ainda mais longe, até Gonçalves, Paraisópolis, e mesmo, desafiando lama, curvas e o enjoo, pular a divisa e chegar a Campos do Jordão.

Era em Cambuí que a viagem sempre começava. Cercada pelos montes da Mantiqueira, com suas fazendas, matas, cachoeiras e tentadores convites para as aventuras de qualquer criança, a cidade, à margem da rodovia Fernão Dias, também convidava a imaginar os horizontes mais longínquos das grandes cidades, como São Paulo e Belo Horizonte.

Em meio a essas paisagens e dilemas cresceu Flávio Carvalho Ferraz. As experiências ali vividas marcaram e até hoje se fazem presentes em seus caminhos. Impossível conhecer Flávio sem conhecer Cambuí. Quase impossível conversar com ele sem que, de repente, seus olhos brilhem e seu rosto se ilumine por uma lembrança que dispara: *"uma vez, em Cambuí..."* Impossível não reconhecer em sua vida, em seu percurso profissional, em seus escritos e, particularmente nestes *Ensaios Psicanalíticos*, questões que matuta desde sua infância passada naquela cidade.

Em Cambuí, como qualquer criança, Flávio brincava com os amigos na rua, aventurava-se por matas e cachoeiras, comia fruta no pé, pulava fogueira no São João. Em Cambuí, marcado pelo aroma do café recém-torrado e pela visão das manhãs orvalhadas de inverno se perguntava sobre coisas da vida, se intrigava com o nascimento e a morte dos bichos e com o mundo para além das montanhas do sul de Minas.

Adormecia embalado pelos contos de Grimm, de Andersen e de Monteiro Lobato, mas, ao despertar, saía pelas ruas em busca das histórias das gentes, dos matutos, e, em particular, "[...] daquelas personagens que perambulavam de rua em rua, ou mesmo de cidade em cidade, guardando em torno de si uma atmosfera de mistério"... os loucos de rua.

Curioso, cativado por esse mistério, pelo "medo, curiosidade, pena" e outras emoções que eles despertavam à sua volta, aos doze anos Flávio deu início à sua primeira investigação. Como ele mesmo conta,

> [Aos doze anos] realizei uma tarefa por mim mesmo determinada: movido pela curiosidade, pelo interesse e pela paciência então possível, procurei fazer o que estava ao meu alcance, tentando dar algum corpo a histórias fantásticas que corriam de boca em boca sobre aquelas tão célebres figuras. Munido de um caderno de anotações, passei então a coletar o que eu ouvia a respeito dos loucos de rua, conversando ora com eles próprios, ora com outras pessoas da comunidade que me relatavam coisas interessantíssimas sobre a sua história. Procedia como se estivesse à cata de um quebra-cabeça, como se, ao final de tudo, eu pudesse desvendar o segredo e os mistérios daqueles loucos [...]. Foi então que me deparei com o mais incrível dessa empreitada: as peças do quebra-cabeça jamais se encaixariam com exatidão [...][1]

Desde então, sabemos, Flávio nunca mais parou de rabiscar seus cadernos, de ouvir e contar histórias. Zé Arbano, Chico Louco, Marcolina, Floriza, Rita Papuda, Zé da Dorfa, "loucos" de Cambuí, passaram a conviver em seu imaginário com os heróis de sua adolescência, com Bovary, Miguilim, Dora, Schreber e muitas outras personagens da literatura e da clínica, com

---

[1] Ferraz, F. C. *Andarilhos da imaginação: um estudo sobre os loucos de rua*. São Paulo: Casa do Psicólogo, 2000. p.19.

grandes pensadores, poetas, psicanalistas. Muitos anos depois, Brinco, Geraldo Cassiano, Zé Ramiro, Honório, Quinhento eram ainda "convidados" por Flávio às conversas da mesa de refeições, onde os filhos dele e seus amiguinhos, fascinados, ouviam durante horas os relatos da insensata sabedoria daquelas pessoas que tanto o haviam impressionado. Mais tarde ainda, em 1999, a curiosidade do menino de Cambuí transformou-se, na Universidade de São Paulo (USP), em sua tese de doutorado *Andarilhos da imaginação: um estudo sobre os loucos de rua*, logo em seguida publicada em livro com o mesmo nome.

Entretanto, naturalmente, sua história como psicanalista começou muito antes de sua tese. Cursou o 2º Grau no legendário Colégio Sagarana, em São Paulo, graduou-se em Psicologia na USP, iniciou sua análise, começou a clinicar em 1987 e fez a formação no Curso de Psicanálise do Instituto Sedes Sapientiae. Como não reconhecer, nesse percurso, as marcas deixadas pelos loucos de Cambuí?

Poderia ter seguido os passos do pai, respeitado promotor de justiça e fundador do primeiro colégio da cidade onde foi professor por muitos anos, dedicando-se ao Direito ou ao magistério; poderia ter permanecido em Minas, próximo à natureza, que ele tanto aprecia, cuidando da fazenda da família, ou ter feito tantas outras escolhas...

Porém, bem antes de fazê-las, a psicanálise já começara a comichar em seu corpo, talvez, diante do olhar inesquecível de Zé Arbano, que tinha "[...] a própria cara de louco, destes que tem um olhar profundo, que metem medo na gente", ou ainda tentando entender por que Rita Papuda, "[...] a mais genuinamente louca, [que] delirava, e inventava histórias fantasiosas", vagava pelas ruas sempre segurando nos braços uma boneca que afirmava ser sua filha. Fascinado pelo olhar de Zé Arbano, Flávio já naquela época percebera como os olhos podiam ser "[...] uma espécie de termômetro que acusava o estado de espírito em que [ele] se encontrava, se bonzinho ou se bravo". Assim, deu-se conta dos afetos que circulam nos encontros humanos, dos efeitos do mundo interno de um sobre as vivências emocionais do outro, e – nem sabia ainda – da contratransferência: "[...] quando [Zé Arbano] ria, ria também com os olhos, e eu me sentia aliviado, livre de todos os perigos que ele representava para minha imaginação de criança"[2].

Buscando respostas pelos veios da psicologia e da psicanálise, Flávio mergulhou na clínica e na pesquisa sobre a natureza humana, embrenhou-se nos meandros infinitos, fascinantes e tenebrosos do inconsciente e das pulsões, muitas vezes perdeu-se na trama dos desejos, prazeres e sofrimentos humanos. Foi descobrindo que o universo da loucura era mais vasto e estranho do que aquele que conhecera em Cambuí.

Já descobrira, nas histórias que coletara, o papel dos dramas familiares, da atitude social, da exclusão e da miséria nas vivências dos "andarilhos" de sua cidade. Em seus estudos, no trabalho em inúmeras instituições e com seus pacientes, descobriu outros matizes da "loucura", como as perversões, as

---
[2] Ferraz, F. C. idem, p. 193.

neuroses, as depressões e as desorganizações psicossomáticas, muitas vezes silenciosas, algumas mortíferas. Além dessas, descobriu também a imensa diversidade de manifestações do sofrimento humano, os efeitos perturbadores das paixões, do amor, do ódio, da violência e da solidão, a destrutividade das toxicomanias e dos transtornos alimentares, a instabilidade dos estados limites e, inclusive, as nefastas consequências dos que encontram em uma preocupante normalidade formas desesperadas e paradoxais de fazer ouvir sua dor.

Ao longo dessa viagem, Flávio sempre nos deu notícias de suas descobertas em inúmeros artigos, livros e conferências. Em 1994, publicou seu primeiro livro, *A eternidade da maçã: Freud e a ética*, fruto de sua dissertação de mestrado. A escolha desse tema certamente não foi fortuita. Ao refletir sobre a escolha que fizera pela psicanálise, Flávio tentava compreendê-la pela ótica familiar com a qual convivera, as questões do Direito, da Justiça, e da própria Ética na prática de seu pai, mas também buscava sustentar, por si mesmo, sua descoberta da importância de uma *ética da tolerância* como fundamento da teoria e do método psicanalíticos, como ele nos mostra no último capítulo destes *Ensaios*. Ainda buscando articular suas origens com seus desejos, em 1996 publicou *Saúde mental, crime e justiça*, em coautoria com Claudio Cohen e Marco Segre.

Chama a atenção que, após debruçar-se sobre a ética, Flávio tenha dedicado dois de seus livros seguintes às perversões, dinâmicas psíquicas que se constituem como seu avesso, como verdadeiras figuras de recusa, negação ou mesmo subversão da ética, da lei e da castração. *Perversão* (2000) e *Tempo e ato na perversão* (2005) se sucedem como fruto e prolongamento de suas pesquisas de pós-doutorado. Neles, Flávio lança o convite, reiterado em muitos de seus trabalhos, a releituras comparativas das manifestações psicopatológicas e à consideração do caráter mutante dessas manifestações nas novas configurações subjetivas do mundo contemporâneo, bastante distintas das existentes na época em que Freud estabeleceu as bases da psicopatologia psicanalítica.

No interlúdio entre as duas obras, Flávio ainda publicou, em 2002, *Normopatia: sobreadaptação e pseudonormalidade*, alerta para os verdadeiros riscos patológicos, muitas vezes extremos, das aparências, do conformismo e da adaptação excessiva aos padrões de normalidade. Talvez seja esse seu livro mais ousado. Se a loucura e as manifestações psicopatológicas são, muitas vezes, toleradas como objeto de pesquisa e de tratamento, é porque sempre nos é possível atribuir seus aspectos insuportáveis ao outro ("que é louco, claro"...), enquanto nós ("normais"...) buscamos proteção por detrás das evidências de normalidade de nossas vidas tão adequadas. Como suportar que sejam objeto de suspeita os cotidianos assépticos, organizados e sem conflito, ou a insinuação do eventual caráter mórbido e dos riscos de vidas bem comportadas e supostamente perfeitas?

Nessa denúncia ferina à cultura do simulacro, Flávio conseguiu, em *Normopatia*, esquivar-se da maior parte das armadilhas das banalizações panfletárias e das palavras de ordem vazias, atendo-se à sua bússola mais preciosa: a clínica.

Os casos clínicos, presentes na maior parte de seus escritos como recurso para a ilustração conceitual ou como fonte de inspiração de uma nova formulação teórica, apresentam-se nesse livro como um verdadeiro convite ao desarmamento ideológico e à humildade narcísica: deixemos (pelo menos um pouco) de lado as idealizações sobre o bem estar, a saúde e os critérios de normalidade e observemos, em nossos pacientes, as traiçoeiras correntes subterrâneas dos rios de superfície tranquila, desconfiemos delas como devemos desconfiar do silenciamento repentino dos animais que precede as erupções vulcânicas e os terremotos. Para isso, é fundamental para o psicanalista colocar-se em outras condições de escuta e de observação de seu paciente, ampliando o enquadre clássico da psicanálise. Como se não bastasse tudo isso, Flávio ainda arremata sua obra questionando tanto as condições socioculturais promotoras da normopatia quanto as dinâmicas de instituições e da formação psicanalíticas que dificultam o desenvolvimento de uma abertura não normativa que torne possível o tratamento psicanalítico dos pacientes que não correspondem às indicações clássicas de análise.

* * *

Conheci Flávio em 1995, quando comecei a lecionar no Curso de Psicossomática do Instituto Sedes Sapientiae, de cuja fundação, por iniciativa de Wilson de Campos Vieira, Flávio participara. Surgiu entre nós uma prazerosa e fértil parceria de trabalho que, ao se aprofundar, transformou-se em uma gratificante amizade. Trabalhamos juntos no cotidiano do curso em um grupo de professores particularmente afetivo, estimulante e criativo, ávido por compartilhar experiências com colegas de outros grupos e instituições. Com esse espírito, organizarmos inúmeras atividades para promover essas trocas, entre as quais se destacam quatro simpósios de Psicossomática Psicanalítica, reconhecidos pela qualidade dos trabalhos e das discussões promovidas.

Nesse processo, pude conhecer de perto uma das maiores características de Flávio, sua generosidade. Desde cedo um "rabiscador de cadernos" inveterado, Flávio também sempre estimulou aqueles que lhe são próximos a rabiscar. Foi dele a iniciativa de publicarmos uma coletânea com os trabalhos do I Simpósio de Psicossomática Psicanalítica.

Vencendo a timidez, a resistência, a pouca familiaridade com a escrita da maior parte dos palestrantes, revisando incansavelmente os textos mais rústicos conseguimos, em 1997, lançar *Psicossoma I: Psicossomática e psicanálise*. Vieram em seguida *Psicossoma II: Psicossomática psicanalítica* (1998), *Psicossoma III: Interfaces da psicossomática* (2003) e *Psicossoma IV: Corpo, história, pensamento* (2008) nos quais mantivemos nossa parceria como organizadores das coletâneas, juntamente com a ajuda de Maria Auxiliadora Arantes no segundo livro e de Wagner Ranña nos dois últimos.

Esse mesmo espírito aglutinador e estimulante sempre se fez presente na participação de Flávio no Departamento e no

Curso de Psicanálise do Instituto Sedes Sapientiae, do qual é professor desde 1997. Também ali, rapidamente, destacou-se não apenas como um professor muito apreciado pelos alunos, mas também como um ativo participante das instâncias institucionais, promotor de eventos e um grande incentivador da escrita e da publicação de trabalhos dos membros do Departamento e de alunos. Nesse contexto, em parceria com Lucía Barbero Fuks, organizou três coletâneas dos ciclos de debates do departamento: *A clínica conta histórias* (2000), *Desafios para a psicanálise contemporânea* (2003) e *O sintoma e suas faces* (2006).

É incontestável a contribuição de Flávio Carvalho Ferraz à promoção e ao desenvolvimento da escrita e das publicações psicanalíticas no Brasil. Desde o final da década de 1990 intensificou-se no país um clima favorável à produção de textos psicanalíticos, pela crescente presença da psicanálise nas universidades, e pela criação de programas de pós-graduação por colegas como Fábio Herrmann, Renato Mezan, Luís Cláudio Figueiredo, Joel Birman, Jurandir Freire Costa, Manoel Berlinck e muitos outros. Um grande número de pessoas passou a se interessar pela pesquisa acadêmica em psicanálise, o que resultou no aumento da produção de artigos, dissertações e teses. Flávio, não contente em incitar esses e outros colegas a publicarem seus trabalhos em revistas e coletâneas, apostou na capacidade de muitos de desenvolverem a autoria individual.

Ao longo de todo esse tempo, Flávio sempre foi acompanhado pelos andarilhos de Cambuí. Já os compreendia um pouco melhor, por certo, mas permanecia insatisfeito com algumas respostas que encontrara para suas perguntas. Sentia falta de publicações específicas que considerassem de forma mais profunda a psicopatologia segundo uma perspectiva psicanalítica. Em 1999, foi tomado por um novo sonho. Imaginou uma série de publicações temáticas que apresentassem por esse ângulo não apenas as manifestações psicopatológicas, mas também preocupações da psicanálise contemporânea. Convidou colegas de diferentes orientações teóricas e inserções institucionais para escreverem cada volume e, com o apoio significativo da editora Casa do Psicólogo, começou a concretizar seu intento.

Com o lançamento de seu livro *Perversão*, nascia, em maio de 2000, a *Coleção Clínica Psicanalítica*. O sucesso encontrado por esse sonho de Flávio é conhecido de todos. Com textos de reconhecida qualidade, a *Coleção* vem sendo ininterruptamente publicada ao longo desses 11 anos, e conta atualmente com 62 títulos, muitos dos quais várias vezes reeditados. Zeloso de seu projeto, Flávio sempre acompanhou de perto os autores e a editora na preparação de cada volume.

Estes *Ensaios Psicanalíticos* brotam naturalmente em meio à *Coleção Clínica Psicanalítica*, trazendo uma pequena amostra de diferentes momentos do percurso de seu autor. Eles testemunham da vitalidade de Flávio, da diversidade de seus interesses e de sua forma simples, mas profunda de tratar os espinhosos desafios apresentados por sua clínica e pelas conversas que, dentro de si, continuou travando com os loucos de sua infância e tantos outros interlocutores que encontrou pela vida.

De tempos em tempos, Flávio tem o hábito de revisitar seus escritos. Ele os observa, os repensa, encontra neles e entre eles novas articulações. Em um exercício como esse, em 2003, escreveu uma tese, *Psicose, perversão, psicossomática e normopatia: contribuição à psicanálise das patologias não-neuróticas*, que lhe valeu o título de livre-docente pelo Instituto de Psicologia da USP.

Nos treze ensaios reunidos neste livro, ele nos convida a acompanhá-lo em uma nova visita à sua história. Flávio nos lembra de suas primeiras elaborações sobre a loucura e de seus encontros, na literatura, na filosofia e na psiquiatria, com diferentes visões da alienação. Aponta a ruptura operada pela psicanálise, que permitiu vislumbrar a loucura como uma forma particular pela qual o sujeito exprime uma verdade. Conduz-nos pelos meandros da perversão, postulando ser ela uma defesa contra a psicose. Analisa o enigma do masoquismo revelando também no sadomasoquismo as dimensões projetivas e identificatórias que se evidenciam na relação especular entre tirano e servo.

Flávio percorre ainda os terrenos acidentados da formação psicanalítica. A partir da experiência do Departamento de Psicanálise do Instituto Sedes Sapientiae, discute os fundamentos da transmissão da psicanálise, o tripé analítico – teoria, análise, supervisão – e os dispositivos institucionais que sustentam um projeto de formação. Um pouco mais à frente, reencontramos naturalmente suas reflexões sobre a ética, onde ele mostra como a psicanálise promoveu a transcendência da dimensão ética do tratamento para questionar, pela via da metapsicologia, os próprios fundamentos filosóficos da ética, baseados na consciência e na razão. Por esse caminho, demonstra a incompatibilidade da psicanálise com qualquer objetivo adaptacionista, revelando, como vimos, a *ética da tolerância* como a essência da teoria e do método psicanalíticos.

Na visita para a qual nos convida, Flávio mostra ao leitor não apenas os cenários mais conhecidos da psicanálise, mas também lhe permite a descoberta de novos horizontes. Assim, ao questionar o primado do masculino na teoria da sexualidade freudiana, ele aponta para a urgência de uma revisão dos conceitos e da linguagem psicanalítica que considere os imperativos das mudanças culturais. Convida também à ampliação da investigação da formação da subjetividade, da sexualidade e da psicopatologia de forma a refletir tais mudanças. De forma semelhante, ao discutir a abordagem psicanalítica das tendências antissociais, da violência e do medo, denuncia a insuficiência das visões clássicas que tentam explicá-las apenas como consequência de conflitos internos ligados à culpa, ao superego e à pulsão de morte, ressaltando a importância de reconhecer a realidade da violência social, para além do mundo interno do sujeito, e também de considerar os efeitos dessa violência sobre o funcionamento psíquico.

Esse mesmo interesse pela dimensão social da prática psicanalítica é presente na análise que Flávio realiza das possibilidades sublimatórias e alienantes do trabalho, que podem tanto se constituir como fonte de realização como causa de adoecimento. Nesse campo, a psicanálise pode contribuir não apenas para o cuidado com a saúde do trabalhador, mas também para pensar a organização do trabalho de forma a propiciar que ele seja colocado a serviço das aspirações e das realizações humanas.

Partindo dos fundamentos da nosografia psicanalítica, Flávio nos mostra ainda como o campo da psicossomática se constitui não como uma ruptura, mas como uma ampliação da psicanálise, como o foram os estudos sobre a psicose feitos pelos ingleses, com implicações tanto para a metapsicologia como para a clínica. Graças ao resgate da clínica das manifestações relacionadas às neuroses atuais, que receberam pouca atenção de Freud, tornou-se possível a compreensão e o tratamento de manifestações que se articulam, de diferentes formas, ao corpo. Não o corpo da histeria, erógeno ou representado, mas o corpo biológico, ou soma, como as somatizações em geral, os transtornos alimentares, o transtorno do pânico, as adicções, manifestações mais próximas de *actings* do que propriamente do sintoma. Flávio lembra que a clínica psicossomática restituiu à psicanálise uma problemática – o corpo – que, apenas por um equívoco, ficou-lhe alheia por tantos anos.

Em um ensaio recente sobre a metapsicologia dos restos diurnos, Flávio continua sua busca por novos recursos clínicos e conceituais que permitam o acesso a zonas inexploradas da psicanálise. Discute as consequências de questões despertadas pela clínica das psicopatologias não neuróticas que resultaram na mudança observada na abordagem dos sonhos, de uma leitura clássica que privilegia sua função como via de acesso ao recalcado do paciente, para uma tendência contemporânea a tentar compreender o valor e a função do sonhar para vida psíquica.

Os ensaios desse volume reiteram a ousadia, a difícil, mas necessária combinação entre rigor e liberdade de pensamento e o respeito das evidências clínicas, presentes, como vimos, em outros escritos de Flávio Carvalho Ferraz.

Parafraseando Laplanche, Flávio é um daqueles psicanalistas que, sem ceder à banalização e às fórmulas fáceis, é capaz de "fazer prosear" a psicanálise. Com ele, sentimo-nos à vontade em meio à diversidade dos temas que evoca e também nos diálogos que estabelece com autores das mais variadas origens, épocas e filiações institucionais. Sempre se remetendo às contribuições de fundadores, como Freud, Melanie Klein, Lacan e Winnicott, ele também nos convida para a interlucução com Otto Kernberg, Joyce McDougall, Masud Khan, Janine Chasseguet-Smirgel, Robert Stoller, Christophe Dejours, Jean Laplanche, Marilia Aisenstein, Pierre Marty e muitos outros psicanalistas estrangeiros, que, em perfeita igualdade de condições, debatem com Silvia Alonso, Miriam Chnaiderman, Aline Camargo Gurfinkel, Decio Gurfinkel, Renata Cromberg, Lucía Barbero Fuks, Mario Fuks, Luís Carlos Menezes, Renato Mezan, Ana Maria Sigal, Maria Helena Fernandes, Mário Eduardo Costa Pereira, Joel Birman, Nelson da Silva Junior, Jurandir Freire Costa e vários outros colegas que testemunham da vitalidade do pensamento psicanalítico brasileiro.

Mesmo tendo descoberto a dimensão impossível de completar o quebra-cabeças que começou a montar em Cambuí, Flávio é persistente. Ele teima, insiste. A cada leitura, a cada sessão, a cada artigo, ainda busca mais uma peça, outra e outra ainda. *Ensaios Psicanalíticos* é mais uma delas. Aqui fala um grande psicanalista. Se fizermos silêncio, poderemos ouvir o menino contar.

São Paulo, 20 de setembro de 2011

1.

A PSICANÁLISE ENTRE AS CIÊNCIAS DA LOUCURA[1]

Tudo o que não invento é falso
(Manoel de Barros)[2]

O antropólogo Roger Bastide (1972), na introdução de seu livro *Les sciences de la folie*, apontou a existência de duas modalidades distintas da abordagem do tema da loucura, encontráveis nas obras que se produziram sobre ela no decorrer da história. Haveria um determinado conjunto de escritos que bem mereceria intitular-se "ciências da loucura", correspondendo ao discurso produzido pela psiquiatria enquanto ramo da medicina que visa a *tratar* do louco. Este tipo de discurso tem

---

[1] Este texto é uma versão ampliada do artigo homônimo publicado na revista *Psicanálise e Universidade*, do Núcleo de Psicanálise do Programa de Estudos Pós-Graduados em Psicologia Clínica da Pontifícia Universidade Católica de São Paulo (PUC-SP), n. 7, pp. 9-33, 1997. Utilizei alguns extratos de minha tese de doutorado, orientada por Maria Luísa Sandoval Schmidt, defendida no Instituto de Psicologia da USP em 1999 e publicada em livro com o título *Andarilhos da imaginação: um estudo sobre os loucos de rua* (2000).

[2] *Memórias inventadas*. São Paulo: Planeta, 2003; p.3.

origem no lado de *fora* da experiência da loucura, tomando-
-a como objeto externo que não diz respeito ao sujeito que
sobre ela fala. A própria psicanálise de Freud, para Bastide,
incluir-se-ia nesta modalidade de discurso, visto que objetiva
o *tratamento* da loucura. Outro grupo de escritos estaria situado
numa tradição bastante diferente: seriam as "loucuras como
ciências", em que o autor conhece, por experiência própria,
aquilo sobre o que está falando. Nesta modalidade de discurso
sobre a loucura, o sujeito que o produz está nela implicado,
falando, portanto, de *dentro* da experiência e deixando que
ela impregne seu discurso, por assim dizer. Bastide situou,
neste grupo, os escritos de Auguste Comte, Fourier e Gérard
de Nerval. Nestes dois últimos, especialmente, o discurso
sobre a loucura exibia, na forma e no conteúdo, lampejos dela
própria. Robert Jungk (*apud* BASTIDE, 1972), aproximando
uma possível visão contemporânea da loucura com aquela do
romantismo, afirmou:

> [...] não se deveria jamais banir da ciência as intuições,
> as suposições, os devaneios, os relâmpagos do espírito, as
> visões, mas conferir-lhes um estatuto especial, análogo ao
> que as antigas sociedades reservavam para as predições dos
> visionários e dos profetas. (p. 190)

A divisão entre "ciências da loucura" e "ciências ditadas
pela loucura", levada a cabo por Bastide, parece encontrar
correspondência naquela feita por Foucault (1961) entre a

abordagem da loucura mediante as concepções trágica e crítica. A primeira está presente na pintura de Bosch e Brueghel, entre outros, e manifesta, em épocas diferentes, nos escritos de Nerval, Nietzsche e Artaud, que já foram precedidas, no que tange à linhagem, pelo *Neveu de Rameau*, de Diderot. Do lado da concepção crítica, situavam-se Brant e Erasmo, cuja loucura, objeto de seu elogio, nada tinha a ver com o fenômeno da perda da razão. Tratava-se, isto sim, de uma apologia à liberdade e à felicidade do homem.

Comte e Gérard de Nerval conheceram crises de loucura, sendo que Fourier, ainda que nunca tenha sido internado em um asilo para loucos, teve sua teoria considerada como efeito de suas manias, ou seja, ditada pela loucura. Seu modo de a expor, aliás, assemelha-se, sob muitos aspectos, aos delírios de um paranoico.

Curiosamente, Bastide incluiu o positivista Auguste Comte entre os autores destas ciências ditadas pela loucura. Para ele, apesar de seu apego à doutrina positivista, Comte estivera ligado ao romantismo, tendo percebido, a partir de sua experiência pessoal, que a loucura era capaz de se traduzir em novas ciências. É assim que ele pôde fazer a apologia da poesia, propondo uma reabilitação do imaginário, bem como opor seu positivismo ao pensamento burguês. Se não chegou a ir tão longe, em seu pensamento, como fizeram Fourier ou Gérard de Nerval, isto se deveu a sua sólida educação científica, que o ensinou a reservar um lugar importante para a razão, ainda que juntamente com a imaginação e a afetividade.

Fourier, nos textos do *Nouveau monde amoureux*, deixava transparecer, ora mais sutil, ora mais diretamente, os fantasmas edipianos subjacentes a sua obra. Arrancado dos estudos pela necessidade de ganhar a vida, Fourier constatou, por experiência própria, que a estrita fidelidade à ciência positiva trazia o risco de deter o próprio movimento da descoberta; portanto, era preciso incluir aí a experiência íntima dos homens, presentes no sonho e no amor. O amor, por ele compreendido como "paixão da insensatez", longe de representar uma alienação (concepção que se encontra, muitas vezes, no discurso das ciências da loucura), significava uma libertação. Fourier (*apud* Bastide, 1972) assim expressou seu inconformismo:

> Se vossas ciências ditadas pela sabedoria serviram apenas para perpetuar a indigência e os dilaceramentos, deem--nos antes ciências ditadas pela loucura, contanto que elas acalmem os furores do povo e aliviem suas misérias. (p. 193)

Fourier tomava o termo *loucura* em sua acepção popular, e não naquela que a medicina lhe empresta. Ao construir sua ciência da loucura, ele submeteu-a, curiosamente, a *métodos* que, é claro, não coincidiam exatamente com aqueles da ciência ordinária. Deste modo, Fourier trilhou o caminho da insensatez, mas não da perda da razão. Tratava-se de um método de direção no desenvolvimento das paixões, uma espécie de bússola análoga às matemáticas e, em especial, à música, que lhe permitia fazer uma distribuição das paixões em séries ou grupos, aproximando-se da aritmética. Neste caminho, ele se aventurou em sua obra *Le nouveau monde amoureux*,

> [...] no domínio do maravilhoso, dos milagres, das magias e do encantamento a que ele chegue, com seus antileões, suas antibaleias, seus arquibraços, 'a cura do nosso sol e a incorporação dos planetas', a colocação em ordem do sistema planetário no qual Júpiter ascende de nível enquanto outros planetas perdem seus *status* privilegiados. (BASTIDE, 1972, p. 194)

Mas, se Fourier permaneceu na utopia de uma ação dinâmica e criativa, Gérard de Nerval ultrapassou-o, trazendo para sua obra o mundo do sonho, exatamente do sonho que a psiquiatria de plantão à sua época identificava com o delírio onírico dos doentes mentais. É assim que ele se situou em um movimento de revalorização do sonho, idealizado principalmente pelo romantismo alemão. Segundo Jacques Bousquet (*apud* BASTIDE, 1972), Novalis, Hoffmann, Nerval, Baudelaire, Rimbaud e, posteriormente, todos os surrealistas reconhecem abertamente a loucura como seu ideal: na verdade, "[...] não se trata de desacorrentar o homem, mas de desacorrentar o universo, tal como o vê o homem considerado normal; assim, a liberdade das coisas é a verdadeira libertação romântica e surrealista" (p. 196).

Gérard de Nerval, unindo seus sonhos e seus delírios em um mesmo sistema de imagens, procurou dar-lhes outro sentido em sua vida desperta, na qual a produção onírica e delirante tinha força de permanência. É assim que, em sua ciência da loucura, era a imaginação que produzia um novo método de conhecimento, fazendo com que o ilogismo do sonho e do delírio adquirisse outra lógica mais penetrante. A exemplo dos românticos, Nerval queria, com sua teoria, aproveitar o potencial presente no sonho e no delírio para lançar as bases de uma nova fonte de conhecimentos, impedindo que a ciência viesse a se tornar a última dança macabra.

Ocorre que, no final das contas, o romantismo não subsistiu. O cenário ocupado pela imaginação viria a dar lugar ao cenário da ação; os progressos técnicos rapidamente se transformaram em promessa de felicidade, e os projetos que não encontrassem viabilidade neste novo espírito de triunfo do primeiro capitalismo industrial estavam condenados ao fracasso. É neste clima que a abordagem organicista veio a prevalecer na esfera das ciências da loucura. A ordem passou a ser, então, diagnosticar e tratar destas doenças da imaginação...

* * *

A preocupação em estabelecer um corpo de conhecimentos sobre a loucura remonta à Antiguidade. A loucura foi, durante toda a história, objeto de abordagem da Literatura, da Filosofia e da Medicina. Mas houve um momento nesta sua história em que ela foi capturada pela Medicina. A partir daí é que se passou a falar em uma ciência da loucura propriamente dita, a saber, a Psiquiatria.

Durante o Renascimento, a loucura – em sua concepção trágica – esteve ligada às experiências maiores no mundo da arte e do pensamento. Mas, como demonstrou Foucault (1961), ela acabou por herdar o lugar da lepra e da doença venérea no mundo da exclusão, o que se concretizou pela prática da internação que teve lugar a partir da metade do século XVII. No século XVII foram criadas, na Europa, várias casas de internação, sendo que, em Paris, mais de um por cento da população viu-se trancada em alguma delas por algum período.

Neste momento histórico, que marca a passagem de uma concepção trágica para uma concepção crítica da loucura, o louco perdeu o lugar que ocupava no convívio social, indo habitar no interior dos muros da psiquiatria, por força da lei; ele passou a ser, então, um verdadeiro caso de polícia.

O que se observa, no entanto, é que este primeiro momento da psiquiatria não se constituía exatamente em uma ciência, visto que o modelo do internamento (dito da custódia) pendia mais para um procedimento policial do que propriamente médico. A exclusão era um fim em si mesmo.

Foi com o seu grandioso florescimento no século XIX que a Psiquiatria procurou alçar voo para um lugar no qual pudesse legitimar-se como uma verdadeira ciência médica. Não se pode esquecer que, antes dessa captura da loucura pela Medicina, ela fora objeto de outros domínios, tais como a Filosofia e a Religião, que cederam lugar à sua medicalização. Na Idade

Média, o poder sobre ela era exercido pela Igreja, amparada pelas teorias demonistas que procuravam dar conta de sua etiologia. Em outra vertente, Kant já protestara, no século XVIII, contra o poder que a medicina assumia sobre o tema da loucura, para ele domínio da filosofia (SWAIN, 1977).

O problema da legitimação de seu poder sobre a loucura trazia, para a Psiquiatria, a necessidade de resolver uma tarefa deveras difícil: como fundamentar cientificamente uma prática de exclusão e moralização, como fazer uma pedagogia do desvio derivar de uma racionalidade médica? (PELBART, 1989, p. 217). Daí a necessidade de tantos malabarismos teóricos para justificar esta expansão de seus domínios. Para a Psiquiatria, urgia encontrar apoio em justificativas de ordem anatomofisiológicas a fim de se constituir como verdadeira ciência médica, regida pela racionalidade inerente à Biologia.

Assim, com a instalação dos hospitais onde os loucos eram internados, a Psiquiatria pôde começar a substituir o caráter demoníaco da loucura, presente no modelo medieval, para fundar a figura da *doença mental*, termo necessário à sua inclusão no universo da medicina. Os médicos passaram, então, a catalogar tipos de loucos e seus sintomas, no afã de formular nosografias que expunham o louco no jardim das espécies, em uma expressão de Foucault. Assistia-se, assim, a uma mudança na concepção da loucura, que passou a ser definida como *doença mental*, em uma operação que Foucault viria a desvendar mais tarde como sendo a sua *determinação histórica*. Para tanto, ele procurou guiar-se pela própria história, deixando de lado as verdades científicas afirmadas pela Psiquiatria com seu conceito de *Psicopatologia*.

O cenário da psiquiatria europeia foi dominado, até o início do século XX, pela França, onde floresceu a escola clássica de Paris, capitaneada por Pinel e depois por Esquirol. Esta escola psiquiátrica, de cunho empirista e racionalista, acabou por exercer definitiva influência nos rumos que a Psiquiatria viria a seguir por muito tempo. Pinel (1745-1826) trabalhou nos hospitais Bicêtre e Salpetrière, em Paris, onde observava rigorosamente os pacientes, classificava-os em grupos nosográficos e formava seus sucessores na ciência do alienismo. A terapêutica por ele introduzida, explicitada em sua obra *Traité médico-philosophique sur l'aliénation mentale* (1809), prescrevia uma forma de tratamento moral para a loucura, entendida então como afecção ou paixão moral. O tratamento visava a uma reeducação do paciente, com o objetivo de corrigir as suas condutas inadequadas. O louco era, assim, encarado como uma espécie de criança: a criança da humanidade. Este tratamento moral compreendia a cura da loucura como sendo o enquadramento do louco nos padrões éticos que ele havia perdido, quer por motivos hereditários, quer pela educação corrompida, pelos desregramentos do modo de viver ou pelas paixões ardentes que experimentou (PESSOTTI, 1994).

O modelo de tratamento de Pinel fundamentava-se na internação. A exemplo do que pensava seu contemporâneo Tuke, na Inglaterra, o asilo deveria proporcionar ao louco um exaustivo controle social e moral. Pinel defendia uma exaustiva observação do comportamento do paciente, a fim de promover um tratamento corretivo que contradissesse seus delírios (erros de juízo) e introduzisse um controle ético. A missão do hospital era, assim, a de reeducar o louco para que ele voltasse a internalizar os bons valores do seu meio social.

O modelo asilar perdurou por muito tempo na história do tratamento do doente mental. Demorou mais de um século e meio para que ele viesse a ser contestado por movimentos que defendessem outra visão tanto da doença mental como de seu tratamento.

Segundo Castel (1978), Pinel representou um ponto crucial na metamorfose sofrida pela concepção de loucura, quando esta passou de problemática tangente à ordem pública para uma questão médica. Para ele, esta medicina mental que surgiu como alienismo foi, na verdade, a primeira figura da medicina social, que obteve sua vitória histórica pelo fato de não ter dissociado a trama médica – que lhe garantia a respeitabilidade científica – da trama social, representada pelos filantropos e reformadores do período pós-revolucionário que estavam à procura de novas técnicas assistenciais

Esquirol (1772-1840), aluno exemplar e herdeiro de Pinel, sucedeu a este no cenário da psiquiatria francesa. Foi, no entanto, mais organicista que seu mestre. Enquanto Pinel considerava as paixões como elementos centrais na etiologia da doença mental, Esquirol (1838), em seu mais importante tratado – *Des maladies mentales considerées sous les rapports médical, hygiénique et médico-légal* – retornou à busca de substratos orgânicos para explicar a etiologia dos diversos quadros nosológicos que descreveu (a *lypemania*, a *monomania*, a *mania*, a *demência* e a *imbecilidade* ou *idiotia*). A identificação de cada um dos quadros era feita, fundamentalmente, pelo tipo e pela extensão da produção delirante encontrada no paciente, a exemplo do que já fizera Pinel com o intuito de distinguir entre a *mania* e a *melancolia*. Diferentemente de Pinel, Esquirol já foi um médico especialista, visto que, com ele, abriu-se a carreira de alienista propriamente dito. O fato é que a escola de Pinel e Esquirol formou um considerável contingente de médicos alienistas que os sucedeu.

A entrada da loucura no terreno da Medicina, que conduziu à progressiva retirada do louco do espaço público, teve sua fundamentação filosófica em concepções que remontavam a um período histórico bastante anterior. Foi Descartes (1637) que, com o *Discurso do método*, marcou o começo da era da razão. Para ele, a fonte mais pura do pensamento racional estava no campo das matemáticas, que propunham verdades certas e encadeadas, fornecendo o modelo de um método que permitiria fundar, sob sua égide, uma ciência natural a partir de um tema determinado.

O *cogito* cartesiano, expresso na fórmula "Penso, logo existo" marcou a história da Filosofia como o mais célebre exemplo da intuição intelectual, tendo servido de base para todo o desenvolvimento do pensamento moderno. A partir da demonstração de Descartes, a dúvida passou a ser considerada como ponto de partida do verdadeiro conhecimento. E esta conclusão acarretou uma grande consequência sobre o universo da loucura. Vejamos por quê.

De acordo com Foucault (1961), Descartes encontrou a loucura ao lado do sonho e do erro em seu caminho da dúvida. Sobre o sonho, aliás, Descartes deixou claro que não devemos nos levar a duvidar da verdade dos pensamentos que temos, quando estamos acordados, em função daquilo que imaginamos ao sonhar. Para ele, nossa verdade está, definitivamente, nos pensamentos que temos na vida de vigília, sendo as imaginações que temos ao sonhar apenas expressões de nossa imperfeição.

A loucura passa a representar, para Descartes (1641), o risco de se refugiar no erro, tal como a consciência adormece no sonho. Isto fica devidamente expresso em uma passagem das *Meditações*:

> E como poderia eu negar que estas mãos e este corpo sejam meus? A não ser, talvez, que eu me compare a esses insensatos, cujo cérebro está de tal modo perturbado e ofuscado pelos negros vapores da bile que eles constantemente asseguram que são reis quando são muito pobres; que estão vestidos de ouro e púrpura quando estão inteiramente nus; ou imaginam ser cântaros ou ter um corpo de vidro. Mas quê? São loucos e eu não seria menos extravagante se me guiasse por seus exemplos. (p. 86)

O *cogito* cartesiano, experiência fundamental para o conhecimento, exclui a loucura: *eu, que penso, não posso estar louco*. Se os sonhos ou as ilusões não oferecem risco, por serem superados na própria estrutura da verdade, com a loucura é diferente: ela fica excluída pelo sujeito que duvida. Se Descartes duvida, e exatamente por isso aferra-se a sua certeza, a loucura não pode dizer-lhe respeito:

> Com isso, o perigo da loucura desapareceu no próprio exercício da Razão. Esta se vê entrincheirada na plena posse de si mesma, onde só pode encontrar como armadilhas o erro, e como perigos, as ilusões. A dúvida de Descartes desfaz os encantos dos sentidos, atravessa as paisagens do sonho, sempre guiada pela luz das coisas verdadeiras; mas ele bane a loucura em nome daquele que duvida, e que não pode desatinar mais do que não pode pensar ou ser. (FOUCAULT, 1961, p. 47)

O resultado disso é que o racionalismo cartesiano procedeu a uma exclusão da loucura do mundo do pensamento. A possibilidade do conhecimento e a loucura separaram-se completamente, visto que o eu que conhece não pode, de modo algum, estar louco.

Na segunda metade do século XIX, o mundo viveu uma atmosfera de plena confiança na ciência, que, a partir da trilha aberta por Descartes, convertera-se na concretização moderna da eficácia do pensamento racional. O advento do positivismo, dentro da tradição cartesiana, veio a consolidar a exigência da estrita racionalidade em qualquer ciência que quisesse intitular-se como tal. Este clima deveu-se aos grandes progressos experimentados pelas ciências naturais, bem como ao espírito positivista que impregnava o pensamento corrente. Auguste Comte (1830-42), em seu *Curso de filosofia positiva*, fazia a apologia de um espírito positivo que se caracterizava pela subordinação da imaginação e da argumentação à observação. Tomando o método da ciência natural como referência, a plena dicotomia entre sujeito e objeto estende-se à ciência em geral.

Como preceito básico do método positivo, encontra-se a recomendação de um afastamento do refletir-se sobre si próprio, sobre a qual Comte fez repousar sua crítica ao método da Psicologia. Para se conhecerem os fenômenos psicológicos, havia que se observar e detectar as relações imutáveis neles presentes, a exemplo do que ocorre com os fenômenos físicos:

> Ainda que cada um tivesse a ocasião de fazer sobre si *(tais)* observações, estas, evidentemente, nunca poderiam ter grande importância científica. Constitui o melhor meio de conhecer as paixões sempre observá-las de fora. [...] O órgão observado e o órgão observador sendo *(neste caso)* idênticos, como poderia ter lugar a observação? (p. 20).

A excessiva confiança no método positivo e no sucesso de sua extensão a todas as ciências produziu uma espécie de ufanismo no seio da filosofia positiva, da qual Comte foi o expoente maior:

> [...] os bons espíritos reconhecem unanimemente a necessidade de substituir nossa educação europeia, ainda essencialmente teológica, metafísica e literária, por uma educação *positiva*, conforme ao espírito de nossa época e adaptada às necessidades da civilização moderna. (p. 21)

Por uma ironia do destino, Comte conheceu crises de loucura e chegou a ser internado em um asilo, vindo a participar, com sua experiência pessoal, daquilo que falaria posteriormente sobre a loucura...

* * *

A clínica psiquiátrica, surgida a partir de Pinel e de Esquirol, ao procurar medicalizar o que considerava como desrazão, privilegiou o fenômeno do *delírio* como elemento central do recorte nosográfico. Por vezes, o delírio chegou mesmo a ser confundido com a própria loucura, fosse ele entendido como erro de entendimento (JASPERS, 1913) ou como representação falsa (BLEULER, 1924). O delírio, na tradição psiquiátrica, ocupa o lugar de uma espécie de defeito da razão, sendo considerado como algo *sem sentido*; o *sujeito psíquico* não estaria implicado em sua produção. O delírio seria, diante da tendência organicista da psiquiatria, um resíduo do pensamento do doente, isto é, consequência de uma perturbação que, em última instância, se localiza no nível do corpo somático.

Charcot representou o ponto culminante da tradição psiquiátrica do século XIX. E foi exatamente com seu discurso que Freud veio a romper: no auge da tradição crítica da abordagem da loucura, a psicanálise apareceu, resgatando, em grande parte, a sua dimensão trágica. Deste modo, a psicanálise veio a ter um papel fundamental na mudança do modo de se encarar a loucura no imaginário ocidental do século XX.

Birman (1989), no artigo "Freud e a crítica da razão delirante", mostrou a importância que as descobertas freudianas tiveram como operador discursivo na proposição de uma nova visão do estatuto do discurso delirante, que rompia completamente com a tradição psiquiátrica. Até o surgimento da Psicanálise, a loucura era definida como *desrazão* e, portanto, ocupava um lugar de negatividade em relação a categorias importantes para a razão ocidental, tais como a de *sujeito*, *verdade* e *ciência*. A Psiquiatria, ainda que tenha incorporado fragmentos do discurso psicanalítico ao produzir o discurso da *saúde mental*, continuou, na prática, a reservar para a loucura o lugar da exclusão. Foi a Psicanálise, tomada na sua radicalidade, que permitiu formular – usando a expressão de Birman – uma *crítica da razão delirante*, modo pelo qual a loucura se constituíra sob o olhar da psiquiatria do século XIX.

É evidente que a Psicanálise, conforme afirmou Bastide, situa-se no campo das ciências da loucura, e não no das loucuras como ciência, tanto porque objetivou tratar da doença mental, como porque edificou seu discurso ao estilo científico, ainda que Freud tenha levado em conta sua própria subjetividade na descoberta dos fenômenos psíquicos. Ocorre que, se Freud procurou, muitas vezes, legitimar sua ciência sob os olhos dos preceitos positivistas, ele, paradoxalmente, fugiu ao princípio de que toda afecção psíquica deveria encontrar como causa última algum distúrbio no plano somático.

O ponto da teoria freudiana que possibilitou esta *crítica da razão delirante* foi a proposição fundamental de que a loucura é uma forma particular pelo qual o sujeito exprime uma verdade. Esta colocação teve como consequência a retirada da loucura da dicotomia verdade-erro, dentro da qual se compreendia o delírio a partir do advento de sua concepção *crítica*. Para a Psicanálise, o *sujeito* se enuncia pela sua *fala*; a loucura, assim, insere-se, necessariamente, no plano da *linguagem*, sendo *uma maneira possível* do sujeito enunciar a sua verdade. Esta foi a operação teórica através da qual a psicanálise retirou o discurso delirante do registro da *desrazão* para alçá-lo ao registro do *sentido*.

Tal operação representou, no nível teórico, uma ruptura efetiva com o discurso da psiquiatria – que via no delírio apenas o *erro* – à medida que promoveu a legitimidade da fala do louco. Para Birman, apesar da Psicanálise ter nascido em pleno apogeu da concepção *crítica* da loucura, no final do século XIX, ela significou uma retomada da concepção *trágica* (no sentido que Foucault emprestou a estes termos). Isso ocorreu exatamente porque a figura clínica da histeria representava uma impasse teórico para a razão médica, que se via impossibilitada de reduzi-la a uma problemática de ordem anatomopatológica.

O discurso freudiano, ao colocar o sujeito como implicado no seu delírio, inaugurou um novo paradigma para sua compreensão, recolhendo-o do lugar de resíduo de uma doença – que, em última instância, se situava no domínio do corpo biológico – para compreendê-lo como trama que se tece no domínio da linguagem. O delírio, assim, deixou de ser – ao menos para a Psicanálise – um erro de entendimento que surge em consequência de uma perturbação do corpo somático, ou seja, uma espécie de defeito da razão que faz dele uma produção sem sentido.

Freud (1894), ainda cedo, já dera mostras de perceber, no fenômeno da psicose, a presença de uma defesa mais profunda do que a verificada na neurose. Ele afirmou, no artigo "As neuropsicoses de defesa", que, nas psicoses alucinatórias – diferentemente do que ocorria na histeria e na neurose obsessiva – o mecanismo de defesa utilizado era uma *rejeição* de fragmentos da realidade (e não o *recalque*), que implicava a produção de uma *alteração do ego*:

> Há *(nas psicoses alucinatórias)* uma espécie de defesa, muito mais poderosa e bem-sucedida *(do que na histeria e na neurose obsessiva)*. Aqui, o ego rejeita a ideia incompatível juntamente com seu afeto e comporta-se como se a ideia jamais lhe tivesse ocorrido. *Mas a partir do momento em que o tenha conseguido, o sujeito encontra-se numa psicose, que só pode ser qualificada com 'confusão alucinatória'* [...] O ego escapa da ideia incompatível; esta, porém, é ligada inseparavelmente

> a um fragmento da realidade, de modo que, à medida que o ego alcança esse resultado, ele se destaca também, parcial ou inteiramente, da realidade. (p. 71-72)

Mas foi no caso de Schreber que Freud (1911) mostrou que a produção delirante se constrói como um discurso articulado, sendo uma forma de o esquizofrênico enunciar a verdade de sua história e de seu desejo. O momento do delírio se configura não como a dissociação psicótica propriamente dita, mas como o momento no qual o sujeito elabora uma tentativa de cura. Inicialmente, no processo psicótico, o sujeito retira das pessoas e do mundo em geral o investimento libidinal que lhes fora dirigido:

> O fim do mundo é a projeção dessa catástrofe interna; seu mundo subjetivo chegou ao fim, desde o retraimento de seu amor por ele. (p. 93-94)

Mas, em um segundo momento, o sujeito tenta reconstruir o mundo através de seu delírio, que é, assim, uma franca tentativa de restabelecimento:

> E o paranoico constrói-o (*o mundo*) de novo, não mais esplêndido, é verdade, mas pelo menos de maneira a poder viver nele mais uma vez. Constrói-o com o trabalho de seus delírios. A formação delirante, que presumimos ser o produto

patológico, é, na realidade, uma tentativa de restabelecimento, um processo de reconstrução. Tal reconstrução após a catástrofe é bem-sucedida em maior ou menor grau, mas nunca inteiramente. (p. 94-95)

Este modelo proposto para o mecanismo psíquico da psicose, encontrado no caso de Schreber, foi reiterado no artigo sobre o narcisismo (FREUD, 1914). O momento psicótico propriamente dito seria o da retirada dos investimentos libidinais dos objetos. Já o momento da construção do delírio seria o da tentativa de recuperar os fragmentos do eu que se encontram estilhaçados; o sujeito tenta, através desse processo, reconstruir um mundo possível, que esteja de acordo com o seu desejo.

De uma vez que a parafrenia com frequência, se não geralmente, acarreta apenas um desligamento *parcial* da libido dos objetos, podemos distinguir três grupos de fenômenos no quadro clínico: (1) os que representam o que resta de um estado normal de neurose (fenômenos residuais); (2) os que representam o processo mórbido (afastamento da libido dos seus objetos e, além disso, megalomania, hipocondria, perturbações afetivas e todo tipo de regressão); (3) os que representam a restauração, nos quais a libido é mais uma vez ligada a objetos, como numa histeria (na demência precoce ou na parafrenia propriamente dita), ou como numa neurose obsessiva (na paranoia). Essa nova catexia libidinal difere da primária por partir de outro nível e sob outras condições. (p. 103)

No artigo "Neurose e psicose", Freud (1923) voltou a manifestar interesse pelo tema da psicose, definindo-a, então, em termos somente possíveis a partir da proposição da segunda tópica do aparelho psíquico, isto é, como expressão de um conflito entre o ego e o mundo externo. O ego produziria, assim, um afastamento da realidade e procuraria reconstruir o mundo nos moldes do desejo absoluto, que fora contrariado por uma séria e insuportável frustração:

> Na amência não apenas é recusada a aceitação de novas percepções; também o mundo interno, que, como cópia do mundo externo, até agora o representou, perde sua significação (sua catexia). O ego cria, autocraticamente, um novo mundo externo e interno, e não pode haver dúvida quanto a dois fatos: que esse novo mundo é construído de acordo com os impulsos desejosos do id e que o motivo dessa dissociação do mundo externo é alguma frustração muito séria de um desejo, por parte da realidade – frustração que parece intolerável. A estreita afinidade dessa psicose com os sonhos normais é inequívoca. Uma pré-condição do sonhar, além do mais, é o estado de sono, e uma das características do sono é o completo afastamento da percepção e do mundo externo. (p. 191)

No artigo "A perda da realidade na neurose e na psicose", no qual deu prosseguimento a esta discussão, Freud (1924) afirmou que, tanto na neurose como na psicose, encontra-se um afastamento da realidade. Mas este afastamento seria de natureza diferente em cada uma das estruturas psíquicas:

> [...] a diferença inicial assim se expressa no desfecho final: na neurose, um fragmento da realidade é evitado por uma espécie de fuga, ao passo que na psicose ele é remodelado. Ou poderíamos dizer: na psicose, a fuga inicial é sucedida por uma fase ativa de remodelamento; na neurose, a obediência inicial é sucedida por uma tentativa adiada da fuga. Ou ainda, expresso de outro modo: a neurose não repudia a realidade, apenas a ignora; a psicose a repudia e tenta substituí-la. (p. 231)

Em "O mal-estar na civilização", Freud (1930) apresentou a fuga para a psicose como uma alternativa entre as várias possibilidades de defesa que o homem encontra na tentativa de minimizar o sofrimento proveniente das imposições da vida em civilização. Freud fez, neste texto, uma espécie de abordagem cultural da experiência da loucura. Sem tocar explicitamente nos mecanismos psíquicos de cunho metapsicológico presentes no fenômeno da psicose, ele expressa, no entanto, um ponto de vista psicanalítico mesclado a uma visão quase antropológica da loucura. Deste modo, o louco seria aquele que, tal como o eremita, considera a realidade como a única inimiga e, assim, rejeita o mundo e tenta recriá-lo em sua fantasia, dele eliminando os aspectos inaceitáveis, que são substituídos por outros que se adequam aos seus desejos. Mas, lembrando da dor experimentada pelo louco, Freud adverte que a realidade é demasiado forte para quem se lança por este caminho: o louco é alguém que, na maioria das vezes, não encontra ninguém para ajudá-lo a tornar real o seu delírio.

Finalmente, no artigo "A divisão do ego no processo de defesa", Freud (1938) veio a falar de um importante mecanismo defensivo presente nos fenômenos da psicose e do fetichismo. Trata-se da coexistência, no ego, de duas atitudes contraditórias que, contudo, aí persistem lado a lado; uma delas leva em consideração as indicações da realidade (que contrariam as exigências pulsionais), enquanto a outra nega esta mesma realidade e se esforça por substituí-la por um produto do desejo.

Deixarei de lado maiores considerações sobre estes momentos da abordagem da psicose na teoria freudiana. O que interessa, por ora, é que o modelo psicanalítico do estatuto do discurso delirante não deixou margem a uma conciliação com o modelo psiquiátrico, visto que prescindiu do corpo anatomofisiológico como lugar último de onde a loucura emerge. A origem e o significado desta encontram-se no reino da linguagem, e só aí é que se pode tocá-la. Para Bleuler, por exemplo, o saber psicanalítico poderia interpretar alguns conteúdos da experiência psicótica, mas não poderia jamais apreender o processo da esquizofrenia propriamente, visto que este se inscreveria na ordem orgânica. Até mesmo Jung, observador minucioso dos conteúdos do delírio, remetia a etiologia da psicose para algum fator desconhecido de origem tóxica, o que mantinha inalterada a essência da fórmula psiquiátrica.

A psicanálise pós-freudiana concedeu um lugar importante às ampliações da Teoria da Psicose, bem como do tratamento psicanalítico de psicóticos. A escola inglesa, especialmente, dedicou-se com afinco a este campo de estudo, primeiramente com Melanie Klein, depois seguida por W. R. Bion, H. Rosenfeld, H. Segal, J. Rivière e D.W. Winnicott, entre outros.

Vale mencionar que Lacan (1955-56) foi um autor que procurou resgatar a radicalidade freudiana na concepção do estatuto e da função do delírio. Para ele, os fenômenos elementares do mundo mental do sujeito encontram-se subjacentes ao conjunto da construção do delírio. As forças que trabalham no fenômeno do delírio são, assim, as próprias forças estruturantes do sujeito, quer se tome o delírio em cada uma de suas partes, separadamente, quer se o tome em sua totalidade. Estas forças se fazem presentes nos níveis da composição, na motivação e na tematização do discurso delirante. Neste sentido, a proposição freudiana do delírio como um modo do sujeito exprimir sua verdade foi corroborada por Lacan, que via o sujeito psíquico ancorado no domínio da pura linguagem.

* * *

É certo que Freud quis que a sua psicanálise estivesse inserida na tradição do discurso científico de inspiração positivista, como podemos observar nos preâmbulos de alguns de seus artigos, nos quais parecia estar muito preocupado em justificar sua metodologia e defendê-la das acusações de que ela não era científica. Paradoxalmente, no entanto, ele acabou por conduzir sua disciplina para os braços de uma tradição nada racionalista, ainda que muitos possam contestar esta conclusão. Freud não escondia sua franca simpatia por Schopenhauer e Nietzsche, inspirando-se ora mais ora menos abertamente nestes filósofos. O próprio gosto pelas indicações que tomava de empréstimo à literatura e à mitologia como fontes de verdade sobre o funcionamento mental atestam sua filiação a uma vertente psicológica na explicação da loucura, distante, portanto, do modelo organicista.

Este posicionamento de Freud é tão evidente que permitiu a um filósofo como Gilles Granger (1969), por exemplo, situar a Psicanálise dentre as grandes atitudes negativas em relação à razão, isto é, contrárias a ela, as quais chamou, de modo mais amplo, de *mentalidades*. Seriam elas a atitude *mística*, a *romântica* e a *existencialista*. Vale esclarecer que, para ele, a atitude romântica não era tomada no sentido estrito de um determinado período da história ou da literatura, mas sim em um sentido amplo, que remete à "[...] predominância dos valores *vitais* sobre os valores intelectuais" (GRANGER, 1969, p. 33). Esta observação, evidentemente, não quer dizer que o Romantismo, tomado no senso estrito, não estivesse imbuído do espírito antirracionalista. Afinal, como lembra Claudon (1994), o movimento romântico surgido no século XVIII "[...] pôs em questão o humanismo e a razão todo-poderosa, correndo os riscos de abalar os velhos alicerces da civilização clássica" (p. 7).

Granger apontou para duas grandes manifestações do romantismo na época contemporânea, que seriam a *voga da psicanálise* e o *flamejar surrealista*. A psicanálise, tomada enquanto fato cultural – e não como terapêutica – tem, para ele, um conteúdo filosófico francamente romântico porque, entre outras características, ela insiste na importância do papel cultural do símbolo e do mito. Além disso, a psicanálise

> [...] deprecia os valores intelectuais em proveito dos valores vitais, denunciando o jogo onipotente dos primeiros sob o refulgir sublimado dos segundos. Ela institui uma espécie de pansexualismo descobrindo o movimento da *libido* na origem de todas as nossas construções sentimentais ou intelectuais. (p. 36)

Kernan (1994), debruçando-se sobre as relações entre a estética romântica e a psicanálise freudiana, defende a ideia de que elas se entrelaçam de uma maneira quase inquietante e estranha. O homem concebido por Freud seria, por excelência, um produtor de símbolos, da mesma forma que o artista romântico, que não cria a partir da realidade objetiva, mas a partir de sua própria imaginação, extravasando, deste modo, os sentidos. O artista romântico seria, então, o exemplo da forma do funcionamento mental descrito por Freud.

O surrealismo, por seu turno, apareceu como um movimento de revolta contra valores burgueses, que veio para exigir da arte uma volta à espontaneidade, ao imediato e ao inconsciente, propondo, deste modo, uma volta à vida do espírito, livre da prisão de uma disciplina de pensamento.

* * *

Ao falar do advento do positivismo, referi-me à atmosfera de ufanismo da razão que pairava sobre a segunda metade do século XIX. Mas, no entanto, é interessante lembrar dos contrapontos que foram surgindo em meio à virada do século, através das filosofias antirracionais que legaram brilhantes argumentos contra a razão, principalmente com Bergson, na França, William James, nos países anglo-saxões, e Nietzsche, na Alemanha.

A filosofia de Bergson (1897), centrando sua temática sobre o movimento e a intuição, limitou sobremaneira o espaço destinado à razão, visto que o sentimento e o *élan* vital eram considerados mais importantes do que ela. Em sua obra *Os dados imediatos da consciência*, publicada em 1889, Bergson mostrou que, se pudermos desembaraçar os dados de nossa experiência interna das construções pelas quais nos exprimimos, quer na linguagem corrente, quer na linguagem científica, tais dados podem aparecer como *imediatos*.

William James (1909) subverteu a noção corrente de *verdade*, à medida que incluiu, entre as condições para sua verificabilidade, a sua *funcionalidade*. Assim, a verdade, para ele, não mais se define como adequação entre a mente e a realidade exterior ou como coerência das ideias entre si. De acordo com o *pragmatismo* que professa, a verdade não mais é compreendida como algo dado ou já feito, para ser agora algo que se encontra em constante processo de fazer-se. Tal concepção estendeu--se para além do domínio da ciência, adentrando os campos da moral e da religião: para William James, a crença religiosa poderia também ter seu valor de verdade. Muito ao contrário da tradição racional, ele sustenta que a verdade é tudo aquilo que pode satisfazer o desejo de compreensão global das coisas e, ao mesmo tempo, pode constituir-se em um bem vital para um determinado indivíduo.

Nietzsche sofreu a influência da filosofia de Schopenhauer, que, em certos aspectos, pode mesmo ser considerado uma espécie de precursor, pois já dera mostras de uma disposição de batalha contra o império da razão.

Schopenhauer (1819), em sua obra *O mundo como vontade e representação*, afirmava que o mundo não seria mais do que representações, por ele entendidas, num primeiro momento, como síntese entre o subjetivo e o objetivo, entre a realidade exterior e a consciência humana. Ele se baseava, para tanto, em Kant, que já afirmava que a *coisa em si* não poderia ser objeto do conhecimento científico; a ciência restringir-se-ia ao mundo dos fenômenos e seria constituída pelas formas *a priori* da sensibilidade (tempo e espaço) e pelas categorias do entendimento.

Schopenhauer (1819-44), no entanto, separa-se do pensamento de Kant quando, em sua obra *Crítica da filosofia kantiana*, tenta abordar a coisa em si, que, para ele, seria a *Vontade*, encarada como raiz metafísica de toda a realidade. Essa vontade, para ele, é independente da representação e, portanto, não se submete às leis da razão. Ao contrário de Hegel, para quem o real é racional, a filosofia de Schopenhauer sustenta que o real é, em si mesmo, cego e irracional, enquanto vontade. As formas racionais da consciência não passariam de ilusórias aparências e a essência de todas as coisas seria alheia à razão. A consciência seria uma mera superfície da mente, da qual, aliás, não conhecemos o interior. Assim, o inconsciente é fundamental para Schopenhauer, que, ao postular tal ideia, antecipou-se a Freud no que toca a este conceito-chave. Freud reconheceu a importância desta ideia precursora, tendo feito mais de uma menção a ela em sua obra.

Nietzsche desenvolveu um pensamento francamente antirracionalista, advogando a retirada, do domínio da razão, do direito de intervir sobre os desejos e as paixões, vistos por ele como a verdadeira expressão da liberdade. Em *O nascimento da tragédia no espírito da música*, Nietzsche (1871) criticou duramente Sócrates, para ele o filósofo que inaugurou a época da razão e do homem teórico e que se opôs ao sentido místico de toda a tradição da época da tragédia.

Para Nietzsche, a grande tragédia grega apresentou como característica o saber místico da unidade da vida e da morte e, nesse sentido, constituiu-se em uma chave que abriu o caminho essencial do mundo. Ele critica Sócrates por este ter interpretado a arte trágica como irracional. Com efeito, Sócrates considerava que a arte da tragédia desviava o homem do caminho da verdade; Nietzsche (1871), ao contrário, via no fenômeno do trágico a verdadeira natureza da realidade e exaltava a audácia de Kant e de Schopenhauer, vitoriosos ao combater o otimismo que se escondia na essência da lógica e fundamentava a própria civilização.

A obra de Nietzsche, pautando-se pelo combate à razão, guardou uma estreita relação com o tema da loucura. Esta relação, no entanto, não se circunscreveu à crítica teórica. A loucura de Nietzsche, como a Artaud e a de Van Gogh, *pertence* à sua obra, desde o início até o momento de explosão, em que ela não mais se acomoda e ganha a cena.

Ora, a psicanálise freudiana, operando uma verdadeira ruptura com os pressupostos da psiquiatria, aproximou-se, em muitas ocasiões, da concepção trágica da loucura. Encontramos na história das explicações possíveis da loucura três vertentes: a mitológico-religiosa, a psicológica e a organicista. Manifestando um interessante ponto de vista, Pessotti (1994) considera Eurípedes como o próprio fundador da psicologia. Fascinado pela força das paixões humanas, sua arte teve o mérito de inaugurar a concepção psicológica não só da loucura, como também da própria natureza da essência do homem, entendido como individualidade intelectual e afetiva contraditória, conflitiva e até mesmo patológica. Tendo em mente esta concepção da natureza humana, Eurípedes construiu grandes personagens desatinados. Entre elas, destacam-se Fedra (do *Hipólito*), Medeia e Orestes. Antes dele, o mundo grego, no que toca à concepção da etiologia da loucura, encontrava-se mergulhado no modelo mitológico, segundo o qual o desatino era explicado como obra dos deuses sobre o ser humano. E, após Eurípedes, Hipócrates veio a inaugurar a concepção organicista da etiologia da loucura, que viria a florescer novamente com o advento da psiquiatria.

Com Freud e o advento da psicanálise, a compreensão psicológica da loucura (seja ela uma psiconeurose ou uma psicose) reaparece, ganha força e passa a ocupar um lugar proeminente entre as ciências da mente. Mesmo cedendo, em um ponto ou outro de sua obra, à tentação de incluir os fatores constitucionais ou biológicos no rol dos elementos etiológicos da psicopatologia, Freud foi quem consagrou a visão psicológica do funcionamento mental como um todo, ao conceder ao inconsciente e ao sonho lugares proeminentes e ao tratar da pulsão decolando do solo da biologia[3]. A importância atribuída ao sonho pela psicanálise, afinal, aproxima-a da visão difundida pelo Romantismo na mesma medida em que a distancia da concepção psiquiátrica.

---

[3] Para fazer justiça, é conveniente lembrar que, além da Psicanálise, ao menos duas outras vertentes das ciências da loucura tiveram um papel importante na crítica da Psiquiatria. Trata-se da *etnopsiquiatria* – que se apoiou nos achados da etnologia para mostrar que toda cultura cria seu modelo de *normal*, concebendo o desvio como sendo o seu contraponto – e da *antipsiquiatria*, que baseou sua crítica à psiquiatria exatamente no ataque aos pressupostos positivistas em que ela repousava.

É assim que Freud, se não chegou a fazer de sua psicanálise uma loucura como ciência, construiu sua ciência da loucura sobre bases absolutamente dissonantes da tradição crítica psiquiátrica, resgatando o elemento trágico e libertando-se dos grilhões remanescentes da doutrina cartesiana e das exigências positivistas que lhe eram contemporâneas. Ao contrário do preceito de Comte de que as observações sobre si mesmo não permitiriam ao investigador emprestar-lhes importância científica, Freud retirou de sua autoanálise conclusões que ousou alçar à categoria de conhecimento científico; em si próprio ele observou o sentido dos sonhos e percebeu a realidade do conflito edípico.

Referências bibliográficas

BASTIDE, R. (1972) Introdução às ciências da loucura. In: QUEIROZ, M.I.P. (Org.) *Roger Bastide*. São Paulo: Ática, 1983. p. 177-203.

BERGSON, H. (1897) *Matière et mémoire*. Paris: PUF, 1949.

BIRMAN, J. Freud e a crítica da razão delirante. *Revista Brasileira de Psicanálise*, v. 23, n. 4, p. 11-31, 1989.

BLEULER, E. *Textbook of psychiatry*. New York: The Macmillan Company, 1924.

CASTEL, R. *A ordem psiquiátrica*: a idade de ouro do alienismo. Rio de Janeiro: Graal, 1978.

CLAUDON, F. O romantismo. *Boletim de Novidades Pulsional*, ano VII, n. 66, p. 7-26, 1994.

COMTE, A. (1830-42) Curso de filosofia positiva. In: _____. *Os Pensadores*. São Paulo: Abril Cultural, 1973.

DESCARTES, R. (1637) Discurso do método. In: _____. *Os Pensadores*. São Paulo: Abril Cultural, 1979.

_____. (1641) Meditações. In: _____. *Os Pensadores*. São Paulo: Abril Cultural, 1979.

ESQUIROL, J. *Des maladies mentales considerées sous les rapports médical, higiénique et médico-légal*. Paris: Baillière, 1838.

FOUCAULT, M. (1961) *História da loucura na Idade Clássica*. São Paulo: Perspectiva, 1989.

FREUD, S. (1894) As neuropsicoses de defesa. In: _____. *Edição standard brasileira das obras psicológicas completas*. Rio de Janeiro: Imago, 1981. v. 3.

_____. (1911) Notas psicanalíticas sobre um relato autobiográfico de um caso de paranoia (*dementia paranoides*). In: _____. *Edição Sstandard Bbrasileira das Oobras Ppsicológicas Ccompletas*. Rio de Janeiro: Imago, 1981. v. 12.

_____. (1914) Sobre o narcisismo: uma introdução. *Edição standard brasileira das obras psicológicas completas*. Rio de Janeiro: Imago, 1981. v. 14.

_____. (1923) Neurose e psicose. *Edição Standard Brasileira das Obras Psicológicas Completas*. Rio de Janeiro: Imago, 1981. v. 19.

_____. (1924) A perda da realidade na neurose e na psicose. *Edição standard brasileira das obras psicológicas completas*. Rio de Janeiro: Imago, 1981. v. 19.

_____. (1930) O mal-estar na civilização. *Edição standard brasileira das obras psicológicas completas*. Rio de Janeiro: Imago, 1981. v. 22.

_____. (1938) A divisão do ego no processo de defesa. *Edição Sstandard Bbrasileira das Oobras Ppsicológicas Ccompletas*. Rio de Janeiro: Imago, 1981. v. 23.

GRANGER, G. G. *A razão*. São Paulo: Difusão Europeia do Livro, 1969.

JAMES, W. (1909) O significado da verdade. In: _____. *Os Pensadores*. São Paulo: Abril Cultural, 1979.

JASPERS, K. (1913) *Psicopatologia geral*. Rio de Janeiro: Atheneu, 1985.

KERNAN, A. B. Estética romântica e psicanálise freudiana. *Boletim de Novidades Pulsional*, v. 7, n. 66, p. 27-37, 1994.

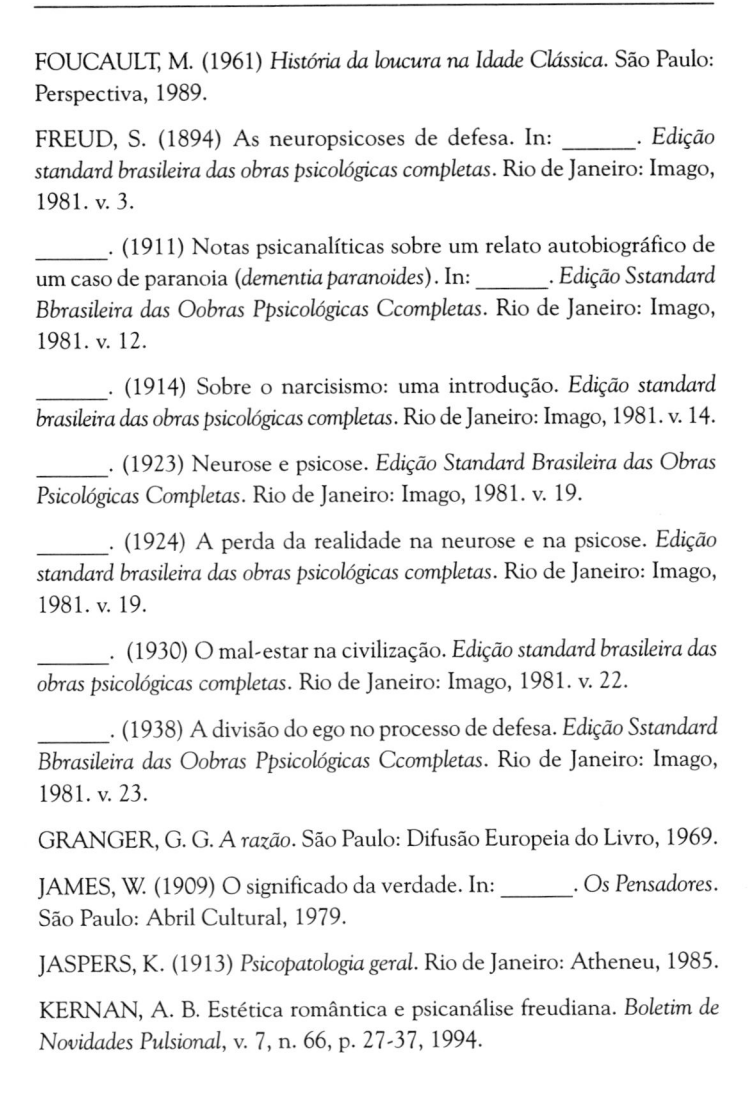

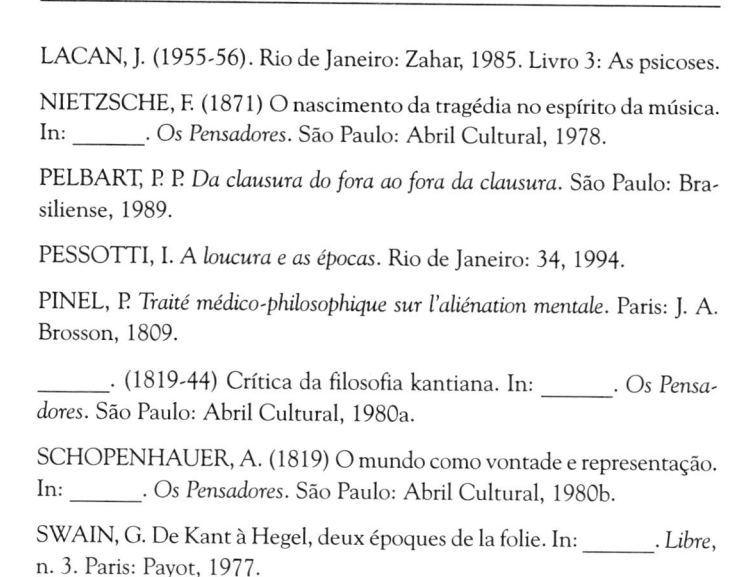

LACAN, J. (1955-56). Rio de Janeiro: Zahar, 1985. Livro 3: As psicoses.

NIETZSCHE, F. (1871) O nascimento da tragédia no espírito da música. In: _____. *Os Pensadores*. São Paulo: Abril Cultural, 1978.

PELBART, P. P. *Da clausura do fora ao fora da clausura*. São Paulo: Brasiliense, 1989.

PESSOTTI, I. *A loucura e as épocas*. Rio de Janeiro: 34, 1994.

PINEL, P. *Traité médico-philosophique sur l'aliénation mentale*. Paris: J. A. Brosson, 1809.

_____. (1819-44) Crítica da filosofia kantiana. In: _____. *Os Pensadores*. São Paulo: Abril Cultural, 1980a.

SCHOPENHAUER, A. (1819) O mundo como vontade e representação. In: _____. *Os Pensadores*. São Paulo: Abril Cultural, 1980b.

SWAIN, G. De Kant à Hegel, deux époques de la folie. In: _____. *Libre*, n. 3. Paris: Payot, 1977.

2.
O LOUCO DE RUA NA LITERATURA[1]

Introdução

Este artigo inspira-se numa impressão que me acompanha desde menino: o fascínio pelos loucos de rua de minha cidade, com suas características tão fantásticas e, ao mesmo tempo, tão humanas. Durante minha infância, passada em uma pequena cidade do interior de Minas Gerais, sempre me chamaram a atenção a vida e a história daquelas personagens que perambulavam de rua em rua, ou mesmo de cidade em cidade, guardando em torno de si uma atmosfera de mistério que em todos despertava os mais diversos sentimentos: interesse, medo, curiosidade, pena e outros mais. Eram os "loucos de rua", esses protagonistas do *theatrum mundi*, esses "andarilhos

---
[1] Este texto, publicado originalmente na revista *Psicologia USP*, v. XI, n. 2, pp. 117-152, 2000, contém trechos de minha tese de doutorado, orientada por Maria Luísa Sandoval Schmidt, defendida no Instituto de Psicologia da USP em 1999 e publicada com título *Andarilhos da imaginação: um estudo sobre os loucos de rua* (2000). Agradeço a Adélia Bezerra de Meneses pela sugestão de contos de Guimarães Rosa aqui mencionados.

da imaginação", como os designei em minha tese de doutorado a eles dedicada.

Foucault (1961), ao tratar da presença da loucura na arte renascentista – por meio das figuras terríveis e animalescas retratadas pelos pintores – afirmou que o homem se descobria a si próprio naquelas figuras fantásticas, tomando contato com a natureza de seu desejo. Tratava-se, assim, do fascínio exercido pela loucura:

> [...] a loucura fascina porque é um saber. É um saber, de início, porque todas essas figuras absurdas são, na realidade, elementos de um saber difícil, fechado, esotérico. [...] Este saber, tão inacessível e temível, o Louco o detém em sua parvície inocente. Enquanto o homem racional e sábio só percebe desse saber algumas figuras fragmentárias – e por isso mesmo mais inquietantes –, o Louco o carrega inteiro em uma esfera intacta: essa bola de cristal, que para todos está vazia, a seus olhos está cheia de um saber invisível. (p. 20-21)

Ainda sobre este poder de atração e fascínio exercido pela loucura, continua Foucault (1961):

> [...] num único e mesmo movimento, o louco se oferece como objeto de conhecimento dado em suas determinações mais exteriores e como tema de reconhecimento, em troca investindo aquele que o apreende com todas as familiaridades insidiosas de sua verdade comum. (p. 512)

Este estranho sentimento de familiaridade que o louco provoca em seu interlocutor – ou simplesmente observador – parece de natureza semelhante à do "estranho familiar" (*Unheimlich*), de que Freud (1919) falou. Ele resulta de um impacto estético causado no contato com aquilo que, à primeira vista, parece ser estranho, mas que é, simultânea e paradoxalmente, familiar.

É assim que, no relacionamento do homem comum com o louco, este, estranho por excelência, adquire o papel de espelho: reflete o encoberto, a loucura pessoal desconhecida; reflete o obscuro, o inconsciente:

> [...] o louco desvenda a verdade elementar do homem: esta o reduz a seus desejos primitivos, a seus mecanismos simples, às determinações mais prementes de seu corpo. A loucura é uma espécie de infância cronológica e social, psicológica e orgânica, do homem. (FOUCAULT, 1961, p. 512)

Por tudo isso, a loucura fascina. Quem não tem uma história sobre algum louco de rua para contar, uma experiência qualquer de apreensão, medo, curiosidade ou brincadeira? Quem nunca sentiu este interesse, este fascínio? Qual a cidade que não tem os seus loucos célebres? O escritor memorialista Joaquim de Salles, nascido na cidade mineira do Serro em 1879, destinou algumas páginas de seu livro *Se não me falha a memória* aos doidos de sua cidade no tempo de sua infância. Curioso é o fato de que, apesar do grande espaço de tempo transcorrido, "seus" doidos muita semelhança guardavam em relação aos loucos de rua de minha memória.

Helena Morley (1942), no livro de memórias *Minha vida de menina*, conta detalhes do cotidiano da cidade de Diamantina – vizinha do Serro de Joaquim de Salles – entre 1893 e 1895, não deixando de incluir aí uma referência aos loucos de rua e à importância que eles tinham para ela:

> As outras cidades terão tanto doido como Diamantina? Eu e Glorinha estivemos contando os doidos soltos, fora os que estão no Hospício. Que porção!
>
> Mas também uma cidade sem doidos deve ser muito sem graça. Eu pelo menos não queria deixar de ter aqui Duraque, Teresa Doida, Chichi Bombom, Maria do Zé Lotério, João Santeiro, Antônio Doido, Domingos do Acenzo. Cada um é mais engraçado com a sua mania. Mas a melhor de todas é a de Domingos, que é cabeleireiro e tem a mania de ficar rico.
>
> Meu pai costuma chamá-lo em casa para lhe cortar o cabelo e eu fico sempre perto, morrendo de rir. Ele fica contando a meu pai, com aquela cara séria, os seus planos de enriquecer e eu, para não estourar na frente dele, corro para rir no meu quarto. (p. 272-273)

Neste trabalho, deixei-me ceder ao fascínio do louco, procurando conhecê-lo através de uma fonte preciosa que é a literatura brasileira. Objeto de pouca ou quase nenhuma abordagem na esfera das ciências humanas, o louco de rua pode ser melhor definido e compreendido, em sua relação com as outras pessoas, através da narrativa literária.

Definição e caracterização do louco de rua com a ajuda da literatura

O que é um "louco de rua"? Não tentarei defini-lo *a priori*. Minha opção foi a de traçar seu perfil a partir da narrativa literária, deixando de lado as concepções psiquiátricas de *doença mental*. Para efeito desta abordagem, louco, doido ou maluco é aquele assim designado no seio de sua comunidade. Não se trata de um objeto de estudo facilmente encontrável na esfera das ciências, seja da psiquiatria, seja das ciências humanas. A literatura é a melhor fonte que me vem em auxílio. O poema "Loucos", de José Paulo Paes (1992) ilustra com precisão o tipo que tento definir:

> Ninguém com um grão de juízo ignora estarem os loucos muito mais perto do mundo das crianças que do mundo dos adultos. Eu pelo menos não esqueci os loucos da minha infância.
>
> Havia o Elétrico, um homenzinho atarracado de cabeça pontuda que dormia à noite no vão das portas mas de dia rondava sem descanso as ruas da cidade.

Quando topava com um poste de iluminação, punha-se a dar voltas em torno dele. Ao fim de certo número de voltas, rompia o círculo e seguia seu caminho em linha reta até o poste seguinte.

Nós, crianças, não tínhamos dúvida de que se devia aos círculos mágicos do Elétrico a circunstância de jamais faltar luz em Taquaritinga e de os seus postes, por altos que fossem, nunca terem desabado.

Havia também o João Bobo, um caboclo espigado, barbicha rala a lhe apontar do queixo, olhos lacrimejantes e riso sem causa na boca desdentada sempre a escorrer de baba.

Adorava crianças de colo. Quando lhe punham uma nos braços, seus olhos se acendiam, seu riso de idiota ganhava a mesma expressão de materna beatitude que eu me acostumara a ver, assustado com a semelhança, no rosto da Virgem do altar-mor da igreja.

E havia finalmente o Félix, um preto de meia idade sempre a resmungar consigo num incompreensível monólogo. A molecada o perseguia ao refrão de "Félix morreu na guerra! Félix morreu na guerra!"

Ele respondia com os palavrões mais cabeludos porque o refrão lhe lembrava que, numa das revoluções, a mãe o escondera no mato com medo do recrutamento, a ele que abominava todas as formas de violência.

Quando Félix rachava lenha cantando, no quintal de nossa casa, e, em briga de meninos, um mais taludo batia num

> menor, ele se punha a berrar desesperadamente: "Acuda! Acuda!" até um adulto aparecer para salvar a vítima.
>
> Como se vê, os loucos de nossa infância eram loucos úteis. Deles aprendemos coisas que os professores do grupo e do ginásio não nos poderiam ensinar, mesmo porque, desconfio, nada sabiam delas. (p. 31-32)

Para ser classificado como um "louco de rua" faz-se necessário, naturalmente, que um indivíduo preencha dois requisitos: ser "louco" e ser "de rua". É assim, então, que tais pessoas podem ser pensadas como "personagens do teatro do mundo", cuja loucura se encena no palco da cidade, em praça pública. Para que estas condições sejam preenchidas, este louco, evidentemente, será o louco "solto", não institucionalizado, aquele que escapou da psiquiatria, da medicalização e do hospício. De um modo geral, será o louco pobre e sem família, ou cuja família não possa dele cuidar. Sem a presença da família, não existe quem possa se envergonhar da publicidade de sua loucura. Na maioria das vezes, ainda que haja exceções, sua loucura se acrescenta à mendicância e à perambulação, circunscritas a limites que podem ser os da cidade ou uma parte dela, ou ainda, em certos casos, ampliarem-se para áreas rurais do município e mesmo abranger cidades vizinhas.

O louco de rua, dadas as características de seu modo peculiar de vida, encenado no palco da cidade, torna-se uma pessoa conhecida e – por que não? – célebre, transformando-se em um participante ativo da vida da comunidade exatamente pelo seu desvario. Encontramos um belo exemplar desta espécie imortalizado na literatura de Jorge Amado (1989): *Bafo de Bode*, um misto de insano imprudente, mendigo e bêbado, era uma espécie de cronista social inconveniente de Santana do Agreste, dando sempre notícia, em público, dos acontecimentos indiscretos que envolviam a população da cidade:

> [...] rebotalho da sociedade, apodrecido por dentro e por fora, [...] esse detrito malcheiroso desce as ruas aos trancos e barrancos, a enlamear a honra de distintas famílias, a proclamar maledicências, injúrias e infâmias desgraçadamente quase sempre comprovadas. (p. 45)

Esta loucura experimentada em estado livre é, em certa medida, socializada, tal como ocorria na Europa anterior ao século XVII (FOUCAULT, 1954 e 1961). Ela não só é socializada, como também sua experiência evoca a própria loucura do mundo. O "Teatro do Mundo", ao qual Foucault se refere, era uma espécie de teatro representado em Veneza, cujo palco era uma nave sem vela e sem leme à deriva pelos mares, miniatura e metáfora da loucura do mundo.

Com efeito, a caracterização do louco de rua presente neste trabalho parece encontrar paralelo na descrição feita por Foucault (1954) da loucura na Europa do final do século XV. Mesmo constatando que, desde a medicina grega, uma boa parte do campo conceitual da loucura já estava influenciado pelas noções de patologia – estando, portanto, incluída no domínio da medicina como doença –, houve um período histórico (final do século XV) em que a loucura se renovou com os "poderes essenciais da linguagem". Sobre esse período, afirma Foucault:

> As últimas manifestações da idade gótica foram, alternadamente e num movimento contínuo, dominadas pelo pavor da morte e da loucura. À dança *Macabra* representada no cemitério dos Inocentes, ao *Triunfo da morte* cantado nos muros do Campo Santo de Pisa, sucedem as inumeráveis danças e festas dos Loucos que a Europa celebrará de tão bom grado durante todo o Renascimento. Há as festas populares em torno dos espetáculos dados pela "associações de loucos", como o *Navio Azul* em Flandres; há toda uma iconografia que vai da *Nave dos loucos* de Bosch, a Breughel e a *Margot a Louca*; há também os textos sábios, as obras de filosofia ou crítica moral, como a *Stultifera Navis* de Brant ou o *Elogio da loucura* de Erasmo. Haverá, finalmente, toda a literatura da loucura: as cenas de demência no teatro elizabetiano e no teatro francês pré-clássico participam da arquitetura dramática, como os sonhos e, um pouco mais tarde, as cenas de confissão: elas conduzem o drama da ilusão à verdade, da falsa solução ao verdadeiro desfecho. São uma das molas essenciais deste teatro barroco, como certos romances que lhes são contemporâneos: as grandes aventuras das narrativas de cavalaria tornam-se voluntariamente as extravagâncias de espíritos que não mais dominam suas quimeras. Shakespeare e Cervantes no fim do Renascimento são testemunhas do

grande prestígio desta loucura cujo reinado próximo tinha sido anunciado, cem anos antes, por Brant e Bosch. (p. 77)

Este período pode ser considerado como um enclave na história da loucura na Europa Ocidental. A ele sucedeu uma brusca mudança quando, em meados do século XVII, a loucura veio a conhecer o mundo da exclusão.

Mas por que comparar tal período de esplendor da arte europeia com o mundo de nossos pobres loucos das paragens nacionais? Ocorre que, se as diferenças são por si só evidentes, a aproximação se dá por um detalhe da maior relevância, que é experiência da loucura em *estado livre*:

> A loucura é no essencial experimentada em estado livre, ou seja, ela circula, faz parte do cenário e da linguagem comuns, é para cada um uma experiência cotidiana que se procura mais exaltar do que dominar. Há na França, no começo do século XVII, loucos célebres com os quais o público, e o público culto, gosta de se divertir; alguns como Bluet d'Arbère escrevem livros que são publicados e lidos como obras de loucura. Até cerca de 1650, a cultura ocidental foi estranhamente hospitaleira a estas formas de experiência. (p. 78)

O *Sobrinho de Rameau* (DIDEROT, 1761) foi, segundo Foucault (1961), a última personagem em que loucura e desatino se reuniram; foi, talvez, uma das derradeiras figuras deste ciclo de liberdade da loucura, que transitava seu desatino pelo palco da cidade, fazendo a loucura andar, circular. Seu desatino, ao qual foi dado direito de cidade, testemunhou esta etapa da história da loucura, mostrando a própria essência das modificações que renovaram a experiência do desatino na era clássica.

Este tipo, que é um andarilho livre, tal como o nosso louco de rua, fica em contato quase que permanente com as pessoas da cidade, sobre elas exercendo seu poder de fascínio peculiar ao louco. Assim, oferecendo-se como espelho, ele cumpre o interessante papel de colocar seu interlocutor em contato com sua própria verdade; ele é capaz de denunciar a prisão do homem razoável e convencional:

> Nas raras vezes em que os encontro, sou retido pelo contraste de seu caráter com o dos outros, rompendo a uniformidade fastidiosa criada por nossa educação, por nossas convenções sociais, por nossas conveniências habituais. Se um deles aparece num grupo, é um grão de levedo que fermenta, restituindo a cada qual uma porção de sua individualidade natural. Sacode, agita, faz aprovar ou censurar, faz surgir a verdade, revela as pessoas de bem, desmascara os malandros. É nessa ocasião que o homem de bom senso escuta e decifra seu próprio mundo. (DIDEROT, 1761, p. 42)

Entre o louco de rua e a sua comunidade, estabelece-se um modo peculiar de comunicação e de relacionamento, ancorado nas mais variáveis formas de afeto que aquele suscita no seio do grupo social: compaixão, temor, repugnância, curiosidade, interesse, desprezo, anseio de censura etc. No relacionamento deste louco com o meio social do qual é integrante, há momentos em que o cidadão comum – "não louco" – parece adentrar o mundo de seu interlocutor ou por ele ser tocado. Podem-se enumerar algumas das formas privilegiadas de manifestação deste fenômeno, com apoio em passagens encontradas na literatura.

O poeta Jorge de Lima (1950), quando contava ainda nove anos de idade, escreveu um pequeno poema no qual expressava seu sentimento de pena em relação a um louco de seu convívio. Dando mostras de sua sensibilidade e de seu talento – que exerceria mais tarde como médico e como poeta – ele equiparava o louco, em sua doença e em sua infelicidade, aos aleijados e velhos e, em sua solidão, à lua no céu:

> Tenho pena dos pobres, dos aleijados, dos velhos
> Tenho pena do louco Neco Vicente
> E da Lua sozinha no céu. (p. 41)

O mesmo poeta, já na maturidade, viria a falar, nos *Novos poemas* (Lima, 1929), de uma tal *Joaquina Maluca*, também manifestando compaixão pelo seu destino e, ao mesmo tempo, indagando-se sobre o motivo pelo qual ficara louca:

> Joaquina Maluca, você ficou lesa
> não sei por que foi!

Você tem um resto de graça menina,
na boca, nos peitos,
não sei onde é...

Joaquina Maluca, você ficou lesa,
não é?
Talvez pra não ver
o que o mundo lhe faz.
Você ficou lesa, não foi?
Talvez pra não ver o que o mundo lhe fez.
Joaquina Maluca, você foi bonita, não foi?
Você tem um resto de graça menina
não sei onde é...

Tão suja de vício,
não sabe o que o foi.
Tão lesa, tão pura, tão limpa de culpa,
nem sabe o que é! (p. 129)

Ele parecia supor que a loucura de Joaquina era uma forma de defesa, uma tentativa de esquecer o (mal) que o mundo lhe fazia. É interessante observar um detalhe precioso do poema: o autor usa os tempos verbais no presente e no passado – *faz* e *fez* –, indicando com isso que o mal que a ela fora feito estava, em primeiro lugar, na etiologia de sua loucura; e que, em segundo lugar, o próprio fato de ela encontrar-se submersa na loucura fazia com que o mundo a maltratasse. O poeta atribuiu-lhe características tais como inocência, pureza e graça (que a absolviam da culpabilidade), concebendo o mal como uma espécie de invasor a induzi-la ou mesmo a obrigá-la ao vício.

Observando o material que a literatura nos fornece, constatamos que uma das maneiras mais comuns do público entrar em contato com o louco é provocá-lo, através de palavras, apelidos desairosos, gestos ou rituais francamente sádicos, que se cristalizam como parte do patrimônio de costumes da cidade. A provocação através de apelidos pejorativos, que desencadeia a fúria imediata do agredido, é exemplificada em um conto do escritor cearense Moreira Campos (1957) intitulado "O preso", incluído no livro *Portas fechadas*. Neste conto, o autor, conhecedor que era da vida nas pequenas cidades sertanejas de seu estado, narra o caso de um pobre lavrador, habitante do meio rural, que ia à cidade nos dias de feira para vender a banana que trazia em seus caçuás. Em função de um "lobinho" que possuía próximo ao olho esquerdo, deram-lhe o apelido de *Caroço*:

> – Mas me chamo Inácio! Que eu não posso atender por um nome desse... [...] Um vexame, doutor. Frecham em riba de mim todo o tempo. Empurrão, atiram casca de banana, toda porqueira que dão de garra (com licença de vosmecê). Vem isto de anos. Já quis até me mudar de canto, se pudesse. Apelo para vossa senhoria. (p. 160)

Mal ele aparecia, a criançada punha-se a insultá-lo. E ele, que era normalmente muito pacato, nestes momentos perdia-se em sua ira, "endoidando de jogar pedra" (em uma expressão Carlos Drummond de Andrade). Até que um dia, atingindo superficialmente com seu porrete o filho do juiz de Direito que o insultava, foi preso e suicidou-se no cárcere por não conseguir suportar tal humilhação.

Este prazer em despertar a fúria das pessoas – no caso, através da humilhação – encontra-se também naqueles que conviviam com o *Sobrinho de Rameau*:

> Há muito eu conhecia esse que me abordou. Frequentava uma casa cujas portas se abriram ante seu talento. Nela morava uma filha única. Ele jurava ao pai e à mãe que se casaria com a moça. Os pais davam de ombro, riam-lhe na cara, diziam que era louco. E eu vi o momento em que a coisa aconteceu. Pedia-me emprestado algumas moedas que eu lhe dava. Havia conseguido introduzir-se, não sei como, em algumas casas honestas, onde tinha o seu talher, sob a condição de não falar sem antes ter obtido permissão para tanto. Calava-se e ruminava sua raiva. Era ótimo vê-lo tão constrangido. Se lhe vinha a vontade de romper o acordo, e abria a boca, todos os convivas gritavam: 'Ó Rameau!' Então, o furor faiscava em seus olhos e voltava a comer com mais raiva. (DIDEROT, 1761, p. 42)

No Serro de Joaquim de Salles (1960), não poderia faltar um doido que fosse alvo da provocação dos moleques:

> A Maria Bernarda era uma preta maltrapilha [...]; andava solta pelas ruas, geralmente a gritar e praguejar contra os moleques que a apoquentavam, chamando-a de Maria Maluca. (p. 224)

Mas nem toda demanda é de fúria. Pode-se também solicitar ao louco, de um modo mais amigável, que ele encene a sua loucura na rua, gesto que o faz sentir-se elevado à posição de artista. Pede-se a ele que cante, dance, declame, imite alguém etc. Solicita-se-lhe um verdadeiro espetáculo, ao que ele, normalmente, atende de bom grado, oferecendo-se ao público ávido por divertimento:

> E novamente começou a passear, esgoelando-se numa ária de *A Ilha dos Loucos*, e depois numa de *O Pintor Amoroso por seu Modelo*, e noutra de *O Marechal Ferrant*. De vez em quando grita levantando as mãos e os olhos para o céu: "Macacos me mordam! Então isso é bonito? Como alguém pode carregar um par de orelhas na cabeça e ainda perguntar se é bonito?" Entra em transe e começa a cantar em voz baixa. Eleva o tom à medida que se apaixona. Gesticula, careteia, contorce o corpo. Digo para mim mesmo: "Perde a cabeça outra vez. Uma nova cena está a caminho". Com

efeito, lá vai ele num novo lance dramático: "Sou um pobre miserável... Monsenhor, monsenhor, deixai-me partir... Ó terra!...Lá vem o amiguinho, lá vem o amiguinho... *Aspettare e non venire... A Zerbina penserete... Sempre in contrasti con te si sta...*" Junta e embaralha trinta árias italianas, francesas, trágicas, cômicas, de todo tipo. Ora a voz de baixo descendo até os infernos, ora esganiçando como um falsete, rasga o alto das árias, imitando as diferentes personagens cantoras pelo andar, porte e gesto – sucessivamente furioso, abrandado, imperioso, gozador. Agora uma moça que chora – imita todos os dengos. Depois vira padre, rei, tirano. Ameaça, comanda, transporta-se. Agora é escravo e obedece. Apazigua-se, desola-se, queixa-se, ri. Nunca desafina. Não perde o tom, o compasso, o sentido das palavras e o caráter da ária. Todos os empurradores de pauzinhos deixam os tabuleiros e o rodeiam. As janelas do café ficam lotadas com os passantes que param por causa do barulho. Estouram de rir. O teto parece vir abaixo. Mas ele não percebe coisa alguma. Continua presa de uma alienação profunda, de um entusiasmo tão próximo da loucura, que não é certo que volte a si e que talvez seja preciso jogá-lo numa carruagem e levá-lo direto para o hospício. Cantando um fragmento das *Lamentações* de Ioumelli, repete os mais belos trechos com precisão, verdade e calor incríveis. Rega com uma torrente de lágrimas o belo recitativo onde o profeta pinta a desolação de Jerusalém. A emoção ganha a sala; todos choram. Há tudo na voz e na fisionomia de Rameau: a delicadeza do canto, a força da

> expressão e a dor. Insiste nos trechos em que o músico se
> revela mestre. Deixa a parte de canto pela dos instrumentos
> e volta subitamente à primeira, entrelaçando-as para con-
> servar a ligação e a unidade do todo. Apossa-se de nossas
> almas, deixando-as suspensas na situação mais estranha
> que já vivi... Admiro-o? Sim, eu o admiro! Estou cheio de
> piedade? Sim, estou cheio de piedade. E, no entanto, um
> certo ridículo mescla-se nesses sentimentos desnaturando-
> -os. (DIDEROT, 1761, p. 72)

Algo semelhante a este espetáculo público, produzido pelo louco para a cidade, observa-se no conto "Darandina", de Guimarães Rosa (1962b). Um louco, bem apessoado e trajado, passa pela rua cometendo pequenos furtos e, fugindo do perigo de ser capturado quando começam a surgir os gritos de "Pega!", sobe em uma palmeira muito alta, de sapato e tudo, entrincheirando-se em seu topo. Animado pela multidão que se acumula embaixo para observá-lo, acaba por despir-se, em meio a um discurso amalucado e risos, contagiando, com sua loucura, o povo que o assistia.

> Em suave e súbito, deu-se que deu que se mexera, a marom-
> bar, e por causas. Daí, deixando cair... um sapato! Perfeito,
> um pé de sapato – não mais – e tão condescendentemente.
> Mas o que era o teatral golpe, menos amedrontador que
> de efeito burlesco vasto. Claro que no vivo popular houve
> refluxos e fluxos, quando a mera peça demitiu-se de lá, vindo

> ao chão, e gravitacional se exibiu no ar. Aquele homem: – "*É um gênio!*" – positivou o dr. Bilôlo. Porque o povo sentia e aplaudia, danado de redobrado: – "*Viva! Viva!...*" – vibraram, reviraram. – "*Um gênio!*" – notando-se, elegiam-no, ofertavam-lhe oceânicas palmas. Por São Simeão! E sem dúvida o era, personagente, em sua sicofância, conforme confere e confirmava: com extraordinária acuidade de percepção e alto senso de oportunidade. Porque houve também o outro pé, que não menos se dasabou, após pausa. Só que, para variar, este, reto, presto, se riscou – não parabolava. Eram uns sapatos amarelados. O nosso homem, em festival-autor, alcandorado, alvo: desta e elétrica aclamação, adequada. (p. 124)

As loucuras, tanto a do louco como a da multidão, vão num crescendo tal que ele acaba por despir-se – do paletó, da cueca, das calças, de tudo enfim –, observado pela turba, pela polícia, pelas autoridades e estudantes de medicina. Um deles, aliás, via no quadro "o síndrome exofrênico de Bleuler". Ao final, os bombeiros acabam por conseguir retirá-lo da palmeira:

> Antes, ainda na escada, no descendimento, ele mirou, melhor, a multidão, deogenésica, diogenista. Vindo o quê, de qual cabeça, o caso que já não se esperava. Deu-nos outra cor. Pois, tornavam a endoidá-lo? Apenas proclamou: – "*Viva a luta! Viva a Liberdade!*" – nu, adão, nado, psiquiartista. Frenéticos, o ovacionaram, às dezenas de milhares se abalavam.

> Acenou, e chegou em baixo, incólume. Apanhou então a alma de entre os pés, botou-se outro. Aprumou-se o corpo, desnudo, definitivo.
>
> Fez-se o monumental desfecho. Pegaram-no, a ombros, em esplêndido, levaram-no carregado. Sorria, e, decerto, alguma coisa ou nenhuma proferia. Ninguém poderia deter ninguém, naquela desordem do povo pelo povo. Tudo se desmanchou em andamento, espraiando-se para trivialidades. Vivera-se o dia. Só restava, imudada, irreal, a palmeira. (p. 132)

Com um estilo bastante diferente, produzido por um talento mais enternecedor e melancólico que causava no público emoções diferentes das que vimos acima, o negro *Zé Passarinho*, do romance *Fogo morto*, de José Lins do Rego (1943), cumpria também este papel: entoava canções que tocavam os ouvintes, contava histórias que despertavam vívido interesse e, além disso, era quem trazia as novas para o engenho, de tudo dando notícia. Apesar disso, era considerado um negro sem serventia, um bêbado. Às vezes, tornava-se alvo da fúria de seu dono, mas, por uma ironia do destino, acabou por fazer-lhe companhia nos momentos da ruína. Certa vez, uma de suas histórias, que dizia respeito a sua própria vida, surpreendeu e comoveu o *mestre Amaro*, que "[...] nunca pensara que aquele negro imundo, de cara de cachaceiro, tivesse tanta coisa dentro de si, aquela história, aqueles amores" (p. 95).

A água do rio corria quase que num fio, os juncos cobriam o leito de um verde escuro. O vento zunia nos juncos que caíam para um canto como um partido de cana. Ouvia-se a cantoria de um homem mais para o lado do Santa Fé. Era José Passarinho, no serviço de uma vazante, no trabalho que para ele era um fim de mundo. A cantoria era triste, como de quarto de defunto. O negro largava a alma na beira do rio:

> Quem matou meu passarinho
> É judeu, não é cristão
> Meu passarinho tão manso
> Que comia em minha mão.

A voz do cachaceiro tocara os corações das mulheres. A velha sinhá batia com força na pedra branca. A moça deixava cair os seios do cabeção desabotoado. Não podiam falar, José Passarinho gemia na entoada:

> Quando eu vim da minha terra
> Muita gente me chorou
> E a danada de uma velha
> Muita praga me rogou.

– Tem sentimento a cantoria dele, disse a moça.
– Coitado de seu José, que vida ele tem, respondeu-lhe dona Sinhá.

E depois, como querendo corrigir-se:

– Pode ser até mais feliz que muita gente. (p. 88-89)

Entre os doidos do Serro das memórias de Joaquim de Salles (1960), havia uma tal *Mariquinha Doida*, "sempre asseada, sempre bem calçada", que também dava seus espetáculos musicais:

> A Mariquinha Doida era [...] muito mansa e nunca teve crises de agitação. Vivia passeando, ia à casa de todo mundo, onde almoçava ou jantava sempre muito bem acolhida. Apenas, em troca da hospitalidade, as pessoas, e sobretudo os meninos, pediam-lhe que cantasse modinhas. E a demente, que tinha seus quarenta anos, e que era bela e de olhos muito azuis, cabelos quase louros, não se fazia de rogada e cantava tantas vezes quantas fosse solicitada. Mostrava-se também muito acessível aos galanteios dos rapazinhos que lhe pediam beijos, e ela os dava com requebros de olhos e com requintes de *coquetterie* que raramente se observam em pessoas de juízo, quanto mais numa maluca...
>
> – Dê uma mão aqui, Mariquinha...
>
> E Mariquinha estava sempre pronta, ou para a mudança de um móvel pesado, para fazer um remendo, para passar uma roupa a ferro ou até para socar o café no pilão. De maneira que as visitas inesperadas da doida sempre traziam algum proveito. O menos que se exigia dela é que cantasse, como seu maior prazer era pedirem-lhe beijos... (p. 223-224)

Em casos como este, o louco exerce uma dupla função: proporciona divertimento às pessoas, ao mesmo tempo em que as atrai e fascina, por deixá-las entrever, ainda que de modo nebuloso, uma verdade essencialmente humana, uma virtualidade possível de cada um:

> Se a loucura conduz todos a um estado de cegueira onde todos se perdem, o louco, pelo contrário, lembra a cada um sua verdade; na comédia em que todos enganam aos outros e iludem a si próprios, ele é a comédia em segundo grau, o engano do engano. Ele pronuncia em sua linguagem de parvo, que não se parece com a da razão, as palavras racionais que fazem a comédia desatar no cômico: ele diz o amor para os enamorados, a verdade da vida aos jovens, a medíocre realidade das coisas para os orgulhosos, os insolentes e os mentirosos. (FOUCAULT, 1961, p. 14)

Algumas vezes, as pessoas fazem troça do louco, usando sua loucura como meio de um divertimento que oscila entre a inocência e a maldade. Pregam uma peça no próprio louco ou então utilizam-no como instrumento para troçar de alguém. Em seu livro de memórias, Helena Morley (1942), falando sobre os loucos de Diamantina do fim do século XIX, conta um episódio que assistiu, envolvendo um tal de Domingos, que tinha planos mirabolantes para enriquecer.

> Seu Chiquinho Lessa, de maldade, disse-lhe [*a Domingos*] que Nhanhá era a moça mais rica de Diamantina; que se ele a pegasse na rua e lhe desse um beijo, seria obrigado a casar com ela. Não foi preciso mais nada. Ontem cedo Domingos vestiu o fraque, preparou-se e foi postar-se em frente à sua tenda que é pegada à casa de meu tio. Quando passávamos por ali para a Escola, inteiramente despreocupadas, ele corre, agarra Nhanhá e dá-lhe aquele beijo. Eu não compreendi nada no princípio. Nhanhá deu um grito horrível e caiu no chão. Meu tio mandou carregá-la para dentro, assentou-a numa cadeira e lhe deu água.
>
> Depois da cena Nhanhá ainda se zangou comigo por causa do frouxo riso que eu tive. Pois eu podia deixar de achar graça de ver o Domingos subir muito sério para a sala de meu tio e ficar à espera do padre para casá-los, depois que Nhanhá melhorasse? (p. 273-274)

Mas nem tudo é sempre festa com relação ao louco de rua. A rejeição e o desprezo também se fazem frequentemente presentes. E o destino do louco desprezado, que não encontra o abrigo da comunidade, é o de pária; resta-lhe a exclusão, a expulsão e o exílio. O louco que sempre foi louco, titular da sua loucura, não causa mais susto ou impacto sobre a comunidade. Já para aquele que se torna louco de um momento para outro, a situação é diversa.

Rita Música era um morenaço de metro e oitenta de altura, forte e formosa, natural de Diamantina, de onde veio com fama de cantora e musicista. Rita Música *esnobava* um pouco as cantoras das igrejas do Serro, pois cantora era a profissão que exercia em sua linda cidade natal. Talvez por isso ostentava indubitável ascendência nos meios musicais. Nunca se dignou cantar nas nossas festas religiosas e nunca ninguém lhe ouvira a voz, mesmo dentro de sua casa, à hora do banho. Nem por isso a sua fama de cantora esmaecia; bem pelo contrário: da sua misteriosa garganta só se diziam maravilhas, aliás sem prova real alguma.

Uma bela manhã, Rita Música abriu as janelas da casa pequena em que vivia só, em companhia de uma criada, e saiu pela porta afora, descalça, olhar incerto, desgrenhada, em passo lento e cadenciado. A triste nova logo fez adotar as providências que a população tomava nos casos inopinados de malucos novos: todas as portas se fecharam para evitar a visita da nova louca. Encontrava-me eu à porta do Antônio Generoso, pai de quatorze filhas, as quais, ao ver-me, gritavam das sacadas com todos os pulmões: "Entre e feche a porta!" Não entendi o que me queriam dizer, quando a cinco passos de distância surgiu diante de mim a Rita Música, já então com as vestes sujas e rotas. Compreendi a situação. Esgueirei-me pelas paredes da casa do pai de tantas meninas e a insana passou por mim roçando-me pelo rosto o seu vestido imundo. Eu estava siderado. A uns cinquenta metros de distância vi a doida entrar em casa de Dona Joaninha

> Guerra, viúva com quatro filhos. Entrou, arejou a sala de visitas, abrindo amplamente as cinco janelas que davam para a rua. Depois debruçou-se sobre uma delas, olhou à esquerda e à direita, e finalmente deu por finda a visita. E pôs-se novamente a caminhar com passo lento e medido, e perdeu-se na primeira curva da Rua de Baixo.
>
> Durante três dias seguidos a desventurada perambulou pelo Serro. Depois desapareceu e nunca mais se soube que rumo tomou. (SALLES, 1960, p. 224-225)

Pode aparecer também uma reprovação social de cunho moral, que se dá, por exemplo, pela intolerância ou pela crítica de algum aspecto do louco, tal como a ociosidade, a sujeira, o despudor etc. Sobre o "pecado" do ócio no mundo burguês, afirma Foucault (1954):

> [...] a obrigação do trabalho tem também um papel de sanções de controle moral. É que, no mundo burguês em processo de constituição, um vício maior, o pecado por excelência no mundo do comércio, acaba de ser definido: não é mais o orgulho nem a avidez como na Idade Média; é a ociosidade. (p. 79)

Outro modo de se relacionar com o louco encontra-se mediatizado pela compaixão, quando a ele se dá uma esmola, um prato de comida, uma xícara de café, um copo de água, uma roupa velha, ou mesmo pouso, como no poema de Carlos Drummond de Andrade (1974):

> Entra e come onde quer. Há níqueis reservados para ele em toda casa. (p. 73)

Podem ocorrer situações até mesmo de empatia, quando se verifica uma espécie de imersão da comunidade ou de uma parcela sua no sistema delirante do louco, através, por exemplo, de brincadeiras ou conversas em que as ideias delirantes não são refutadas, mas simplesmente aceitas.

O relacionamento da cidade com o seu louco público é intenso e dotado de um caráter emocional especialmente forte. Muitas vezes, existe uma tolerância social em relação à loucura, baseada na compaixão e na afetividade. A cidade pode "adotar" o louco, deixar que ele fale seus "absurdos" sem contradizê-lo, alimentá-lo, agasalhá-lo e abrigá-lo. Mas há ocasiões em que o fio da tolerância se rompe. Quando a convivência com o louco implica algum tipo de risco para o sistema social estabelecido, isto é, quando ele se torna violento ou quando uma cena do teatro do mundo representa ameaça a valores – quando o louco se despe ou se põe a falar coisas indecentes – aí, então, cessa a tolerância. Este processo é retratado magistralmente, com a força sintética da poesia, no poema "Doido", que se encontra no livro *Menino antigo* (*Boitempo II*), de tom franca e confessadamente memorialístico:

> O doido passeia
> pela cidade sua loucura mansa.
> É reconhecido seu direito
> à loucura. Sua profissão.
> Entra e come onde quer. Há níqueis
> reservados para ele em toda casa.
> Torna-se o doido municipal,
> respeitável como o Juiz, o coletor,
> os negociantes, o vigário.
> O doido é sagrado. Mas se endoida
> de jogar pedra, vai preso no cubículo
> mais tétrico e lodoso da cadeia. (p. 73)

Sobre este processo de exclusão abrupta do louco, vale a pena mencionar, ainda, uma passagem de Graciliano Ramos (1945), em *Infância*, livro no qual ele narra suas memórias de criança no interior de Alagoas. Este episódio ocorreu no período em que seu pai exercia o cargo de juiz substituto, estando, assim, investido de poder de polícia. *Venta-Romba*, ainda que não fosse um louco no exato sentido do termo, era um desses andarilhos populares na cidade, que mendigava para continuar sobrevivendo. Vejamos o seu retrato, feito por Graciliano de forma absolutamente genial, tanto pelo estilo como pela precisão e pela acuidade:

> Nunca vi mendigo tão brando. A fome, a seca, noites frias
> passadas ao relento, a vagabundagem, a solidão, todas as

> misérias acumuladas num horrível fim de existência tinham produzido aquela paz. Não era resignação. Nem parecia ter consciência dos padecimentos: as dores escorregavam nele sem deixar mossa. [...] Humildade serena, insignificância, as mãos trêmulas e engelhadas, os pés disformes arrastando as alpercatas, procurando orientar-se nas esquinas, estacionando junto dos balcões. Restos de felicidade esvaíam-se nas feições tranquilas. O aió sujo pesava-lhe no ombro; o chapéu de palha esburacado não lhe protegia a cabeça curva; o ceroulão de pano cru, a camisa aberta, de fralda exposta, eram andrajos e remendos. (p. 228-229)

Pois bem. *Venta-Romba* aparecia uma vez por semana na cidade – às sextas-feiras, que era o dia da caridade – para pedir esmolas em forma de dinheiro e de alimentos. Certa vez, encontrando a porta da casa do menino Graciliano destrancada, ele adentrou a sala de jantar, surgindo de sopetão e causando susto. A mãe ordenou-lhe que se retirasse: "Vá-se embora vagabundo". Mas ele demorou-se em tentativas gaguejantes de explicações, não seguindo prontamente a ordem. Foi então que ela mandou chamar marido, que, prontamente, voltou trazendo consigo o destacamento todo, a fim de prender aquele pobre diabo.

> Vinte e quatro horas de cadeia, uma noite na esteira de pipiri, remoques dos companheiros de prisão, gente desunida. Perdia-se a sexta-feira, esfumava-se a beneficência

mesquinha. Como havia de ser? Como havia de ser o pagamento da carceragem? Venta-Romba sucumbiu, molhou de lágrimas a barba sórdida, extinguiu num murmúrio a pergunta lastimosa. O soldado ergueu-lhe a camisa, segurou o cós do ceroulão, empunhou aquela ruína que tropeçava, queria aluir, atravessou o corredor, ganhou a rua. Fui postar-me na calçada, sombrio, um aperto no coração. Venta-Romba descia a ladeira aos solavancos, trocando as pernas, desconchavando-se como um judas de sábado da Aleluia. Se não o agarrassem, cairia. O aió balançava; na cabeça desgovernada os vestígios de chapéu iam adiante e vinham atrás; as alpercatas escorregavam na grama. (p. 234)

Em Guimarães Rosa (1962b), encontramos um exemplo da exclusão social do louco feita de forma verdadeiramente cruel, na qual o tratamento a ele dispensado chegava mesmo a parecer decorrente de um delírio coletivo. No conto "A Benfazeja", o escritor narra a história de *Mula-Marmela*, uma mulher que servia como guia para o cego Retrupé, que era acusada pelo povo de ter cometido o assassinato de seu antigo companheiro, o *Mumbungo*, que, por sua vez, era o pai do irascível cego. *Mula-Marmela* é uma espécie de louca a quem a comunidade nega qualquer migalha de condescendência, condenando-a ao papel de bode expiatório. O narrador, no decorrer do conto, vai inquirindo a comunidade e culpabilizando-a pelo julgamento que faz da louca, denunciando as projeções e desnudando os sentimentos inconfessados da comunidade em relação a ela:

> E nem desconfiaram, hem, de que poderiam estar em tudo e
> por tudo enganados? Não diziam, também, que ela ocultava
> dinheiro, rapinicado às tantas esmolas que o cego costu-
> mava arrecadar? Rica, outro modo, sim, pelo que do destino,
> o terrível. Nem fosse reles feiosa, isto vocês poderiam notar,
> se capazes de descobrir-lhe as feições, de sob o sórdido
> desarrumo, do sarro e crasso; e desfixar-lhe os rugamentos,
> que não de idade, senão de crispa expressão. Lembrem-se
> bem, façam um esforço. Compesem-lhe as palavras parcas,
> os gestos, uns atos, e tereis que ela se desvendava antes
> ladina, atilada em exacerbo. (p. 109)

Dirigindo-se diretamente à comunidade, o narrador vai endurecendo sua inquirição e mostrando a injustiça e a covardia presentes no tratamento dispensado a *Mula-Marmela*:

> Alguém seria capaz de querer ir pôr o açamo no cão em
> dana? E vocês ainda podem culpar esta mulher, a Marmela,
> julgá-la, achá-la vituperável? Deixem-na, se não a entendem,
> nem a ele. Cada qual com sua baixeza; cada um com sua
> altura. (p. 115)

Ao final do conto, descrevendo a morte solitária da louca – que, para morrer, retira-se da cidade arrastando consigo um cachorro morto, já meio podre –, o narrador completa sua peça condenatória:

E ela ia se indo, amargã, sem ter de se despedir de ninguém, tropeçante e cansada. Sem lhe oferecer ao menos qualquer espontânea esmola, vocês a viram partir: o que figurava a expedição do bode-seu expiar. Feia, furtiva, lupina, tão magra. Vocês, de seus decretantes corações a expulsavam. Agora, não vão sair a procurar-lhe o corpo morto, para, contritos, enterrá-lo, em festa e pranto, em preito? Não será custoso achá-lo, por aí, caído, nem légua adiante. Ela ia para qualquer longe, ia longamente, ardente, a só e só, tinha finas pernas de andar, andar. É caso, o que agora direi. E, nunca se esqueçam, tomem na lembrança, narrem aos seus filhos, havidos ou vindouros, o que vocês viram com esses seus olhos terrivorosos, e não souberam impedir, nem compreender, nem agraciar. (p. 118-119)

Outra passagem da literatura fala da morte de uma louca condenada à exclusão, em condições semelhantes à da *Mula--Marmela*. Jorge de Lima (1938) dedica-lhe um poema no livro *A túnica inconsútil*, no qual a mostra como abandonada pela humanidade e irmanada somente à natureza; sua salvação só poderia se dar mediante sua recomposição na "grande Unidade", isto é, em Deus.

Onde andarás, louca, dentro da tempestade?
És tu que ris, louca?
Ou será a ventania ou algum estranho pássaro desconhecido?
Boiarás em algum rio, nua coroada de flores?

Ou no mar as medusa e as estrelas palparão os teu seios e tuas coxas?

Louca, tu que foste possuída pelos vagabundos sob as pontes dos rios, estarás sendo esbofeteada pelas grandes forças naturais?

Algum cão lamberá os teus olhos que ninguém se lembrou de beijar?

Ou conversarás com a ventania como se conversasses com tua irmã mais velha?

Ou te ris do mar como de um companheiro de presídio?

Onde andarás, louca, dentro da tempestade?

Estarão as gaivotas surpresas diante do estranho corpo adormecido na morte?

Se estás morta, começaste a viver, louca!

Se estás mutilada começaste a ser recomposta na grande Unidade!

Onde andarás, louca, dentro da tempestade? (p. 235-236)

A loucura de domínio privado

Voltando agora à questão da caracterização do louco de rua, parece-me interessante observar a diferença enorme que existe na constituição da identidade social deste louco e naquela do louco na família rica, de classe média ou mesmo pobre mas estruturada, na qual a loucura de um de seus membros é vivida de modo mais "privado", em oposição à loucura francamente de domínio público do nosso louco de rua. Este, mesmo sendo diferente daquilo que o meio social prescreve como norma e não estando inserido em um contexto familiar que o controle de perto, acaba se socializando, ainda que na condição de escória de uma sociedade. Os loucos pobres, ao vagar pelas ruas, acabam sendo assimilados pela vida da cidade. Mas quando a família é presente, existe um forte mecanismo de controle e vigilância que ultrapassa o fenômeno da marginalização que recai sobre o louco da rua. O sociólogo Herbert de Souza (1996), o Betinho, lembra que em sua cidade natal, Bocaiúva, Minas Gerais, havia até mesmo palavras diferentes para designar o louco pobre e o louco rico ou remediado: apenas o primeiro era chamado de "louco", "doido" ou "maluco"; o outro não era "louco", mas "sistemático", título que visava a atenuar sua condição de doente ou de desviante.

O poder da família permite que ela decida a sorte daquele indivíduo que foge aos padrões estipulados. Este poder permite-lhe tomar medidas que oscilam entre o desejo de "recuperar" este indivíduo e a necessidade de negar ou esconder a problemática que ele representa. O mais comum, principalmente entre as famílias mais abastadas e tradicionais, é que a negação se dê através do isolamento de seu louco. No caso da internação, o isolamento é justificado enquanto exigência médica para tratamento. Já a "prisão domiciliar" funciona como um meio do qual a família lança mão para preservar-se de eventuais juízos e problemas. A família "de bem" não quer se ver exposta através de seu membro louco. Se isso ocorre, ela acaba por tornar-se parte do "teatro do mundo".

Muitas vezes entretanto, mesmo encerrado em casa, o louco ganha publicidade. Era o que acontecia com *Dodona Guerra*, personagem de um poema de Carlos Drummond de Andrade (1974). Como impedir que os meninos de Itabira bulissem com aquela figura insana que pertencia, a julgar por seu sobrenome, a uma das famílias mais tradicionais da cidade?

> Dodona
> Guerra.
> Guerra
> a Dodona.
> Pedra
> na telha
> pedra
> na cara
> pedra
> na alma.
> Dodona
> louca,
> loucos
> moleques
> contra
> Dodona.
> Dodona
> eterna
> fera
> enjaulada

uiva
às pedradas
amaldiçoa
cada moleque
cada família
pedradamente. (p. 162)

Este poema ilustra o hábito de bulir com o louco a fim de vê-lo exaltar-se, xingar, jogar pedras, o que é uma diversão "malvada" muito cara aos moleques. Mas não só a eles... Trata-se de uma das formas de relacionar-se com a loucura que arrolei acima, modalidade esta de cunho francamente sádico. Entre os doidos do Serro, de Joaquim de Salles (1960), também se encontra um exemplo de algo semelhante ao que sucedia a *Dodona Guerra*:

> O velho Virgílio Mamede endoideceu de repente, já quase aos sessenta anos. Seu filho, do mesmo nome, também músico e rábula de porta de xadrez, conseguiu interná-lo num cômodo dos porões da Casa de Caridade. Era no pequeno quarto com janelas de grades de ferro, que o Virgílio uivava dia e noite, como um animal bravio. Também pouco sobreviveu à sua desventura e morreu um ano depois de ter sido internado. (p. 226)

Além do encerramento de seu louco em casa, a família pode, como se vê no exemplo acima, interná-lo. Normalmente, isso acontece quando ele dá muito trabalho aos familiares, em decorrência de sua agitação ou de qualquer outra forma de comportamento que perturbe a ordem familiar estabelecida. Muitas vezes, a família tem sérias dificuldades em lhe dispensar o tratamento especial necessário. No caso de Virgílio Mamede, a internação/prisão se deu em uma instituição de caridade da própria cidade. Mas havia (e ainda há) os famigerados hospícios, depósitos de loucos que não encontravam mais abrigo na família, ou nem mesmo possuíam uma família para os abrigar.

Para alguns loucos sem família, nem sempre a rua se convertia em sua morada; alguns não tinham a liberdade de tocar a vida como andarilhos, como atores do teatro do mundo. O Estado, com seu manicômios oficiais, dava conta de os colher pelo mundo:

> No interior de Minas, o delegado costuma prender os doidos, fazendo-os acompanhar por dois praças de polícia, que depois os soltam na sede do município mais próximo. Rita Música devia ter sido despejada ou em Diamantina ou em Conceição do Serro. E a polícia de cada cidade reproduz a triste cena desse degredo até que o louco acabe deixando o território de Minas, vindo alguns até ao Rio, onde vão mofar no Hospício Nacional de Alienados. (SALLES, 1960, p. 225)

No caso de *Rita Música*, tratava-se de alguém que ficou sem família ou algum substituto qualquer que a acolhesse. Nem mesmo as ruas da cidade o fizeram. Em alguns casos, era a própria família que solicitava ao Estado a internação. Caso dramático desta possibilidade encontra-se no conto "Sorôco, sua mãe, sua filha", de Guimarães Rosa (1962a). O conto fala do dia e do momento em que Sorôco, viúvo, conduziu sua mãe e sua filha única – suas únicas familiares neste mundo – para o trem, no qual embarcariam para o hospício de Barbacena para nunca mais voltar. O vagão no qual as duas insanas viajaram era "[...] repartido em dois, num dos cômodos as janelas sendo de grades, feito as de cadeia, para os presos" (p. 13).

> Quem pagava tudo era o Governo, que tinha mandado o carro. Por forma que, por força disso, agora iam remir com as duas, em hospícios. O se seguir. (p. 15)

A cena do embarque é dramática:

> A filha – a moça – tinha pegado a cantar, levantando os braços, a cantiga não vigorava certa, nem no tom nem no se-dizer das palavras – o nenhum. A moça punha os olhos no alto, que nem os santos e os espantados, vinha enfeitada de disparates, num aspecto de admiração. Assim com panos e papéis, de diversas cores, uma carapuça em cima dos espalhados cabelos, e enfunada em tantas roupas ainda de mais misturas, tiras e faixas, dependuradas-virudangas: matéria de maluco. A velha só estava de preto, com um fichu preto, ela batia com a cabeça, nos docementes. Sem tanto que diferentes, elas se assemelhavam.

> Sorôco estava dando o braço a elas, uma de cada lado. Em mentira, parecia entrada em igreja, num casório. Era uma tristeza. Parecia enterro. Todos ficavam de parte, a chusma de gente não querendo afirmar as vistas, por causa daqueles trasmodos e despropósitos, de fazer risos, e por conta de Sorôco – para não parecer pouco caso. (p. 14)

E por que *Sorôco* as mandava para o hospício, onde elas permaneceriam para todo o sempre?

> O que os outros se diziam: que Sorôco tinha tido muita paciência. Sendo que não ia sentir falta dessas transtornadas pobrezinhas, era até um alívio. Isso não tinha cura, elas não iam voltar, nunca mais. De antes, Sorôco aguentava de repassar tantas desgraças, de morar com as duas, pelejava. Daí, com os anos, elas pioraram, ele não dava mais conta, teve de chamar ajuda, que foi preciso. Tiveram que olhar em socorro dele, determinar de dar providências, de mercê. (p. 14-15)

O surpreendente, no entanto, é o desfecho do conto. Depois de partido o trem, no caminho de volta para casa, *Sorôco* vê-se transformado em um homem "arrebentado, desacontecido", como que possuído pela loucura das duas mulheres que haviam partido e deixado ali seu desatino, pairando no ar como espírito desencarnado. De repente, *Sorôco* parou e, "[...] num rompido – ele começou a cantar, alteado, forte, mas sozinho para si – e era a cantiga, mesma, de desatino, que as duas tanto tinham cantado. Cantava continuando" (p. 16).

E o desatino repentino, que nele se instalou, acabou contaminando todas as pessoas que vinham atrás:

> A gente se esfriou, se afundou – um instantâneo. A gente... E foi sem combinação, nem ninguém entendia o que se fizesse: todos, de uma vez, de dó do Sorôco, principiaram também a acompanhar aquele canto sem razão. E com as vozes tão altas! Todos caminhando, com ele, Sorôco, e canta que cantando, atrás dele, os mais de detrás quase que corriam, ninguém deixasse de cantar. Foi o de não sair mais da memória. Foi um caso sem comparação. (p. 16)

* * *

Procurei delinear o perfil daquilo que chamei de instituição da "loucura de domínio público", da qual o "louco de rua" é o protagonista. Para tanto, eu a contrapus à sua oposta "loucura de domínio privado". A distância da instituição psiquiátrica é uma das marcas mais importantes na caracterização do louco de rua, condição mesma de sua existência. Sua liberdade de andar pela cidade é o traço que me permitiu a ousadia de comparar sua experiência àquela da loucura em "estado livre" assistida pela Europa do final do século XV, da qual falou Foucault.

De quebra, pudemos observar como a literatura – e a literatura brasileira – é farta em menções aos loucos de rua;

suficientemente farta para que definisse por mim o objeto deste trabalho e para que provasse sua relevância na nossa formação cultural. Tanto é que, mesmo me utilizando de um método de pesquisa que buscou dados sobre loucos de rua através da coleta de relatos orais – isto é, na narrativa popular como modo de veiculação do saber –, levei também em conta a narrativa encontrada na literatura como legítima representante do mesmo saber que procurava detectar. Aristóteles, na *Poética*, dizia que a diferença entre a história e a poesia estava no fato de que, enquanto a primeira tratava do particular, a segunda tratava do universal. Se a história nos conta aquilo que aconteceu, a poesia nos fala daquilo que poderia ter acontecido. Na poesia ou na ficção, podemos supor a presença da experiência do autor e da memória coletiva de seu meio, ainda que não revestidas por um caráter factual ou descritivo, mas como uma espécie de matriz inspiradora. Do mesmo modo, a memorialística não se priva da tintura imaginativa da ficção...

Algumas questões histórico-conceituais concernentes à loucura e ao louco de rua

O louco de rua, tal qual caracterizado acima, porta um "grau de expressividade" que resulta do conjunto de suas características que os tornam atraentes ao olhar comunitário e que se acentuam pela forma como eles reagem à abordagem social que se lhes faz. Tomando o conjunto de trechos coletados entre os diversos escritores, verifica-se que há uma grande variedade de características destes loucos, uma verdadeira profusão de traços que os caracterizam e que os distinguem como personagens interessantes ao olhar da cidade. É a própria essência da loucura de cada um deles que varia, mostrando-nos a entidade *loucura* como algo que pode conter uma gama infindável de elementos que explodem nas mais diversas manifestações individuais, através de uma pluralidade de sintomas. Esta constatação, aliás, já fora feita por Platão, que mostrou como, na Grécia antiga, estavam presentes diversas modalidades da experiência do insensato (por exemplo, na loucura da *profecia ritual* e na loucura *telestática* ou *ritual*). O próprio termo genérico *mania*, usado para designar a loucura, continha diversos sentidos e formas de experiências (PELBART, 1989). No entanto, mesmo diante desta profusão de sentidos, é possível postular uma base comum a todas as loucuras, que é a ruptura direta ou indireta, total ou parcial, com o universo da razão (BIRMAN, 1989).

Tal "explosão de elementos" na loucura pode nos desnortear quanto ao rigor do próprio emprego linguístico do termo para designar experiências tão diferentes dentro de uma mesmo universo temporal e, mais ainda, entre universos temporais tão longínquos como a antiguidade grega e a atualidade brasileira, passando, entre muitas outras estações, pela França iluminista do *Sobrinho de Rameau* e pelas Minas Gerais monarquistas e escravocratas do Serro de Joaquim de Salles... Diante deste quase impasse frente à identidade semântica do termo, ameaçada de diluir-se, só podemos ter o mínimo de rigor, ao falar em *loucura*, se nos apoiarmos na peculiar relação de nossos loucos com o universo da razão, ainda que estejamos plenamente cônscios de que a razão é histórica, como ensinou Hegel (1807).

Talvez possamos acrescentar, nesta discussão, um elemento que amplia o espectro da compreensão daquela necessidade que as culturas têm de, dentro de seus paradigmas de razão dominantes, designar alguém como *louco*. Sendo a loucura essencialmente um desvio da norma, o ato de apontar o louco reafirma a normalidade de quem o faz. Neste sentido, cabe lembrar Wittgenstein (1953), para quem a identidade dos termos encontra-se invariavelmente condicionada ao contexto do jogo de linguagem em que eles estão sendo empregados. Se a linguagem funciona com seus usos, os significados das palavras repousam, em última instância, em suas funções *práticas*. Deste modo, quando chamamos alguém de *louco*, podemos, com isso, empurrá-lo para o plano da doença e/ou da exclusão, entre outros efeitos possíveis. O que aí está em questão é a dimensão *perlocutória* da linguagem (AUSTIN, 1990), que busca alterar um estado, produzindo uma modificação na pessoa do *outro*[2].

---

[2] Costa (1994), reportando-se a J. L. Austin, afirma que a linguagem não se presta somente a enunciar ou constatar coisas: "Dizer que a linguagem é performativa é dizer que ela é ato, que é capaz de desempenho ou de alterar ações ou estados. Todo dizer é fazer. Qualquer enunciado, mesmo quando, em seu conteúdo, reduz-se a descrever o que existe, soma a esta dimensão constatativa ou descritiva, chamada de *locutória*, uma dimensão *ilocutória* e uma dimensão *perlocutória*. A dimensão *ilocutória* é a que indica como o enunciado deve ser interpretado pelos falantes competentes da língua, ou seja, como deve ser lido em sua 'intenção', para ser corretamente compreendido. A dimensão *perlocutória* são os efeitos produzidos pelo enunciado no interlocutor. Assim, o sentido de um enunciado é composto

É verdade que, como mostra a pesquisa de Frayze-Pereira (1982), este não é o único uso que se faz do termo *loucura*, pois há outra concepção que busca alçá-la ao plano de um saber corajoso que desvela o real e recusa o mundo instituído. E é bem possível que, entre um uso e outro que se faz do termo, existam inúmeras outras possibilidades.

O uso do termo *loucura*, portanto, encontra-se condicionado à consciência que se tem do seu sentido numa cultura, numa mentalidade ou num determinado momento histórico. Foucault (1961) enfatiza que, na cultura europeia, a loucura nunca foi um fato maciço, tendo passado por diversas metamorfoses no interior da consciência ocidental, tal como uma constelação que se desloca e transforma seu projeto. Para ele, desta ausência de unidade na loucura – ou de sua presença sob uma forma dilacerada – resultam quatro formas de consciência que se tem sobre ela: a *crítica*, a *prática*, a *enunciativa* e a *analítica*, cada uma dessas formas suficiente em si mesma. No entanto, elas não deixam de ser solidárias, visto que se apoiam, sub-repticiamente, uma na outra. Vejamos como elas funcionam:

1. A *consciência crítica* da loucura delimita os reinos do sentido e do não sentido, da verdade e do erro, da sabedoria

---

de um *conteúdo proposicional* e de um *conjunto de circunstâncias*, o contexto, que conferem força ou eficácia transformadora ao que é dito. Ao falar, podemos mudar estados anteriores do sujeito e do mundo" (p. 20).

e da embriaguez, do sonho e da realidade, e assim por diante. É aquela

> [...] que a reconhece e a designa sobre um fundo de coisa razoável, refletida, moralmente sábia; consciência que se compromete inteiramente em seu julgamento, antes mesmo da elaboração de seus conceitos. Consciência que não *define*, que *denuncia*. A loucura é aí sentida a partir do modo de uma oposição imediatamente experimentada; ela explode em sua visível aberração, mostrando abundantemente e numa pletora de provas 'que ela tem a cabeça vazia e o sentido de cabeça para baixo. (FOUCAULT, 1989, p. 166)

Esta consciência da loucura é a segurança que tem a razão da posse de si mesma, isto é, a certeza de não se estar louco, tal como vimos em Descartes. Já Montaigne (1580-88), na direção oposta, discorria, no final da Renascença, sobre a incerteza de nossos juízos e punha em dúvida a possibilidade de o homem reconhecer em si a presença da razão e, consequentemente, estar certo de não ser louco.

2. A *consciência prática* da loucura, uma espécie de "herdeira dos grandes horrores ancestrais", representa-se pelos ritos que purificam e revigoram as consciências obscuras da comunidade, situando-se mais no campo das cerimônias do que da linguagem. Esta forma de consciência

> [...] se impõe enquanto realidade concreta porque é dado na existência e nas normas de um grupo; mais ainda, impõe-se como uma escolha, escolha inevitável, pois é necessário estar deste lado ou do outro, no grupo ou fora do grupo. Mesmo esta escolha é uma falsa escolha, pois apenas aqueles que estão no interior do grupo têm o direito de apontar aqueles que, considerados como estando fora do grupo, são acusados de terem escolhido estar aí. [...] Se ela implica a solidariedade do grupo, indica igualmente a urgência de uma divisão. (FOUCAULT, 1961, p. 167)

No conto "A Benfazeja", de Guimarães Rosa (1962c), pudemos ver este tipo de consciência em ação, quando a comunidade impõe uma forma violenta de exclusão, quase ritualizada, à personagem *Mula-Marmela*.

3. A *consciência enunciativa* da loucura não pertence à ordem do conhecimento, mas do reconhecimento. Foucault a identifica como *espelho*, no caso do *Sobrinho de Rameau*, ou como *lembrança*, em Nerval e Artaud. Ela é uma reflexão sobre si mesma a partir do movimento que faz ao designar o estranho, visto que aquilo que ela põe à distância, quando o percebe, era, no fundo, o seu próprio segredo. É a *familiaridade do estranho* – se quisermos nos valer de uma expressão freudiana – que ela rechaça. Esta forma de consciência é aquela que

> [...] possibilita dizer de pronto, sem nenhuma recorrência ao saber: 'Esse aí é um louco'. Não se trata aqui de qualificar ou desqualificar a loucura, mas apenas de indicá-la numa espécie de existência substantiva; sob o olhar está alguém que é irrecusavelmente um louco, alguém que é evidentemente um louco – existência simples, imóvel, obstinada, que é a loucura acima de toda qualidade e todo julgamento. A consciência não está mais, aqui, ao nível dos valores, dos perigos e dos riscos; está ao nível do ser, não passando de um conhecimento monossilábico reduzido à constatação. (FOUCAULTt, 1961, p. 168)

Esta forma de consciência reconhece, na loucura, a familiaridade de sua dor. Pode ser a responsável pelo fascínio e pela atração exercidos pela figura do louco, simultâneos e correlatos ao horror e às tentativas de distanciamento. Na passagem de *Fogo Morto*, de José Lins do Rego (1943), em que a velha sinhá e a mocinha ouvem o canto do cachaceiro *Zé Passarinho*, fica evidente a identificação entre todos eles na dor melancólica expressa em sua canção. Esta identificação surge em movimentos sinuosos e oscilantes, inicialmente indecisos, que partem de um sentimento triste, ainda difuso. Em seguida, a consciência das mulheres procura afastá-lo para o outro, terminando por deixar transbordar um reconhecimento – ainda que negado e projetado – da dor e da infelicidade próprias:

A voz do cachaceiro tocara o coração das mulheres. A velha sinhá batia com força na pedra branca. A moça deixava cair os seios do cabeção desabotoado. Não podiam falar, Zé Passarinho gemia na entoada. [...]
– Tem sentimento a cantoria dele, disse a moça.
– Coitado de seu Zé, que vida ele tem, respondeu-lhe dona Sinhá.
E depois, como que querendo corrigir-se:
– Pode ser até mais feliz que muita gente. (p. 88-89)

4. A *consciência analítica* da loucura predomina nos séculos XIX e XX. As outras formas de aproximação do fenômeno da loucura passam a ser consideradas primitivas, pouco evoluídas. Nesta forma de consciência não há ritual nem lirismo: "[...] aquilo que evocava o horror convoca agora apenas as técnicas de supressão" (FOUCAULT, 1961, p. 170). O único equilíbrio da consciência da loucura se dá pela forma do conhecimento, sendo que as formas da loucura, seus fenômenos e seus modos de aparecimento não são aí levados em consideração.

> Ainda que de fato não se consiga nunca esgotar seus fenômenos e suas causas, ela pertence de pleno direito ao olhar que a domina. A loucura é, aí, apenas a totalidade pelo menos virtual de seus fenômenos; não comporta mais nenhum perigo, não implica mais nenhuma divisão; não pressupõe mesmo nenhum outro recuo além do existente em qualquer outro objeto do conhecimento. É esta forma

de consciência que lança as bases de um saber objetivo da loucura. (FOUCAULT, 1961, p. 169)

Esta forma de consciência é aquela que impregna as chamadas "ciências da loucura", constituindo a própria essência epistemológica da psiquiatria. Seu triunfo repousa na tomada da loucura pela medicina, que a reduz a um objeto de conhecimento tal qual outro qualquer, isto é, que a objetiva. Tal forma de consciência encontra-se ilustrada em um relance do conto "Darandina", de Guimarães Rosa (1962d), quando, em meio à multidão que participa, contagiada, da cena de insanidade do louco que subira no topo da palmeira, o estudante de medicina que o observava diagnostica: "É o síndrome exofrênico de Bleuler".

* * *

O conjunto de narrativas literárias colhido na literatura brasileira mostra um louco de rua que vive sua loucura em praça pública – loucura que denominei como sendo de *domínio público* – de modo tal que nos permite aí visualizar tanto componentes da concepção *trágica* como da concepção *crítica*. Melhor dizendo, poderíamos afirmar que esta loucura, que tem como palco a rua, representa uma permanência, em nossos tempos, da experiência trágica, por ser vivida em estado livre e por ser socializada, tal como ocorria na Europa anterior ao século XVII, época em que sua experiência também evocava a loucura do mundo (Foucault, 1954).

A experiência da loucura do louco de rua seria, desta maneira, uma espécie de "ilha" trágica, cercada pela concepção crítica de todos os lados. Nosso louco de rua – pela forma como vive a experiência de sua loucura e pelas modalidades de relacionamento que estabelece com a cidade – guarda algo remanescente de outras eras, que se confronta com uma mentalidade popular já profundamente impregnada pelas concepções próprias da psiquiatria. Neste sentido, ele é um exemplar que escapou da institucionalização, foi salvo da apreensão médico--policial da psiquiatria. Vive em um mundo ambíguo que lhe dá o direito de experimentar seu desatino em estado de relativa liberdade, faz concessões à sua loucura por alguns instantes, mas tem olhos críticos e, quando julga necessário, apela para seu aprisionamento ou sua exclusão.

Portanto, a loucura em estado livre tem sua existência muito próxima do encarceramento e da institucionalização, ou seja, existe sempre uma perigosa vizinhança entre a rua e o hospício, entre o trágico e o crítico. O Estado, com seus manicômios oficiais, estava ali, próximo do louco, prestes a mudar radicalmente seu destino como nos casos de *Rita Música*, no Serro de Joaquim de Salles (1960, p. 224) e da mãe e da filha de *Sorôco*, no conto de Guimarães Rosa (1962a). O *Doido* do poema de Carlos Drummond de Andrade (1974) encarna perfeitamente esta ambiguidade entre a licença para ser louco e a cassação de seu "alvará": tem guarida em todas as casas, mas pode também ser preso "no cubículo mais tétrico e lodoso da cadeia" quando "endoida de jogar pedra".

Várias modalidades do relacionamento entre o louco de rua e a cidade vão se estabelecendo, sempre impregnadas de uma carga emocional com diversos vetores: encantamento, repugnância, curiosidade, pena, medo, condenação, diversão, enfim, uma enorme gama de afetos. Trata-se de um contato quase nunca neutro, do ponto de vista da mobilização dos afetos. É um contato significativo para a experiência das pessoas, posto que as mobiliza pelo fascínio e marca sua memória de modo especial.

O louco de rua tem importância *na* e *para* a cidade. É uma pessoa conhecida, observada e comentada, tal como os ilustres do lugar. É o que mostra Carlos Drummond de Andrade (1974) no poema "Doido":

> Torna-se o doido municipal,
> respeitável como o Juiz, o coletor,
> os negociantes, o vigário (p. 73)

José Paulo Paes (1992), no poema "Loucos", atesta a importância do louco da Taquaritinga de sua infância por um prisma diferente, o *moral*. "Eu pelo menos não esqueci os loucos de minha infância", confessa. "Seu" louco estava mais próximo das crianças do que dos adultos. Havia um deles que

Adorava as crianças de colo. Quando lhe punham uma nos braços, seus olhos se acendiam, seu riso de idiota ganhava a mesma expressão de materna beatitude que eu me acostumara a ver, assustado com a semelhança, no rosto da Virgem do altar-mor da igreja. (p. 31)

Outro louco, o *Félix*, não admitia que os meninos maiores batessem nos menores. Quando via uma cena em que isto acontecia, gritava para que um adulto viesse "salvar a vítima". Havia aí uma conduta nobre, fruto de uma sensibilidade da qual os adultos, com suas ocupações de pessoas "normais", não eram mais capazes, pois encontravam-se anestesiados para estas experiências. Havia, portanto, um ensinamento moral que vinha do louco, quando a razão comum descuidava de coisas tão importantes como a desigualdade de forças e a violência. Era este ensinamento que os "professores do grupo e do ginásio" – o *status quo* – negligenciavam.

O louco que gostava de crianças pequenas e pegava-as no colo, mostrava-se portador de uma "maternidade" que os homens normais já suprimiram há muito tempo, até mesmo para constituírem-se como "normais". Os adultos se afastam do mundo infantil. O louco não. Ou, pelo menos – o que já seria uma conclusão respeitável – *esta* é a experiência do poeta. Ora, esta constatação traz à tona o aspecto valorativo contido na divisão entre razão e loucura. Chama-nos a atenção para o critério ideológico presente na noção de *desvio* e na escolha dos valores e atitudes *razoáveis*. Tratando dos "golpes" desferidos contra o ideal de racionalidade ocidental no início do século XX, Chauí (1995) afirma que a teoria marxista desnudou o fenômeno da ideologia, ao mostrar que os sistemas filosóficos e científicos podem esconder a realidade social, econômica e política, a serviço da dominação e da exploração do homem por seu semelhante[3].

Montaigne (1580-88), a partir de um universo de preocupação filosófica diferente, alertava para o absurdo de confiarmos cegamente nas conclusões de nossa razão, desprezando tudo o

---

[3] Além do "golpe" contra a razão dado pela teoria marxista, que denunciou o fenômeno da *ideologia*, os outros "golpes", segundo Chauí (1995) seriam: 1. o da Física, que abalou o princípio do terceiro excluído. A ótica descobriu que a luz tanto pode ser explicada por ondas luminosas como por partículas descontínuas. A física quântica, por sua vez, descobriu que não podemos saber, ao mesmo tempo, a posição e a velocidade de um elétron. Daí surgiu o *princípio da indeterminação*, válido para os fenômenos em escala hipermicroscópica, enquanto o velho princípio da razão suficiente permanecia válido para os fenômenos macroscópicos. Ainda no campo da Física, a *teoria da relatividade* atingiu os princípios da identidade e da não contradição, ao demonstrar que as leis da natureza dependem da posição ocupada pelo observador. Esta conclusão contradiz a crença anterior de que a Natureza obedece às leis da razão objetiva, não estando na dependência da razão subjetiva; 2. o da Antropologia, que mostrou como outras culturas – por vezes consideradas *irracionais* pelo homem ocidental – possuem diferentes paradigmas de racionalidade, com critérios totalmente diferentes para a explicação da realidade e, portanto, com outras ideias acerca da natureza do conhecimento. Ruth Benedict (1934) mostrou como cada cultura elege para si algumas das virtualidades que compõem a constelação antropológica do homem. É assim que determinadas culturas descritas pelos etnólogos estruturavam-se sobre práticas e noções que causavam horror ao europeu, parecendo mesmo absurdas a seus olhos; 3. o da psicanálise, quando Freud, através da noção de *inconsciente*, veio a revelar que a razão é muito mais frágil do que se supunha até então. Se o ego, como demonstrou Freud, não é completamente senhor de si, isto é, encontra-se sujeito a aspectos inconscientes que influenciam profundamente a sua configuração psíquica, a confiança no sujeito da consciência (da razão e da certeza) sofre um abalo profundo.

mais que com ela não fosse compatível. Ele tratou, nos *Ensaios*, "[...] da loucura de opinar acerca do verdadeiro e do falso unicamente de acordo com a razão"(p. 89). Os etnológos nos deram ensinamentos semelhantes, ao chamarem a atenção para a pluralidade cultural dos paradigmas de razão, derrubando por terra a razão absoluta. O convívio entre o louco de rua e a cidade, com a potência passional que encerra, talvez também possa nos servir de lição...

Referências bibliográficas

AMADO, J. *Tieta do Agreste*. Rio de Janeiro: Record, 1989.

ANDRADE, C. D. de. *Menino antigo*. Rio de Janeiro: José Olympio, 1974.

AUSTIN, J. L. *Quando dizer é fazer:* palavras e ação. Porto Alegre: Artes Médicas, 1990.

BENEDICT, R. *Patterns of culture*. Boston: Riverside, 1934.

BIRMAN, J. Freud e a crítica da razão delirante. *Revista Brasileira de Psicanálise*, v. 23, n. 4, p. 11-31, 1989.

CAMPOS, J. M. M. O preso. *Portas fechadas*. Rio de Janeiro: O Cruzeiro, 1957.

CHAUÍ, M. *Convite à filosofia*. São Paulo: Ática, 1995.

COSTA, J. F. *A ética e o espelho da cultura*. Rio de Janeiro: Rocco, 1994.

DESCARTES, R. (1641) Meditações. In: _____. *Os Pensadores*. São Paulo: Abril Cultural, 1979.

DIDEROT, D. (1761) O sobrinho de Rameau. In: _____. *Os Pensadores*. São Paulo: Abril Cultural, 1973.

FOUCAULT, M. (1954) *Doença mental e psicologia*. Rio de Janeiro: Tempo Brasileiro, 1984.

_____. (1961) *História da loucura na Idade Clássica*. São Paulo: Perspectiva, 1989.

FRAYZE-PEREIRA, J. *O que é loucura*. São Paulo: Brasiliense, 1982.

FREUD, S. (1919). O estranho. In: _____. *Edição standard brasileira das obras psicológicas completas*. Rio de Janeiro: Imago,1981. v.17.

HEGEL, G.W.F. A fenomenologia do espírito. In: _____. *Os Pensadores*. São Paulo: Abril Cultural, 1974.

LIMA, J. de. (1929) Novos poemas. In: _____. *Poesia completa*. Rio de Janeiro: Nova Fronteira, 1980a. v. 1.

_____. (1950) Sonetos. In: _____. *Poesia completa*. Rio de Janeiro: Nova Fronteira, 1980b. v. 1.

_____. (1938) A túnica inconsútil. In: _____. *Poesia completa*. Rio de Janeiro: Nova Fronteira, 1980c. v. 1.

MONTAIGNE, M. (1580-88) Ensaios. In: _____. *Os Pensadores*. São Paulo: Abril Cultural, 1980.

MORLEY, H. (1942) *Minha vida de menina*. São Paulo: Companhia das Letras, 1998.

PAES, J. P. *Prosas seguidas de odes mínimas*. São Paulo: Companhia das Letras, 1992.

PELBART, P. P. *Da clausura do fora ao fora da clausura*: loucura e desrazão. São Paulo: Brasiliense, 1989.

RAMOS, G. (1945) *Infância*. Rio de Janeiro: Record, 1981.

REGO, J. L. do. *Fogo morto*. Rio de Janeiro: José Olympio, 1943.

ROSA, J. G. (1962b) A benfazeja. In: _____. *Primeiras estórias*. Rio de Janeiro: José Olympio, 1978a.

_____. (1962c) Darandina. In: _____. *Primeiras estórias*. Rio de Janeiro: José Olympio, 1978b.

_____. (1962a) Sorôco, sua mãe, sua filha. In: _____. *Primeiras estórias*. Rio de Janeiro: José Olympio, 1978c.

SALLES, J. de. (1960) *Se não me falha a memória*. São Paulo: Instituto Moreira Salles, 1993.

SOUZA, H. de. *A lista de Alice*. São Paulo: Companhia das Letras, 1996.

WITTGENSTEIN, L. (1953) Investigações filosóficas. In: _____. *Os Pensadores*. São Paulo: Abril Cultural, 1975.

3.

As montagens perversas como defesa contra a psicose[1]

Neste trabalho, parto do postulado de que a perversão é, fundamentalmente, uma defesa contra a psicose. Trabalhei de modo mais extenso esta questão em outra oportunidade (FERRAZ, 2004), quando detalhei a história conceitual do problema da perversão em Freud, demonstrando como, em sua obra, foi se passando paulatinamente de um axioma segundo o qual a neurose é "o negativo da perversão" (FREUD, 1905) para este outro que, embora não enunciado desta forma explicitamente, poderia traduzir-se, então, pela fórmula ora proposta de que a perversão pode ser compreendida como uma defesa contra

---

[1] Este texto foi apresentado no dia 23 de outubro de 2010, na mesa-redonda "A patologia na psicoterapia psicanalítica", dentro do *14º Encontro do Curso de Especialização em Psicoterapia Psicanalítica*, promovido pelo Instituto de Psicologia da Universidade de São Paulo; foi publicado originalmente na revista *Alter*, da Sociedade de Psicánálise de Brasíliav. XXIX, n. 1, p. 41-48, 2011. Anteriormente, as ideias aqui desenvolvidas foram objeto de um seminário sobre perversão que coordenei na instituição de saúde mental *Projetos Terapêuticos*, nos dias 9 e 10 de maio de 2008; agradeço, pela riqueza da interlocução, à equipe dessa instituição, particularmente, a seu diretor, Moisés Rodrigues da Silva Jr., a Maria Beatriz Costa Carvalho Vanucchi, a Pedro Tavares Antunes e a Rodrigo Blum.

a psicose, particularmente contra a angústia, a depressão e a fragmentação psicóticas.

Este novo axioma pôde ser deduzido dos trabalhos de Freud publicados a partir de 1923, quando a psicose foi tematizada de forma comparativa com a neurose (FREUD, 1924a, 1924b), e quando uma teoria do fetiche veio consolidar a compreensão dos mecanismos de *recusa* e de *divisão do ego* (FREUD, 1927, 1940). Não são poucos os autores pós-freudianos que, explícita ou implicitamente, corroboraram tal ponto de vista. Podemos lembrar, apenas a título de exemplo, Masud Khan, Joyce McDougall, Janine Chasseguet-Smirgel e Robert Stoller, representantes de grupos psicanalíticos geograficamente diversos.

Uma montagem sintomática perversa pode aparecer com a finalidade de estancar o desenvolvimento de uma angústia psicótica, como que colmatando uma falta que, de outro modo, torna-se escancarada quando se submerge na desorganização e na fragmentação do ego na psicose. Se partirmos da noção de fetiche em Freud, temos que a recusa vem operar, no plano da crença, uma ilusão, a saber, a de que um percepto não é real. Ora, a literatura psicanalítica é pródiga no exame desta vicissitude do funcionamento mental: *grosso modo*, temos que aí se instaura um paradoxo que adquire fixidez e permanece, portanto, funcionando dentro do registro psíquico bivalente que Octave Mannoni definiu, de forma brilhante, na fórmula "eu sei, mas mesmo assim..."

Tal funcionamento psíquico tem a "vantagem", se é que assim se pode dizer, de proteger o sujeito da queda em uma constatação da falta para a qual não haverá restituição para além do real. O perverso, *acreditando no que sabe não ser verdade* (eis aí a fórmula acabada de um jogo do impossível), desenvolve um sintoma calcado em montagens que, sendo imaginárias, não podem dispensar o *acting-out*, sob pena de caírem por terra por falta de uma sustentação que venha do plano do real. O *acting-out*, consubstanciado na montagem perversa (cena sexual, deriva do mesmo imperativo psíquico que determinará uma modalidade de transferência, baseada no desafio e na tentativa de desestabilização do objeto, que já foi chamada de *perversão de transferência* (MELTZER, 1973; ETCHEGOYEN, 2003)[2].

Freud não estabeleceu formalmente uma diferença clara entre os conceitos de *Verleugnung* e *Verwerfung*, que podem se traduzir respectivamente como *recusa* e *rejeição*. O primeiro termo foi usado, entre outros momentos, no trabalho sobre o fetichismo (FREUD, 1927); o segundo aparece precocemente no artigo "As neuropsicoses de defesa" (FREUD, 1894) e no caso do "Homem dos lobos" (FREUD, 1918). Coube a Lacan precisar a especificidade de cada um destes mecanismos, donde resultou a consolidação do emprego do termo "forclusão" (sua tradução de *Verwerfung*) para designar a defesa operada pelo psicótico contra a constatação da castração. As montagens perversas, por sua vez, dar-se-iam no contexto de uma recusa

---

[2] Em outra oportunidade, no capítulo 1 do livro *Tempo e ato na perversão* (FERRAZ, 2005), trabalhei de modo extenso esta modalidade de transferência, inclusive comparando-a com neurose de transferência e com a transferência psicótica (identificação projetiva).

(*Verleugnung*), tendo como elemento diferencial em relação à psicose o fato de que, por situar-se no domínio da crença, pouparia o sujeito da desorganização do pensamento e do esfacelamento identitário revelados por sua imersão na alucinação, tal como se dá no funcionamento psicótico.

Vejamos como alguns autores que trabalharam com profundidade este problema podem nos esclarecer sobre as intricadas relações entre psicose e perversão.

Bleichmar (1984) esclarece a diferença entre os domínios da *alucinação* e da *crença*, que marcariam correlativamente a distinção entre o campo da psicose e o da perversão. E é exatamente o regime da percepção que define o crivo para a detecção de tal diferença, visto que, no caso da rejeição, quando é o próprio percepto que permanece fora do aparato psíquico (Bion diria ataque ao aparelho perceptivo), não há outra saída senão a formação do sintoma sensoperceptivo. Já no domínio da crença, não se ataca o percepto em si, mas sim a "homologação" de sua ocorrência ou de sua validade. Onde não há algo, diz Bleichmar, crê-se que existe, seja o pênis ou a vida no ser querido. O substituto, assim, permanece no regime da crença, não desenvolvendo qualquer qualidade sensorial, como ocorre na restituição psicótica (alucinação). A recusa, portanto, não age sobre o dado perceptivo em si, mas sobre o "vestígio mnêmico" da mesma, ficando a base perceptiva inscrita no psiquismo.

Daí o resultado sintomatológico operar-se no plano da ilusão, tal como se dá no fetichista. Ora, disso resulta um sujeito que não precisa lançar mão da alucinação, visto que a divisão do ego e a manutenção no paradoxo do jogo do impossível o detêm no plano do pensamento. É claro que, como já ressaltei anteriormente, este jogo não se faz impunemente: é apenas o apelo ao *acting-out* repetitivo (compulsivo e compulsório), expresso na montagem sexual, que pode sustentar um equilíbrio frágil. A ameaça da queda no abismo do pensamento sobre o real do percepto faz com que paire no horizonte a própria ameaça da angústia e da depressão psicóticas.

No regime da recusa, afirma Bleichmar, o sujeito não tem outra alternativa senão a de fechar-se sobre a contradição, o que leva a um esgotamento da matriz do pensamento sobre a desmentida. Disso resulta o impedimento do acesso ao universo da simbolização, tal como se dá no regime do recalque, quando se mantém aberta a via para os deslizamentos de significante a significante, naquilo que Freud singelamente chamou de *associações livres*.

Pelo resultado desta operação, em que a perversão testemunha um universo psíquico estreito, delimitado pelas rígidas fronteiras impostas pelo fato de que ela, afinal, está baseada numa contradição, Joyce McDougall (1989a, 1989b) chamou-a de "psicose especializada". O que quer dizer: especializada no domínio da sexualidade. No caso da perversão, diz ela, aquilo que foi recusado não é restituído sob a forma delirante, mas é sempre redescoberto em função da ilusão contida no ato sexual.

Explica-se: embora não alucine, o perverso deve, por meio das montagens, circunscrever sua "loucura" no campo da sexualidade manifesta. Por esta razão, a sexualidade funciona e é vivida como uma "droga". A "coisa" faz-se imperiosamente necessária na falta de um objeto confiável. A montagem sexual, estereotipada, é condição *sine qua non* para uma estabilização, ainda que precária. Vale aqui o apelo à metáfora da física, em que o *ponto de equilíbrio* de um objeto, quando precário, sustenta-o de pé por um pequeno período de tempo, exigindo a intervenção de uma força externa que o recoloque sobre aquele mesmo ponto antes que ele caia por terra, tombando para um lado ou para outro. Nesta comparação, o *acting-out* seria a força de recolocação do sujeito em sua crença precária. Dele resultaria sempre uma conclusão ilusória e imprescindível, cujo argumento monótono seria o de que *a castração não existe* ou, de outro modo, o de que sua presença no horizonte, estando sob controle do ego, é a condição mesma do gozo.

Uma autora que se debruçou sobre este mesmo problema, e o fez com um nível de detalhamento e de profundidade ímpar, foi Janine Chasseguet-Smirgel (1991). Ela demonstrou como, no domínio da crença, desenvolve-se um caráter *concessivo* do pensamento, cuja insuficiência convoca o ato antes do esfacelamento de sua unidade coesa. O sujeito perverso entrega-se, então, à sustentação de suas premissas recusantes (onipresença do falo), quando então o falso deve equiparar-se ao autêntico e o inferior ao superior. É o que se verifica nas operações psíquicas onipotentes que Freud observava nas "teorias sexuais" das crianças. O futuro perverso, segundo Chasseguet-Smirgel, sustenta-se, em seu equilíbrio, em considerações ilusórias nas quais figura-se como superior ao pai no âmbito do desejo da mãe. Deste modo, o pênis, "ainda que pequeno, é grande", e o menino, "mesmo sendo criança, é adulto". Não nos esqueçamos de que a ilusão, afinal, resulta de algo como um pensamento mágico, que define, por princípio, as regras de funcionamento do fetiche, termo francês que vem do português "feitiço", ou seja, arrasta consigo, desde sempre, a ideia de magia.

Masud Khan (1987), explorando exatamente o papel do *acting-out* na sustentação do perverso fora do campo da alucinação e da depressão psicótica, vem situá-lo mais precisamente na manipulação onipotente da relação com o objeto. É assim que aquilo a que chamou de *técnica da intimidade*, uma forma perversa de abordagem do objeto, induz o outro a representar o papel que dele se espera, com a finalidade de sustentar uma crença que, no limite, seria delirante. Por esta razão a perversão seria, em essência, uma *patologia do ego*, diferente da neurose e similar à psicose. O que a caracterizaria seria uma falha na *transicionalidade* (Winnicott), solidária a uma falha na experiência. Vejamos melhor.

A "técnica da intimidade", utilizada, segundo Khan, por tipos esquizoides, deriva do fracasso na integração do ego, ou seja, do fracasso no desenvolvimento da relação de *apoio* (Freud) do bebê com sua mãe. O termo "intimidade" traz em sua semântica a combinação entre o que designa aquilo que é "íntimo" e o que designa o ato de "intimar". O perverso, em sua abordagem do objeto, descarrega algo de sua natureza mais recôndita *sobre o outro*, de maneira compulsiva e exigente.

Deste modo, ele não tem a capacidade de entregar-se verdadeiramente à *experiência*. O contato sensorial é o único meio de que ele dispõe em seu afã de tornar-se mais próximo daquilo que seria a experiência. Todavia, ele não possui os recursos finais para atingi-la, permanecendo sempre carente, donde se origina sua necessidade de repetição compulsiva, já que a descarga orgástica não coincide com aquela saciação que só se atinge na experiência do contato profundo com o outro, para a qual Masud Khan dá o sugestivo nome de "orgasmo de ego". Isto não ocorrendo, o perverso permanece fora da cena vivencial, não pertencendo à cena que cria, no que se assemelha, então, ao psicótico.

Robert Stoller (1986) situa o comportamento perverso no domínio das "ruínas do desenvolvimento libidinal". Para ele, é mais do que evidente que a montagem perversa, caracterizando-se, em essência, como um desmentido da castração, busca transformar um trauma vivido passivamente num triunfo imaginário sobre o outro, ao qual se impinge ativamente a cena. Tudo isso com o propósito de manter sob um mínimo controle a identidade ameaçada. Ou seja, a fronteira com a psicose está sempre próxima, impondo-se ameaçadoramente no horizonte do provável. Mas, diferentemente do que dá com o psicótico, o que mantém o perverso seguro nesta zona estreita é a sua noção de que seu triunfo ocorre apenas na fantasia. Do ponto de vista psiquiátrico, dir-se-ia que sua "crítica" está preservada.

Algo que podemos depreender deste exame sumário das postulações feitas por estes autores é que a perversão, estando no limite da psicose, situa-se num patamar mais elevado, se entendemos por tal hierarquia um sentido (direção) na organização ôntica e, *a fortiori*, nas manifestações psicopatológicas dos sujeitos. Se definirmos *a perversão como uma defesa contra a psicose* – e não a recíproca – implícito está que ela representa um nível de maior organização do ego. A ameaça da perda da identidade está presente na perversão; entretanto, não se chega à fragmentação identitária, por mais que ela revele um sujeito dividido, vivendo numa via estreita e impedido de produzir deslizamentos simbólicos.

A considerar tal diferença entre psicose e perversão, ficamos a um passo de postular um fenômeno que poderia ser entendido como uma *hierarquização* entre recusa e rejeição e, por conseguinte, entre os próprios estados psicótico e perverso. Esta seria a nossa hipótese teórico-clínica: a existência de uma hierarquia de defesas que é, a um só tempo, funcional e genética[3].

---

[3] Tive a oportunidade de tomar contato com um caso clínico que pôde lançar luz sobre esta questão, quando, no ano de 2008, fui convidado a coordenar um seminário sobre a perversão na instituição de saúde mental *Projetos Terapêuticos*. Na ocasião, a equipe de terapeutas apresentou um material clínico na forma de relatos de sessões grupais com psicóticos, nas quais apareciam montagens sintomatológicas de aparência perversa. E, o que nos é mais interessante nesta análise, tais montagens surgiam no contexto de grupos terapêuticos com pacientes em fase de estabilização de sua sintomatologia psicótica. A hipótese que levantamos foi a de que tais montagens operavam como fator estabilizador da psicose, ideia que me pareceu bastante plausível diante das nuances do material. A observação clínica corroborava a constatação de outros autores, aqui citados, de que uma montagem perversa pode aparecer com a finalidade de estancar o desenvolvimento de uma angústia psicótica, colmatando uma falta que, de outro modo, torna-se escancarada quando se submerge na desorganização e na fragmentação do ego na psicose. Sobre este mesmo material clínico, ver o artigo de Pedro Tavares Antunes (2008).

Isso significa que o estado psicótico seria ontogeneticamente mais regredido do que o estado perverso, tanto no plano do estabelecimento da objetalidade como da objetividade. A precariedade da objetalidade psicótica evoluiria, na perversão, para a aquisição de um objeto com características transicionais, mas ainda não independente do eu. E, de acordo com a observação clínica, podemos supor que tal diferença não se estabelece apenas estruturalmente, no plano diagnóstico, mas se reproduz em *estados* que podem se alternar no mesmo sujeito, na medida em que este se encontre mais ou menos organizado psiquicamente.

Referências bibliográficas

ANTUNES, P. T. *Montagens perversas, estabilização nas psicoses e transferência*: fronteiras clínicas entre psicose e perversão. (Monografia). São Paulo: Departamento de Psicanálise do Instituto Sedes Sapientiae, 2008.

BLEICHMAR, H. *Introdução ao estudo das perversões*. Porto Alegre: Artes Médicas, 1984.

CHASSEGUET-SMIRGEL, J. *Ética e estética da perversão*. Porto Alegre: Artes Médicas, 1991.

ETCHEGOYEN, R. H. Perversión de transferencia: aspectos teóricos y técnicos. In MOGUILLANSKY, R. J. (Org.) *Escritos clínicos sobre perversiones y adicciones*. Buenos Aires: Lumen, 2003.

FERRAZ, F. C. *Perversão*. São Paulo: Casa do Psicólogo, 2004.

_____. *Tempo e ato na perversão*. São Paulo: Casa do Psicólogo, 2005.

FREUD, S. (1894) As neuropsicoses de defesa. In: _____. *Edição standard brasileira das obras psicológicas completas*. Rio de Janeiro: Imago, 1980. v. 3.

_____. (1905) Três ensaios sobre a teoria da sexualidade. In: _____. *Edição standard brasileira das obras psicológicas completas*. Rio de Janeiro: Imago, 1980. v. 7.

_____. (1908) Sobre as teorias sexuais das crianças. In: _____. *Edição standard brasileira das obras psicológicas completas*. Rio de Janeiro: Imago, 1980. v. 9.

_____. (1918) História de uma neurose infantil. In: _____. *Edição standard brasileira das obras psicológicas completas*. Rio de Janeiro: Imago, 1980. v. 17.

_____. (1924b) A perda da realidade na neurose e na psicose. In: _____. *Edição standard brasileira das obras psicológicas completas*. Rio de Janeiro: Imago, 1981a. v. 19.

_____. (1924) Neurose e psicose. In: _____. *Edição standard brasileira das obras psicológicas completas*. Rio de Janeiro: Imago, 1980b. v. 19.

_____. (1927) Fetichismo. In: _____. *Edição standard brasileira das obras psicológicas completas*. Rio de Janeiro: Imago, 1980. v. 21.

_____. (1940) A divisão do ego no processo de defesa. In: _____. *Edição standard brasileira das obras psicológicas completas*. Rio de Janeiro: Imago, 1980., v. 23.

KHAN, M. M. R. Intimidad, complicidad y reciprocidad en las perversiones. In: _____. *Alienación en las perversiones*. Buenos Aires: Nueva Visión, 1987.

McDOUGALL, J. (1989a) Cena primitiva e argumento perverso. In: _____. *Em defesa de uma certa anormalidade*: teoria e clínica psicanalítica. Porto Alegre: Artes Médicas, 1989a.

_____. A cena sexual e o espectador anônimo. In: _____. *Em defesa de uma certa anormalidade*: teoria e clínica psicanalítica. Porto Alegre: Artes Médicas, 1989b.

MELTZER, D. (1973) *Estados sexuais da mente*. Rio de Janeiro: Imago, 1979.

STOLLER, R. J. *Perversion*: the erotic form of hatred. New York: Karnac, 1986.

4.

SACHER-MASOCH, A *VÊNUS DAS PELES* E O MASOQUISMO[1]

Leopold Ritter von Sacher-Masoch nasceu em 1836 na Áustria, que então fazia parte do Império Austro-Húngaro. Filho de família aristocrática, aprendeu em pequeno o francês, língua em que se alfabetizou juntamente com o alemão, para enfim estudar filosofia e ciências. Desde cedo, alimentou o sonho de se tornar um escritor importante e reconhecido. Para tanto, elaborou o projeto de publicação de um conjunto de livros que se chamaria *O legado de Caim*, no qual retrataria aspectos da condição humana. Este tema era, de fato, o que mais o tocava, tendo vindo a ser o motor de sua produção literária. Tanto que o presente romance, *A vênus das peles*, foi a obra que o imortalizou, exatamente por tocar, de modo direto e corajoso, em um aspecto tão misterioso e intrigante da alma humana, que é o prazer sensual que se pode extrair do sofrimento. O *masoquismo*, como ficou chamada esta tendência, é algo

---
[1] Este texto foi publicado como estudo introdutório à edição brasileira do livro de Leopold Sacher-Masoch *A vênus das peles*, São Paulo, Hedra, 2008, pp. 9-19.

que desafia toda lógica utilitarista ou biológica, oferecendo-se como um dos enigmas mais formidáveis dos aspectos trágico e simbólico da condição humana.

A curiosa história de Severin, que se faz escravizar por Wanda, contém os mais diversos ingredientes da paixão encerrada pelo sofrimento físico e moral; descerra, de maneira explícita e detalhada, o universo das fantasias poderosas que nutrem a paixão e regem aquela excitação que se condiciona aos sofrimentos *físico* e *moral*. Deixar-se amarrar e ser chicoteado pela amante corresponde ao primeiro, enquanto obedecê-la cegamente, deixar-se humilhar por ela, entregar-se-lhe como posse e, requinte da fantasia, assisti-la entregar-se a um outro amante, corresponde ao segundo. Mais do que retirar o véu que costuma cobrir as fantasias mais estranhas e secretas, o texto de Masoch põe em marcha as ações necessárias à sua consubstanciação, ali condensadas no instituto emblemático do *contrato*.

Antes da publicação de *A vênus das peles*, Sacher-Masoch já era um escritor conhecido por diversas obras, entre as quais se destacava o livro *Conto galiciano*, de 1858. Mas sua consagração como escritor maior viria com a publicação de romances que, embora pudessem ser vistos como obras sentimentais por olhos ingênuos ou desavisados, não tardaram a ser identificados como portadores de um *plus* de erotismo que transcendia os romances tradicionais. A partir daí, ele passou a ser visto primordialmente como um escritor maldito.

Entretanto, por uma ironia, a fama que auferiu na qualidade de escritor seria sobrepujada por aquela que adveio da utilização de seu próprio nome na invenção da palavra *masoquismo*. Justa ou injustamente, Masoch passou a ser mais conhecido como aquele escritor que emprestou seu nome a este termo do vocabulário psiquiátrico do que pela sua própria obra. Vamos aos fatos.

Em Viena, no ano de 1886, o célebre psiquiatra Richard von Krafft-Ebing (2001) publicava seu tratado intitulado *Psychopathia Sexualis*, um verdadeiro catálogo do comportamento sexual humano, no qual arrolava um grande número de práticas sexuais que fugiam à suposta normalidade. Ali classificava-se tudo aquilo que era então considerado como "aberração" da sexualidade humana, numa vasta gama de comportamentos que ia desde o homossexualismo até o estupro e as práticas que envolviam mutilações. Pederastia, lesbianismo, pedofilia, bestialismo, necrofilia, voyeurismo, exibicionismo, nada parecia escapar a Krafft-Ebing. Tudo isso documentado com um vasto material clínico, médico-legal ou... literário. E foi assim que duas das mais conhecidas "perversões" sexuais arroladas pelo autor ficaram definitivamente vinculadas aos nomes de dois escritores: o prazer em causar dor ao parceiro foi batizado de "sadismo", em referência ao Marquês de Sade, enquanto o prazer obtido por meio do sofrimento, o "masoquismo", associava-se indelevelmente ao nome do autor de *A vênus das peles*.

Segundo Bernard Michel (1992), em seu livro *Sacher-Masoch*, nosso autor não aceitou de forma passiva a nomenclatura proposta por Krafft-Ebing. Protestou contra aquela apropriação de seu nome, recusando o destino de vir a figurar na história como "perverso" ou "pervertido", e nem mesmo como libertino. O fato é que o termo "masoquismo" vingou não só no vocabulário da psiquiatria e da sexologia, como veio, com o passar do tempo, a ter seu emprego consagrado no vocabulário leigo, usado a torto e a direito.

A abordagem científica de algo tão obscuro e cercado de tabus, como eram a sexualidade e, *a fortiori*, as perversões sexuais, fez com que o trabalho de Krafft-Ebing repercutisse nos meios intelectuais e literários de todo o mundo ocidental. Exemplo disso foi a publicação, em solo brasileiro, do livro *Dentro da noite*, de João do Rio (2002). Os contos deste livro, lançado em 1910, foram inspirados na *Psychopathia Sexualis*, obra que estava então em voga entre os intelectuais bem informados do que se produzia na Europa[2]. O livro de João do Rio, de acordo com seu prefaciador, João Carlos Rodrigues (2002), era "[...] a maior coleção de taras e esquisitices até então publicada na literatura brasileira" (p. 12), na qual se incluía a "deformação sensorial" representada pelo masoquismo.

A consagração e a popularização do termo "masoquismo" foram, sem sombra de dúvida, impulsionadas pelo advento da psicanálise. Em 1905, Freud publicava os *Três ensaios sobre a*

---

[2] Esta era, sabidamente, a regra vigente na formação de nossas elites intelectuais. É fato digno de nota que, tal como João do Rio, Mário de Andrade veio posteriormente a escrever seu famoso conto "O peru de Natal" (em *Contos novos*), francamente inspirado no livro *Totem e tabu*, de Freud. A psicanálise ocupava, então, o lugar do saber *up to date*, deixando para trás o tipo de abordagem de Krafft-Ebing.

teoria da sexualidade, trabalho que trazia a sua primeira seção dedicada justamente às chamadas "aberrações sexuais". As categorias discutidas por Freud eram extraídas da *Psichopatia Sexualis* de Krafft-Ebing, e ali se incluíam o sadismo e o masoquismo. Mesmo discordando do ponto de vista de seu predecessor, particularmente no que tangia à natureza e à etiologia das aberrações, o que importa é que Freud adotou aqueles termos diagnósticos e nosográficos, passando a utilizá-los nos seus trabalhos subsequentes.

Krafft-Ebing fazia uma leitura moralizante das práticas sexuais desviantes, ligando-as à criminalidade e propondo uma regulamentação das mesmas pelo Estado. Freud seguiu por trilhas opostas, demonstrando outra sorte de preocupação. Além disso, manifestou seu desacordo com as hipóteses etiológicas correntes para os desvios sexuais, que eram atribuídos a uma degenerescência moral que, por seu turno, deveria ter como base outra degenerescência, esta de fundo biológico. Não é difícil reconhecer aí a cilada cientificista herdada do positivismo, que ofuscava a causa moral no insistente apelo à causa natural, que deveria ser a causa última e universal. E que, por extensão, professava também a necessidade de uma causa biológica para a perversão e para a histeria, como fundamento da causa psíquica, esta secundária. Diga-se de passagem, este é o imperativo que vemos aflorar novamente hoje em dia com a afirmação da psiquiatria biológica. Freud, ao contrário, via na configuração assumida pela sexualidade de cada sujeito uma montagem cuidadosamente engendrada por sua história singular, particularmente por sua experiência sexual e afetiva precoce, ao que, audacioso, chamou de "sexualidade infantil".

Freud prosseguiu, em sua obra, na tentativa de desvendar o mistério do masoquismo. Dois pontos culminantes desta empreitada são os textos "Uma criança é espancada", de 1919, e "O problema econômico do masoquismo", de 1924. No primeiro, entende o masoquismo – a fantasia de ser espancado – como transformação inconsciente do desejo de ser amado e cuidado, manipulado fisicamente. Tratar-se-ia da permanência em uma posição erótica infantil diante do objeto adulto. No segundo artigo, o masoquismo é dividido em três tipos, definidos em conformidade com seu modo de manifestação: o erótico, o feminino e o moral. Não cabe entrar em pormenores conceituais ou clínicos sobre cada uma destas modalidades, mas é interessante associá-los ao que lemos em A vênus das peles. Se Freud foi bastante perspicaz e arguto ao descrever e explicar psicanaliticamente o masoquismo, Sacher-Masoch não ficou atrás na sofisticação de sua percepção deste fenômeno psíquico, inclusive lançando mão, para expressá-la, do instrumento da literatura, que, para Freud, era definitivamente superior ao da ciência no afã de desvendar os mistérios da alma humana.

Dois componentes do masoquismo descritos por Freud, o *erógeno* e o *moral*, presentificam-se magistralmente no romance de Sacher-Masoch. Ali, o sofrimento físico, tornado efetivo pelos golpes de chicote e por situações de patente desconforto, como a exposição ao frio, à fome ou à privação do sono, complementam-se pelo sofrimento moral, quiçá ainda mais excitante que o primeiro. A humilhação, a redução imaginária à condição de coisa ou de objeto, o risco de ver-se abandonado e traído são ingredientes indispensáveis ao prazer voluptuoso que Severin quer experimentar. É certo que ele se mortificava com a ideia de que sua amante – ou sua dona, como rezava o contrato firmado entre eles – o trocasse por outro, mas o ponto culminante de suas exigências era precisamente que ela elegesse um amante, e que este viesse a amarrá-lo e castigá-lo com o látego!

Mas é bom ter cuidado com a simplificação usual que se costuma fazer na caracterização do par sadomasoquista. Por uma curiosa relação de projeção mútua, sob o ponto de vista imaginário e fantasmático não se pode apartar cada um dos parceiros, opondo-se um ao outro. Cada um deles pode estar intimamente identificado com o outro, e isso é também aquilo que Freud explicita em termos conceituais e que Sacher-Masoch, por sua vez, demonstra na trama que monta com tamanho requinte.

É desta particular relação especular entre tirano e servo, ou entre dono e escravo, que se depreende que as aparências enganam no caso do fenômeno sadomasoquista. O que a literatura psicanalítica posterior a Freud pôs em relevo foi a tirania do masoquista diante daquele a quem solicita o tratamento cruel. Robert Stoller (1986), psiquiatra e psicanalista californiano e grande pesquisador da sexualidade humana, sobretudo da identidade de gêneros e dos fatores condicionantes da excitação sexual, demonstrou como, dentro do par sadomasoquista, é o masoquista o verdadeiro tirano, aquele que domina seu torturador e controla com pulso a cena. Esta característica impregna toda a cena sexual perversa, que deve ser meticulosamente montada a partir de um *script* ditado pela fantasia. Àquele que vai encenar o papel do tirano cabe, então, obedecer com rigor às ordens e fantasias do outro polo, ou seja, daquele que, no nível manifesto, é o que se submete. À experiência excitante do risco de ser descartado pelo parceiro sádico, experiência hipócrita, corresponde a certeza secreta de que, em verdade, é o parceiro quem se tornou dependente.

Devemos essas constatações – que são, na verdade, extensão da interpretação primeira que Freud já dera ao fenômeno – a autores como Joyce McDougall (1989) e Janine Chasseguet-Smirgel (1991), na França, e Masud Khan (1987), na Inglaterra, que, entre outros, contribuíram enormemente para a elucidação dos mecanismos psíquicos presentes no fenômeno da perversão em geral e no masoquismo em particular, dissecando o sentido latente dessas tramas que vemos em abundância no romance de Sacher-Masoch. Outro elemento importante seria a própria sedução em si mesma, levada a termo no poder de persuasão do masoquista: ele deve ser talentoso o suficiente para convencer seu parceiro a causar-lhe sofrimento.

Numa passagem deste romance, Wanda afirma a Severin que, quanto mais a mulher se mostra cruel e sem piedade, mais ela excita os desejos do homem. E que a sua natureza lhe põe em superioridade em relação a ele, pois é o homem quem deseja, enquanto a mulher é quem se entrega. O homem, diz ela, é aquele que solicita, e a mulher, a solicitada. Ora, este raciocínio inverte a ideia comum de que, na cena erótica, o homem exerce o papel ativo, e a mulher, o passivo. Aliás, Freud dissociou explicitamente o erotismo feminino do gênero mulher e o erotismo masculino do gênero homem, para mostrar que ambos podem se encontrar combinados, em proporções diferentes, em ambos os sexos. Portanto, a compreensão simplista e esquemática da cena sexual, com a atribuição do papel ativo ao homem e do passivo à mulher, não pode mais se sustentar. Por um curioso interjogo – aquele a que se pode propriamente denominar de *erótico* – a posição psíquica dos parceiros subverte qualquer lógica que se pretenda biológica, ou mesmo social. Não se trata mais do papel sexual *stricto sensu* ocupado na cena, mas sobretudo do lugar de *poder* que se ocupa em sua montagem. Para o ser humano, não há mais sexo puramente biológico: seu regime passou a ser o psicológico. No domínio da fantasia e da linguagem, isto é, do que é peculiar ao humano, conta apenas o elemento simbólico, dado pelas significações inconscientes que se atribuem ao outro.

O masoquista, em primeiro lugar, deve idealizar excessivamente seu objeto, ou seja, desenvolver por ele uma tal adoração que poderá chegar, como nesta história, às raias da idolatria. Deve atribuir-lhe uma superioridade da qual resultará o prazer da submissão. Ele sofrerá, sim, mas triunfará em segredo, pois sabe que mantém em seu poder o controle da situação. Esta é uma das chaves para a compreensão do comportamento masoquista. À idealização do parceiro corresponde a idealização do próprio gozo, vivido como voluptuoso e superior ao gozo dos mortais comuns, vistos como seres que não possuem o privilégio de conhecer formas tão excitantes de viver a sexualidade como a dele.

A superioridade idealizada do parceiro será reforçada, na fantasia, pela atribuição que lhe é feita de características sobre-humanas, que encarnam a perfeição e substituem, assim, elementos sentidos como imperfeitos precisamente por sua humanidade. É quando o objeto supera o humano, a prótese supera o corpo, e o falso sobrepuja o autêntico, numa operação psíquica defensiva a que os psicanalistas chamam de *recusa da castração*. Este é o componente *fetichista* das perversões, ao qual o masoquismo não escapará. No romance, ele é claramente ilustrado pela exigência contratual de Severin de que Wanda se cubra de peles para açoitá-lo. A vestimenta de pele, que recobria a pele verdadeira da mulher, constituía um elemento central e uma condição *sine qua non* para a produção da excitação. Sabemos à saciedade que, em todas as épocas, o figurino constituiu um elemento fundamental para a excitação masoquista. Além disso, o paradigma da figura do desejo, no romance, era a Vênus esculpida – Vênus de mármore – que, no nível fantasmático, corresponderia ao ideal acabado da beleza e à matriz mesma do desejo.

A obra de Sacher-Masoch, assim como a de Sade, ficou marcada por sua associação com os desvios patológicos da sexualidade, com a libertinagem e com a imoralidade. Talvez esta estigmatização se deva, em parte, à sua (infeliz?) imortalização perpetrada por Krafft-Ebing. No entanto, esta visão acabou por injustiçar esses autores, cujas obras foram muito além do que se pode considerar como literatura pornográfica.

Trata-se, sim, de literatura erótica, o que é muito diferente. A experiência não apenas sensorial, mas sobretudo estética, que exala de um livro como *A vênus das peles* faz desta literatura uma produção sofisticada que traz à luz os mistérios mais profundos da alma e da sexualidade humana que, se se fazem presentes na superfície do masoquista, não deixam de existir nas profundezas inconscientes do dito "normal", ou seja, do humano universal. Sadismo e masoquismo, como se depreende da obra destes autores, não se reduzem a meros sintomas ou doenças – perversões, de acordo a psicanálise, ou parafilias, de acordo com o linguajar psiquiátrico contemporâneo –, mas refletem amplamente modos de vida.

Em psicanálise, não é possível demarcar um dado diagnóstico e mantê-lo estanque, fora de um *continuum* psicopatológico. Entre doença e normalidade não há ruptura, mas continuidade, como ensinou Canguilhem (1966). É assim que a perversão, seja a que se apresenta na figura do masoquismo, seja outra qualquer, configura uma espécie de germe na experiência da normalidade. Os desvarios românticos estão prenhes de ideais de sofrimento e de mortificação. Outras formações centrais da cultura, como a religião, também o estão. Basta recordar os aspectos sensuais do sofrimento descritos nos mais diversos relatos da experiência mística. Portanto, se a literatura de

Sacher-Masoch – bem como a do Marquês de Sade – faz, pelo exagero, a caricatura da sensualidade, é certo, outrossim, que ela não se arroga a inventar nada que já não estivesse presente na experiência erótica humana. É daí que advém o seu poder de atração.

Para finalizar, não poderia deixar de tratar de algo bastante interessante, que é a coincidência da literatura de Sacher-Masoch com sua experiência pessoal real. O que se lê no romance *A vênus das peles* reproduz a experiência própria do autor. Aos 33 anos de idade, ele conheceu uma bela mulher, Fanny de Pistor Bogdanoff, também filha da aristocracia, a quem propôs um contrato similar ao firmado entre as personagens Severin e Wanda. Tal contrato incluía a cláusula fatal de que, numa viagem à Itália, ela arranjaria um amante e o faria castigá-lo, a Leopold, a golpes de chicote. Consta de sua biografia que, na vida real, o amante de sua amada, um ator chamado Saviani, recusou-se, no entanto, a açoitá-lo. Fato que, no romance, é corrigido, tornando a ficção mais "perfeita" do que a realidade, isto é, assujeitada à fantasia do autor, tal como um sonho se submete ao desejo do sonhador, desprezando as limitações da realidade. Afinal, como dizia Aristóteles na *Poética*, "[...] não é ofício de poeta narrar o que aconteceu; é, sim, o de representar o que poderia acontecer, quer dizer: o que é possível segundo a verossimilhança e a necessidade" (1979, p. 249).

A fama adquirida com o sucesso deste romance tornou Sacher-Masoch um homem assediado pelas mulheres, algumas genuinamente apaixonadas e outras interesseiras. Foi assim que se deu sua desastrosa união com Aurora Rümelin, que conhecia seus pontos fracos através de sua literatura e, dissimulada, encarnou seu par complementar com o frio intuito de capturá-lo e, deste modo, ascender socialmente. Tiveram três filhos, um deles morto na infância. Por fim, após separar-se de Aurora – que assumira o curioso pseudônimo de Wanda! – casou-se com Hulda Meister, com quem viveu de modo mais pacato até sua morte, em 1895, aos 59 anos. Teria ele se "curado" de seu masoquismo excessivo, tal como Severin?

É fato que nem toda literatura comporta uma aproximação tão estreita entre a obra e a realidade do autor como esta que se observa em Sacher-Masoch. Mas sabemos que não há pureza nem na ficção nem na memorialística: uma se impregna com os traços da outra.

Referências bibliográficas

ANDRADE, M. (1947) O peru de Natal. In: _____. *Contos novos*. Belo Horizonte: Itatiaia, 1999.

ARISTÓTELES. (348-322 a.C.) Poética. In: _____. *Os Pensadores*. São Paulo: Abril Cultural, 1979. p. 249.

CANGUILHEM, G. (1966) *Le normal et le pathologique*. Paris: PUF, 1984.

CHASSEGUET-SMIRGEL, J. *Ética e estética da perversão*. Porto Alegre: Artes Médicas, 1991.

FREUD, S. (1905) Três ensaios sobre a teoria da sexualidade. In: _____. *Edição standard brasileira das obras psicológicas completas*. Rio de Janeiro: Imago, 1980. v. 7.

_____. (1913) Totem e tabu. In: _____. *Edição standard brasileira das obras psicológicas completas*. Rio de Janeiro: Imago, 1980, v. 13.

_____. (1919) "Uma criança é espancada": uma contribuição ao estudo da origem das perversões sexuais. In: _____. *Edição standard brasileira das obras psicológicas completas*. Rio de Janeiro: Imago, 1980. v. 17.

_____. (1924) O problema econômico do masoquismo. In: _____. *Edição standard brasileira das obras psicológicas completas*. Rio de Janeiro: Imago, 1980. v. 19.

KHAN, M. M. R. *Alienación en las perversiones*. Buenos Aires: Nueva Visión, 1987.

KRAFFT-EBING, R. (1886) *Psychopathia Sexualis*. São Paulo: Martins Fontes, 2001.

McDOUGALL, J. *Em defesa de uma certa anormalidade*: teoria e clínica psicanalítica. Porto Alegre: Artes Médicas, 1989.

MICHEL, B. *Sacher-Masoch*. Rio de Janeiro: Rocco, 1992.

RIO, J. do. (1910) *Dentro da noite*. São Paulo: Antiqua, 2002.

RODRIGUES, J. C. Prefácio. In: RIO, J. do. *Dentro da noite*. São Paulo: Antigua, 2002.

STOLLER, R. S. *Perversion*: the erotic form of hatred. London: Karnak, 1986.

5.

O PRIMADO DO MASCULINO EM XEQUE[1]

O que se depreende da obra de Freud como uma "teoria do feminino" encontra-se constantemente definido pela justaposição com algo a que se poderia chamar de "teoria do masculino". Ambas podem ser construídas interpretativamente, pois se constituem como teoria apenas quando se reúne um conjunto de diversas afirmativas que perpassam a obra freudiana em diversos momentos, e sobre este material, então, dá-se a tarefa de atribuição de um sentido coeso e coerente. Mas aí o sujeito dessa tarefa já se faz presente com todos os seus *a priori* teóricos e morais.

Para o presente trabalho, gostaria de fazer algumas poucas reflexões sobre o sentido mais amplo e as consequências das construções freudianas sobre o feminino e o masculino, que

---

[1] Este texto foi apresentado no dia 25 de maio de 2007, na mesa-redonda "O feminino: alguns aspectos metapsicológicos", dentro da *II Jornada Temática: Interlocuções sobre o feminino na clínica, na teoria, na cultura*, promovida pelo Departamento de Psicanálise do Instituto Sedes Sapientiae, São Paulo; foi publicado originalmente na revista *Percurso*, ano XX, n. 40, pp. 69-78, 2008, e reproduzido no livro *Interlocuções sobre o feminino na clínica, na teoria, na cultura*, organizado por Silvia L. Alonso, Danielle M. Breyton e Helena M. F. M. Albuquerque, Escuta, 2008, pp. 57-71.

foram corroboradas por Lacan e sua escola. Em seguida, procurarei cotejá-las com outra forma de construção teórica sobre os gêneros que se lhes contrapõe.

A pergunta que organiza o material teórico que escolhi para analisar e traduz o problema que ora interessa é: estaria a formulação de uma teoria psicanalítica isenta dos determinantes culturais e ideológicos sob os quais ela é engendrada? Se esta pergunta é válida para qualquer tópico que se eleja de uma teoria vasta, penso que ela é particularmente dramática para o caso de uma teoria da sexualidade e dos gêneros. Senão vejamos.

Freud e a negatividade do feminino

O discurso de Freud é prenhe de afirmações que definem o feminino pela falta ou pelo negativo, e que têm por consequência a colocação da mulher em um lugar secundário em relação ao homem. Por vezes, ele chega até mesmo a fazer referências pouco lisonjeiras à mulher e sua condição. Mas não esconde o fato de que julga conhecer pouco sobre o universo do feminino (o "continente negro", como o chamou) e confia às analista mulheres da primeira geração da psicanálise a tarefa de trazer à luz descobertas mais acuradas sobre o assunto (FREUD, 1933).

Sem pretender fazer aqui um levantamento sistemático ou exaustivo que demonstre esta assertiva, menciono aqui, apenas por alto, alguns pontos que permitem afirmá-la:

1. A libido, em si mesma, teria um caráter masculino[2];

2. O pênis é o órgão designado pela positividade, enquanto a vagina, descrita pelo negativo, tem como referente maior a falta do pênis, isto é, transforma-se no emblema da castração[3];

3. Em decorrência desta falta, a mulher, pouco tendo a perder, não mantém o mesmo nível de relação com a lei, como fazem os homens; isto significa que seu superego não porta o mesmo grau de exigência moral que o dos homens[4];

---

[2] Freud (1905) afirma, nos "Três ensaios sobre a teoria da sexualidade", que "a libido é invariável e necessariamente de natureza masculina, ocorra ela em homens ou em mulheres e independente de ser seu objeto um homem ou uma mulher" (p. 226). Em nota de rodapé acrescentada em 1915 esclarece que "masculino" referia-se à atividade, e que "feminino" à passividade. Este seria o significado dos termos mais útil para a psicanálise. Mas, para além desta acepção dos termos, ele afirma que há aquela biológica (mais simples, por dizer respeito ao sexo biológico) e a sociológica, que "[...] recebe sua conotação da observação de indivíduos masculinos e femininos efetivamente existentes" (p. 226n). É interessante manter em consideração esta última acepção do termo, pois, embora ela não seja por excelência a "psicanalítica", ela corrobora a demonstração, que será feita mais à frente, de que aquilo que se toma por feminino ou masculino em uma cultura transcende a determinação do sexo biológico, e põe em cena, no plano da linguagem, elementos que compõem o gênero, definidos então como "masculinos" ou "femininos".

[3] Esta noção, que perpassa praticamente toda a obra de Freud, se explicita no artigo "A dissolução do complexo de Édipo" (FREUD, 1924a).

[4] Ver Freud (1925) "Algumas consequências psíquicas da distinção anatômica entre os sexos"; ver também Freud (1933), "Feminilidade" (Conferência 33 das "Novas conferências introdutórias sobre psicanálise"), texto em que ele afirma que "[...] o fato de que as mulheres devem ser consideradas possuidoras de pouco senso de justiça sem dúvida se relaciona à predominância da inveja em sua vida mental" (p. 164).

4. O pênis, redescrito ou ressignificado pela teoria como *falo*, tem, para o menino, o máximo valor; por razões narcísicas, ele, o menino, renuncia ao desejo incestuoso a fim de livrar-se da castração de que é ameaçado. Para a menina, resta a "inveja do pênis"[5];

5. A posição masculina, que teria um traço de primariedade, constitui-se de modo quase direto, ao contrário da feminilidade, que desenha um caminho tortuoso e arriscado para constituir-se[6];

6. Por "masoquismo feminino" entende-se aquela forma de masoquismo mais visível nos homens que se entregam eroticamente a maus-tratos, por assimilarem inconscientemente o ato de "apanhar" ao de "ser cuidado", numa regressão à posição infantil; deste modo, o "feminino" estaria inextrincavelmente associado ao "infantil"[7];

7. Por fim, se a associação dos homens entre si produz o laço que possibilita a construção da cultura, a mulher, representando a sexualidade em seu resíduo biológico, requisita o homem para fins eróticos e, assim, faz-se de óbice da maior criação humana,

---

[5] Ver Freud (1924a) "A dissolução do complexo de Édipo"; ver também o artigo "Algo mais que um brilho fálico: considerações acerca da inveja do pênis", de Ana Maria Sigal (2002), no qual a autora faz um estudo crítico aprofundado deste tema.

[6] Idem.

[7] Ver Freud (1924b) "O problema econômico do masoquismo".

a civilização, produto da sublimação da homossexualidade masculina[8].

Pergunto: pode esta sequência de assertivas, articuladas em rede e hierarquizadas logicamente, sustentar-se no tempo e no espaço? Não seria ela tributária de uma visão de mundo na qual o masculino é tomado, por definição e *a priori*, como superior ao feminino?

Uma das alternativas que às vezes se erguem para justificar o primado do masculino busca hipóteses de cunho supostamente biológico para se afirmar. É quando nos deparamos com argumentos que tentam "naturalizar" a superioridade do homem sobre a mulher, tais como: a maior força muscular do homem, a "perfeição" do corpo masculino (como no ideal grego), a beleza e a exuberância do macho em algumas espécies animais etc. Mas sustentar tais posições hoje em dia fica cada vez mais difícil, uma vez que conhecemos, à exaustão, as ciladas preparadas por artifícios semânticos que buscam "naturalizar" sentenças que só existem no registro da linguagem, tentando conferir-lhes o caráter de constatações extralinguísticas.

Assim, a "verdade" que se enuncia nada mais é do que um discurso intencional que, a pretexto de se pretender resultado de uma investigação científica "neutra", desvela-se como discurso ideológico com *efeito performativo* sobre os sujeitos a que

---

[8] Ver Freud (1930) "O mal-estar na civilização"; ver também ver também Freud (1933) "Feminilidade" (Conferência 33 das "Novas conferências introdutórias sobre psicanálise"), onde se lê: "Também consideramos as mulheres mais débeis em seus interesses sociais e possuidoras de menor capacidade de sublimar os instintos, do que os homens" (p. 164).

se dirige, isto é, não comunica simplesmente algo, mas altera os estados internos destes sujeitos; transforma-os. Esta forma de se estabelecer a verdade foi dissecada e criticada por diversas correntes filosóficas, entre as quais a pragmática da linguagem, que se fundamentou na obra de Wittgenstein (1953), particularmente em seu conceito de "jogos de linguagem".

Perspectivas críticas

A *pragmática da linguagem*, numa tradição de pensamento que une, na formulação de seus fundamentos, William James a Wittgenstein[9], demonstra como uma verdade será sempre uma verdade *sob descrição*. Isso significa que não haverá simplesmente uma *verdade universal* passível de ser enunciada, mas que sua própria enunciação partirá de um campo semântico previamente definido por acordos linguísticos – crenças – dentro de um campo cultural situado num determinado tempo/espaço. Um exemplo de uma crença deste tipo, que nos interessa no tema de que estamos tratando, é a postulação da superioridade do masculino apoiada em "bases biológicas".

Birman (2006) disseca e critica o discurso psicanalítico sobre o feminino partindo da constatação da perplexidade dos psicanalistas, e particularmente daqueles da vertente lacaniana,

---

[9] Sobre o ponto de vista pragmático da linguagem, remeto o leitor ao livro A *ética e o espelho da cultura*, de Jurandir Freire Costa (1994).

diante da realidade da psicopatologia contemporânea. Ele nos convoca a pensar sobre o que está em questão na construção do próprio discurso psicanalítico, deixando provisoriamente de lado a lógica interna a este discurso, para jogar luz sobre as coordenadas políticas, históricas, ideológicas e éticas que sustentaram sua formulação. Isso significa "[...] deslocar-se de um quadro teórico de referência centrado na epistemologia e na história das ciências para se voltar decididamente para uma perspectiva genealógica" (p. 99).

De acordo com Birman, uma leitura possível do trabalho de Lacan – particularmente de sua parte inicial – permite-nos deduzir que o mal-estar na modernidade se assentava na fragilização da figura do pai: seu retorno a Freud foi marcado, entre outras características, pela insistência na posição estratégica do falo e do Nome-do-Pai dentro do discurso psicanalítico. Tal posicionamento mantém, então, para a psicanálise, o imperativo de fortalecer a imago paterna do sujeito, de modo que a imago materna, em sua preponderância, associar-se-ia à perversão e à transgressão da lei. Marcar o Nome-do-Pai como significante-exceção na cadeia de significantes pode levar, entre outras consequências, à reafirmação da relação de *hierarquia* entre as condições masculina e feminina. Daí a fórmula "A mulher não existe", assim enunciada de forma jocosa, para dizer que o "significante mulher" não pode existir.[10]

---

[10] Num trabalho bastante crítico sobre essa visão, Lattanzio (2011) afirma que "[...] as teorias psicanalíticas que tratam a feminilidade como negatividade baseiam-se, inadvertidamente, em categorias metafísicas e naturalizadas, nas

Uma das consequências desta linha de pensamento é que, diante das modificações estruturais pelas quais passam a família, os papéis sociais do homem e da mulher, enfim, o regramento das sexualidades, as novas configurações só podem ser vistas como perversão, delinquência ou loucura, pois escapam à lógica fálica do discurso analítico e assim vão, automaticamente, alinhar-se às estruturas psicótica ou perversa. Para simplificar: o mundo vai se tornando "errado" e a psicanálise se mantém "certa" em seu poder diagnóstico, quer das pessoas, quer da cultura.

É curioso este efeito, pois Lacan procurou exatamente elevar o discurso psicanalítico a um patamar em que as referências à concretude das figuras de "pai" ou de "mãe", tributária do discurso freudiano, desse lugar a figuras teóricas purificadas de tal materialidade, que pudessem ser encaradas mais como funções do que como objetos restritos a este ou àquele gênero. É assim que se passou a falar em "função paterna", "função materna", "Nome-do-Pai" etc. Trata-se de uma grande operação sobre a teoria psicanalítica que ampliou sobremaneira o horizonte de incidência do seu discurso. O complexo de Édipo, antes descrito sob o vértice da família burguesa e ocidental, pôde ganhar uma aplicabilidade universal, por não mais se referir a figuras demarcadas de pai e mãe, mas por dizer respeito a elementos estruturais de toda e qualquer cultura, tais como

---

quais a lógica fálica confere à feminilidade o estatuto de falta ligada à castração e de inexistência" (p. 7). Assim, o autor propõe "uma positivação da feminilidade" recorrendo a autores como Nietzsche e Deleuze.

"lei" e "linguagem"[11]. Tal ampliação dos horizontes se verifica, ainda, pela proposição de uma extensão do "Nome-do-Pai" para "Nomes-do-Pai", operação que deixa claro que o conceito não se aplica ao pai *stricto sensu*.

Entretanto, sintomaticamente, se a nova nomenclatura escolhida por Lacan atenuou concretudes, ela não apagou o rastro que a liga à sua origem: o conceito de "Nome-do-Pai" foi batizado com o nome do pai, assim como se deu com a "metáfora paterna". E o conceito de "falo", que se distanciou do pênis a ponto de romper o contato significante com o órgão sexual masculino, manteve o termo que o define não só como representação figurada do pênis, mas que, mais que isso, remete ao caráter de *veneração* do mesmo como símbolo da virilidade e da fecundidade (HOUAISS; VILLAR, 2004).

Nasio (1993) explicita esta contradição, mostrando como, na teoria lacaniana, o conceito de *falo* não se refere ao pênis, mas designa um significante particular, distinto de todos os outros, que significa tudo o que tem a ver com a função sexual. É um regulador do gozo que carrega este nome em razão da "[...] primazia que a psicanálise confere à experiência da castração no desenvolvimento da sexualidade humana" (p. 31). Mas de

---

[11] Outro exemplo deste tipo de avanço conceitual rumo a uma abstração maior foi a adoção do termo "gozo", que conferiu um lugar psíquico ao que, em Freud, era "energia", palavra chamada ao vocabulário psicanalítico não propriamente como metáfora, mas na condição de fiadora de sua "cientificidade". Com o emprego deste termo, Freud apostava na ideia de que, em última instância, todos os fenômenos psíquicos acabariam por encontrar explicações na biologia, na física e na química, princípio este necessário a tudo que se queria "científico" de acordo com as exigências epistemológicas de então (ASSOUN, 1983).

que castração se trata? Poderia este conceito ser compreendido à margem de sua ligação inexorável com aquilo mesmo que Freud já definia como tal: a perda do pênis pelo menino, como punição perpetrada pelo pai por seu desejo sexual pela mãe? É claro que se alega à saciedade que não se trata disso. Mas se o falo lacaniano se refere a uma abstração que pode assumir diversas configurações na vida fantasmática de um sujeito, por que restringí-lo a tal termo? Eis aí o elo indissolúvel com a ideia original do conceito.

A propósito, Nasio (1997) esclarece que "[...] a primazia do falo não deve ser confundida com a suposta primazia do pênis", e que "[...] o elemento organizador da sexualidade humana não é, portanto, o órgão genital masculino, mas a *representação* construída com base nessa parte anatômica do corpo do homem" (p. 33). Todavia, esta ideia não escapa à afirmação do primado do masculino, antes pelo contrário. Mesmo que não se trate do pênis, mas de sua representação, o primado do masculino permanece intacto. É o mesmo autor que prossegue dizendo que "[...] a prevalência do falo significa que a evolução sexual infantil e adulta ordena-se conforme esse pênis imaginário – chamado falo – esteja presente ou ausente no mundo dos seres humanos" (p. 33). Portanto, a dialética da presença e da ausência repousa sobre o falo ("pênis imaginário") e não sobre qualquer outro atributo, como o seio, por exemplo.

O risco contido na operação de "[...] designar o significante organizador da ordem social de Nome-do-Pai", como observa Ceccarelli (2002), é o de que, "[...] em Nome-do-Pai, e como que para preservar o culto milenar da figura paterna, a psicanálise erija-se como defensora da autoridade paterna, vendo na sua ausência a explicação de todos os males" (p. 94). Ora, como negar que esta é uma consequência ideológica da escolha vocabular?

A prevalecer a lógica falocêntrica, portanto, fica a psicanálise forçada a situar-se na contramão das movimentações da modernidade e da pós-modernidade. Nada restaria senão reduzir as conquistas feministas e, mais recentemente, a afirmação da identidade gay, a categorias psicopatológicas perversas, fundadas na recusa. Até quando haverá alguém que afirme algo como "a mulher não existe"? Ou que julgue a homossexualidade como uma forma de psicose, como alguns já chegaram a fazer no afã de validar a qualquer custo uma teoria?

A *subversão stolleriana*

Vejamos agora, a título de ilustração das possibilidades do pensamento psicanalítico, um exemplo de uma formulação que procurou subverter a ordem freudo-lacaniana para conferir ao seio um lugar semelhante ao que o falo vinha ocupando na teoria.

Robert Stoller (1986), psicanalista norte-americano que atuava como pesquisador sobre os gêneros na Universidade da Califórnia, propôs outra forma de se compreender o complexo de Édipo freudiano, por meio da qual produziu uma inversão das afirmações de Freud sobre os avatares da constituição da identidade sexual do menino quando comparados aos da menina[12].

Segundo Freud, a feminilidade da menina é um destino identificatório cujo caminho é mais longo e tortuoso do que aquele verificado no caso da masculinidade do menino. O primeiro objeto de amor é sempre a mãe, independente do sexo do bebê. Portanto, o menino já se encontra, de partida, na posição heterossexual, enquanto a menina, partindo de uma posição homossexual, teria, para atingir a feminilidade, de levar a cabo uma dupla mudança: a primeira seria *objetal* (abandonando o investimento libidinal sobre a mãe para dirigí-lo a uma figura masculina) e a segunda seria a da *zona erógena*, quando o clitóris (visto como órgão correlato ao pênis e, portanto, pertencente à sexualidade masculina original da menina) deve ceder lugar à vagina.

Stoller, por seu turno, não privilegia, como Freud, o investimento sexual primário como determinante da posição sexual primária: o que importa é a posição identificatória inicial. Se, para Freud, a relação objetal resulta do desejo, para Stoller ela decorre da identificação. É curioso como, na escola winnicottiana, algo semelhante se enuncia[13]. Christopher Bollas

---

[12] Para maiores detalhes sobre o pensamento de Stoller, particularmente no que concerne à formação da identidade sexual, remeto o leitor a dois trabalhos em que tratei de sua obra: o artigo "A erotização do ódio na perversão" (FERRAZ, 2001) e o capítulo 4 do livro *Perversão* (FERRAZ, 2002).

[13] Na verdade, nada há de coincidência nestes pontos de vista, pois podemos verificar as referências cruzadas entre Stoller e autores da corrente winnicottiana, mormente Masud Khan, no que toca ao tema da sexualidade.

(1992), por exemplo, afirma que a identificação do infante com a mãe se dá antes que esta possa ser por ele representada como outro. Portanto, trata-se de uma relação objetal que não pode emergir do desejo, mas de uma "[...] identificação perceptiva do objeto com sua função: um objeto como um transformador ambiento-somático no sujeito" (p. 29).

Segundo o ponto de vista de Stoller, então, tanto o menino quanto a menina estariam originariamente identificados com a mãe. Assim, para o menino, atingir a masculinidade implica separar-se dela, rompendo a unidade mãe-filho. As condições para que tal processo ocorra de maneira equilibrada são dadas pela atitude materna: se a mãe força uma intimidade exagerada com seu filho, isso pode significar que ela está interpondo um obstáculo à formação de sua identidade masculina.

Tal modo particular de pensar a formação da identidade sexual opõe-se a postulações centrais da teoria sexual de Freud. Em Stoller, não há primazia do pênis, mas do seio e da capacidade procriativa da mulher. No lugar da importância atribuída por Freud ao pênis, são os atributos femininos aqueles que uma criança deseja, primariamente, possuir. Dentre as várias consequências deste modo de pensar, está a conclusão de que os homens, quando em fantasia atribuem um pênis à mulher, não o fazem para negar a inferioridade dela, mas sim a superioridade.

Já a menina, originalmente identificada à mãe, não teria necessidade de fazer mudanças tão drásticas rumo à obtenção da feminilidade. Para o menino, entretanto, existe a necessidade de uma "desidentificação" que é altamente ansiógena. Se ele permanece preso à identificação materna, não pode atingir a masculinidade, destino identitário altamente idealizado pela cultura. A obrigação de obter a identidade masculina, assim como o consequente medo de fracassar nesta empreitada, são tais que o menino realiza esta travessia com um alto nível de angústia[14].

A falácia da naturalização

É possível alegar que a referência ao seio em Stoller incide no risco de sua "naturalização", fato que mereceria uma crítica semelhante à que fazemos à "naturalização" da primazia do falo em sua forma estrita de pênis. Contudo, cumpre lembrar que a referida primazia do seio decorre da consideração ao registro da *necessidade*, precursor do registro do *desejo*. O juízo que o infante estabelece em relação à presença ou à ausência do seio articula-se, portanto, com a ordem da necessidade e da frustração. Podemos arriscar a suposição de que tal ordem de juízo antecede outra que se baseia não no regime da frustração (eu que se situa o "complexo de Édipo precoce", de Melanie Klein), mas em outro tipo de consideração sobre a oposição presença/ausência. Esta outra, propriamente edípica, dirá

---

[14] São as possíveis falhas neste trajeto que o menino deve fazer que, segundo Stoller, explicam por que a perversão é mais comum nos homens.

respeito àquilo que "não está lá, mas que *deveria estar*"[15]. Esse juízo, que depende de um *a priori* inscrito pela cultura (o "deve estar") é o que se efetuará quando a criança puder desligar-se do seio para dirigir-se ao pênis paterno. Mas aí já será um juízo decorrente de uma aprendizagem moral, possível no plano da linguagem, e secundária ao juízo de presença/ausência calcado estritamente na economia da satisfação da necessidade.

É por esta razão que a atribuição de universalidade ao pênis só pode situar-se no âmbito da linguagem, condicionada a uma inscrição *a priori*. Neste sentido, ela obedece à mesma lógica da psicologia do preconceito. A operação psíquica que leva ao pensamento imperativo "todos devem ter pênis" é da mesma ordem daquela que levará à conclusão de que "todos devem ser de tal cor ou tal religião". Em ambos os casos, aquele que não cumpre tal requisito será considerado como inferior. Portanto, há uma pressuposição aprendida que antecede e condiciona a percepção e, *a fortiori*, a interpretação do valor do *percepto*[16]. Até mesmo processos corporais podem ser significados como "prazerosos" ou "desprazerosos" por uma atribuição de juízo, ou seja, sem vinculação com algo que se supõe intrínseco a eles próprios e que se situa fora do domínio da linguagem, isto é, como realidade supostamente extralinguístca.

---

[15] Sobre esta noção apriorística do "dever estar", ver o trabalho de Lia Pitliuk (2008).

[16] Utilizo aqui a ideia de *percepto* como o oposto do conceito, ou seja, como objeto da percepção, sem referência à realidade ou à coisa em si à qual corresponde; o *percepto* não diz respeito ao ato ou à faculdade de perceber algo, mas sim à representação que resulta de uma dada percepção (LALANDE, 1999, p. 805).

Há uma forma aparentemente mais requintada de se afirmar a superioridade do masculino sobre o feminino que não recorre à suposta naturalidade biológica, mencionada anteriormente. Atribui à *proeminência física* do pênis a sua percepção pelo positivo, enquanto a invaginação do aparelho genital feminino dará ensejo à representação apenas sob o registro da falta[17]. É o que se nomeia como "corte", "fenda", "buraco" etc.[18] De algum modo, esta fórmula evita encarar as determinações culturais da ideia da superioridade masculina, procurando situar no real da percepção as razões da concepção da mulher como castrada, ou seja, da definição do feminino por meio da falta ou do negativo. Esta justificativa é tão falaciosa quanto aquela que busca "naturalizar" a inferioridade pela via do biológico, visto que a percepção não é uma operação psíquica "neutra", mas também sujeita a determinações *a priori*, como se sabe suficientemente desde Kant.

---

[17] Num texto que desvela a incongruência deste ponto de vista, Paulo Ribeiro (2010), de modo quase irônico, refuta esta justificativa física ou visual para a suposta inexistência do significante mulher. Contestando o que seria a base filogenética para a instauração da impossibilidade de representação do feminino, ele se pergunta se as mulheres pré-históricas, que adotaram a posição ereta mas continuaram andando nuas, mantinham realmente invisíveis seus órgãos genitais. E prossegue: "Será que elas não se assentavam de pernas abertas, não pariam sua crias diante dos outros, não subiam em árvores, não se abaixavam para pegar algo no chão sem flexionar totalmente os joelhos? Será que elas tinham hábitos de higiene suficientemente eficazes para evitar que odores genitais alcançassem os narizes alheios, alçados apenas a menos de um metro de distância de onde se encontravam antes da posição ereta? Convenhamos, não basta ficar de pé para tornar os genitais femininos inacessíveis. Seria preciso ter 'bons modos', ser pudica, asseada e recatada para torná-los inacessíveis à visão e ao olfato" (p. 88).

[18] Ver, por exemplo, Nasio (1993), p. 101.

Certa vez, observando uma menina de dois anos que olhava atenta a fotografia de um bebê do sexo masculino, nu, e o mostrava com o dedo, dizendo "nenê, nenê", eu lhe indaguei se se tratava de um menino ou de uma menina. Ela prontamente respondeu tratar-se de um menino. Quando lhe perguntei como sabia disso, ela respondeu-me com um ar de quem pronunciava uma obviedade: "porque ele não tem xoxota!" Portanto, não parecia haver, ao menos para ela, impossibilidade de representar o órgão sexual feminino como uma positividade. Faltava-lhe um *a priori* "aprendido" que lhe indicasse que o menino "tem" algo que falta à menina. A vagina, apesar de sua forma anatômica não protuberante, era vista e significada como tal.

Ora, levando em conta a transformação cultural da mulher, a psicanálise se vê inapelavelmente exigida a trabalhar mais e mais na formulação de uma linguagem que a aprofunde como uma disciplina científica, na qual a essência metapsicológica, ainda que não chegue a engendrar uma linguagem axiomatizada, purifique-se progressivamente dos vieses que a ancoram em uma mentalidade datada – qualquer que seja o momento histórico desta datação – e se mostre estruturalmente apta a atravessar as mudanças culturais sem se perder, por exemplo, na confusão entre o que é da ordem da perversão e o que é da ordem das mudanças culturais. Para isso, quando se tratar do desenvolvimento psicossexual, as funções tenham que prevalecer sobre os objetos, sob o ponto de vista descritivo.

A questão do feminino, em sua relação com o masculino, é a pedra fundamental deste desafio, porquanto, para além da biologia, o caráter que se confere ao que é masculino e ao que é feminino se situa essencialmente na *descrição* – no sentido da pragmática da linguagem – que fazemos dos termos. "Homem" e "mulher", para além de suas diferenças anatômicas, são categorias que dizem respeito ao que se concebe sobre cada um no quadro social de uma dada cultura que se situa em um tempo e em um espaço dados. Tomá-las como categorias "naturais" ou extralinguísticas pode conduzir a graves erros. A configuração sexual de cada ser humano só poderá emergir no contexto de uma dada realidade, e os termos "masculino" e "feminino", em cada momento em que forem empregados, apenas o serão "sob descrição". Isso parece corresponder ao que o próprio Freud pressentira, em 1915, na nota acrescentada aos "Três ensaios".[19]

Quando Freud descrevia a identidade feminina como o fez, é evidente que não se referia a um ser inexistente na cultura. Ao contrário, é possível que tenha tomado com acuidade os elementos que a definiam. Por esta razão, formulou uma teoria da feminilidade levando em conta a mulher que, de fato, entrevia, mulher que, para sanar a ferida de sua falta estrutural – castração – tinha na maternidade a oportunidade de adquirir um substituto simbólico do pênis que lhe havia sido negado. Portanto, a maternidade era o que cabia à mulher para que se equiparasse ao homem, ou seja, para que fosse *algo*. Ora, se a mulher pode hoje ser algo por si mesma, equiparando-se ao homem em outros atributos, a maternidade não é necessária

---

[19] Ver a nota já mencionada anteriormente em Freud (1905, p. 226).

como prótese que lhe confira existência plena como sujeito, e nem precisa ser encarada como saída "natural" ou "biológica" para uma mulher configurar-se como tal[20].

Enfim, penso ter levantado uma série de problemas que nos exigem uma revisão dos conceitos e da linguagem psicanalítica, a fim de que nossa prática não se perca diante dos imperativos que nos fazem as mudanças culturais. O padrão que se adota para a investigação da formação da subjetividade, da sexualidade e da psicopatologia deve ser amplo o suficiente para aplicar-se não apenas às crianças nascidas nas famílias convencionais, mas também à criança institucionalizada (como há muito já se vem fazendo), sem família, criada apenas pela mãe ou pelo pai, adotada por um casal homossexual, e tudo o que podemos imaginar e, mais ainda, o que ainda não podemos sequer imaginar...

---

[20] Sobre este problema da maternidade, ver o artigo "A mulher não nasce mãe, pode tornar-se mãe: a psicanálise, o feminino e sua relação com as novas técnicas de fertilização", de Ana Maria Sigal (2003), no qual a autora faz uma crítica elucidativa sobre as afirmações de Freud a respeito da maternidade como destino identificatório, mostrando, inclusive as nuances presentes em momentos diferentes de sua teorização; ver também o ponto de vista de Maria Elisa Pessoa Labaki (2008), semelhante ao que defendo aqui.

Referências bibliográficas

ASSOUN, P.-L. *Introdução à epistemologia freudiana*. Rio de Janeiro: Imago, 1983.

BIRMAN, J. *Arquivos do mal-estar e da resistência*. Rio de Janeiro: Civilização Brasileira, 2006.

BOLLAS, C. *A sombra do objeto*: psicanálise do conhecido não-pensado. Rio de Janeiro: Imago, 1992.

CECCARELLI, P. R. Configurações edípicas da contemporaneidade: reflexões sobre novas formas de filiação. *Revista Pulsional de Psicanálise*, ano XV, n. 161, p. 88-98, 2002.

COSTA, J. F. *A ética e o espelho da cultura*. Rio de Janeiro: Rocco, 1994.

FERRAZ, F.C. A erotização do ódio na perversão. *Percurso*, ano XIV, n. 26, p. 121-124, 2001.

_____. *Perversão*. São Paulo: Casa do Psicólogo, 2002.

FREUD, S. (1905) Três ensaios sobre a teoria da sexualidade. In: _____. *Edição standard brasileira das obras completas*. Rio de Janeiro: Imago, 1981. v. 7.

_____. (1924a) A dissolução do complexo de Édipo. In: _____. *Edição standard brasileira das obras completas*. Rio de Janeiro: Imago, 1981 v. 19.

_____. (1924b) O problema econômico do masoquismo. *Edição standard brasileira das obras completas*. Rio de Janeiro: Imago, 1981 v.19.

_____. (1925) Algumas consequências psíquicas da distinção anatômica entre os sexos. In: _____. *Edição Standard Brasileira das Obras Completas*. Rio de Janeiro: Imago, 1981. v.19.

_____. (1930) O mal-estar na civilização. In: _____. *Edição standard brasileira das obras completas*. Rio de Janeiro: Imago, 1981. v.21.

_____. (1933) Conferência XXXIII: Feminilidade (Novas conferências introdutórias sobre psicanálise). In: _____. *Edição standard brasileira das obras completas*. Rio de Janeiro: Imago, 1981. v.22.

HOUAISS, A; VILLAR, M. S. *Minidicionário Houaiss da língua portuguesa*. Rio de Janeiro: Objetiva, 2004.

LABAKI, M. E. P. Ter filho é o mesmo que ser mãe? In: ALONSO, S. L.; BREYTON, D. M.; ALBUQUERQUE, H. M. F. M. (Orgs.). *Interlocuções sobre o feminino na clínica, na teoria, na cultura*. São Paulo: Escuta, 2008.

LALANDE, A. *Vocabulário técnico e crítico da filosofia*. São Paulo: Martins Fontes, 1999.

LATTANZIO, F. F. *O lugar do gênero na psicanálise*. Dissertação (Mestrado em Psicologia). Programa de Pós-Graduação em Psicologia, Universidade Federal de Minas Gerais, Belo Horizonte, Minas Gerais, 2011.

NASIO, J.-D. *Cinco lições sobre a teoria de Jacques Lacan*. Rio de Janeiro: Jorge Zahar, 1993.

_____. *Lições sobre os sete conceitos cruciais da psicanálise*. Rio de Janeiro: Jorge Zahar, 1997.

PITLIUK, L. Um mal-estar no feminino. In: ALONSO, S. L.; BREYTON, D. M.; ALBUQUERQUE, H. M. F. M. (Orgs.). *Interlocuções sobre o feminino na clínica, na teoria, na cultura*. São Paulo: Escuta, 2008.

RIBEIRO, P. C. Identificação passiva e Teoria da Sedução Generalizada de Jean Laplanche. *Percurso*, ano XXII, n. 44, p. 79-90, 2010.

SIGAL, A. M. Algo mais que um brilho fálico: considerações acerca da inveja do pênis. In ALONSO, S. L.; GURFINKEL, A. C.; BREYTON, D. M. (Orgs.). *Figuras clínicas do feminino no mal-estar contemporâneo*. São Paulo: Escuta, 2002.

_____. A mulher não nasce mãe, pode tornar-se mãe: a psicanálise, o feminino e sua relação com as novas técnicas de fertilização. In FUKS, L. B.; FERRAZ, F. C. (Orgs.). *Desafios para a psicanálise contemporânea*. São Paulo: Escuta, 2003.

STOLLER, R. J. (1896) *Perversion*: the erotic form of hatred. London: Karnac Books, 1986.

WITTGENSTEIN, L. (1953) Investigações filosóficas. In: _____. *Os Pensadores*. São Paulo: Abril Cultural, 1975.

6.

A ABORDAGEM PSICANALÍTICA DAS TENDÊNCIAS ANTISSOCIAIS[1]

Introdução

Na literatura psicanalítica, a começar por Freud, sempre se encontraram referências a criminosos, algumas vezes apenas de passagem, outras em estudos especialmente a eles voltados. Apresentarei um levantamento do tratamento recebido por esta temática na história da psicanálise, inclusive no que se refere à terminologia empregada pelos diversos autores para designar esse campo da psicopatologia. Veremos como o vocabulário não é uniforme, o que cria uma dificuldade adicional quando

---
[1] Este texto é uma versão resumida do artigo homônimo publicado no livro organizado por Claudio Cohen, Flávio Carvalho Ferraz e Marco Segre, *Saúde mental, crime e justiça*, São Paulo, Edusp, 1996, pp. 197-205.

se deseja reconhecer a área semântica que cada um dos termos diagnósticos recobre[2].

Nos trabalhos "Moral sexual 'civilizada' e doença nervosa moderna" (1908), "Alguns tipos de caráter encontrados no trabalho psicanalítico" (1916), "O ego e o id" (1923) e "O mal-estar na civilização" (1930), Freud dedicou-se a analisar aspectos psíquicos na determinação da criminalidade. Outros autores continuaram a se preocupar com esta temática.

Levantarei a seguir alguns pontos de vista relevantes sobre o tema, bem como farei um inventário dos vários termos usados na designação desse tipo de caso. Em seguida, examinarei as contribuições de Freud para o campo em questão para, depois, examinar os trabalhos de Melanie Klein e de D. W. Winnicott voltados para o mesmo assunto.

Ferenczi (1928), partindo de pressupostos contidos na segunda tópica de Freud, demonstrou seu interesse pelo estudo da criminologia sob a ótica psicanalítica. Em 1928, ele proferiu uma conferência na Associação de Psicopatologia Aplicada de Viena, na qual expôs as bases de uma possível criminologia psicanalítica, que partiria da constatação da familiaridade entre os fenômenos do crime e da perversão e teria como uma de suas tarefas a rediscussão, sob o prisma psicanalítico, da velha problemática do inato *versus* o adquirido no campo da criminalidade. Outra proposta que Ferenczi fazia nesse trabalho

---

[2] Um levantamento crítico da presença das tendências antissociais na literatura psicanalítica foi feito por Sidney Kiyoshi Shine (2000) no livro *Psicopatia*, inteiramente dedicado a esta problemática.

era a da análise das vicissitudes do complexo edípico e suas consequências sobre a formação da consciência moral e da personalidade criminosa.

Um dos pioneiros no tratamento psicanalítico da delinquência, no caso a juvenil, foi August Aichhorn, cujo livro *Wayward Youth* (1935) foi prefaciado por Freud. Esse autor, na verdade, já era um estudioso do comportamento antissocial da juventude, tendo encontrado na psicanálise um referencial que lhe foi de grande valia. Para ele, a criança antissocial estabelecia uma identificação com aspectos dos pais que poderiam ser considerados como distorcidos do ponto de vista ético.

Outro pioneiro foi Franz Alexander, que influenciou a criminologia psicanalítica com seus estudos sobre a criminalidade, dos quais resultam as figuras do *criminoso psicótico*, do *criminoso neurótico* e ainda do criminoso que não é nem neurótico nem psicótico, o *criminoso normal*. Para ele, a motivação para o crime podia ser encontrada na necessidade de autopunição. Dois de seus livros tratam especificamente da psicologia do crime: *Roots of crime* (ALEXANDER; HEALY, 1935) e *The criminal, the judge and the public* (ALEXANDER & STAUB, 1929). Kate Friedlander (1950) também pode ser considerada uma pioneira nesta área. Ela enfatizou o papel das atitudes maternas vivenciadas como violência emocional pela criança na formação da estrutura de caráter antissocial.

Melanie Klein (1927), ao se referir a esta problemática, lançou mão dos termos "tendências associais" e "tendências criminais". O uso do termo *tendência* justifica-se à medida que, para ela, fazia-se importante a distinção entre a ideia de potencialidade contida na palavra "tendência" e a ideia de "criminoso", como classificação baseada em ato consumado. A tendência associal ou criminal existe em toda criança, podendo ou não se cristalizar. Tanto é que ela descreveu as "tendências criminais em crianças normais", deixando o termo "criminoso" reservado para um diagnóstico definitivo, alinhado nosograficamente às outras possibilidades de desfecho da formação da personalidade, que seriam "[...] o indivíduo normal, neurótico, psicótico ou perverso" (p. 252).

Melitta Schmideberg (1935) usou a expressão "tendências associais" para designar crianças e adolescentes nos quais verificara a presença dos comportamentos de agressão, roubo, mentira, calúnia, simulação (hipocrisia), vadiagem, ausência de pudor sexual e uso de palavras obscenas. Além disso, descreveu um tipo de paciente que "não desenvolveu nem capacidade para amar nem formações reativas, não demonstra culpa e é, aparentemente, guiado somente pela busca do prazer e contido somente pela punição" (p. 47-48). Tal tipo de adulto seria o *criminoso nato*, que coincidiria com o tipo do *criminoso normal, não neurótico* descrito por Alexander e Staub (1929). De modo diferente, haveria o *criminoso psicótico* e o *criminoso neurótico*. Em ambos os casos, a conduta criminal estaria aparecendo no lugar da psicose ou, respectivamente, da neurose, de modo a encobri-las para proteger o indivíduo de sua manifestação.

A questão do *criminoso nato* constituiu um ponto espinhoso no desenvolvimento da criminologia. Schmideberg (1935) reiterou o ponto de vista expresso por Alexander e Staub (1929) a respeito da distinção entre as possíveis etiologias do caráter criminoso, para quem

> [...] existe apenas uma diferença dinâmica entre a neurose e a criminalidade neurótica. Na primeira a agressão é internalizada, enquanto na segunda ela é externalizada, diferindo-se entre elas a intensidade com a qual o poder do superego pode restringir as forças instintuais. Apenas a criminalidade neurótica, segundo eles, é um problema psicológico, enquanto criminosos livres de dificuldades psicológicas são socialmente, mas não psicologicamente, anormais. (ALEXANDER; STAUB *apud* DUKES, 1946, p. 148)

Freud (1916) já levantara uma questão quanto à diferença entre os tipos de motivação para o crime. Examinando o caso dos *criminosos em consequência de um sentimento de culpa*, ele os distinguiu daqueles criminosos adultos "[...] que praticam crime sem qualquer sentimento de culpa; que, ou não desenvolveram quaisquer inibições morais, ou, em seu conflito com a sociedade, consideram sua ação justificada" (p. 376).

Schmideberg (1935) apontou ainda um ponto de grande relevância em relação ao uso do termo *tendências associais*: a distinção entre a determinação do comportamento por conflitos internos e a determinação por necessidade econômica. Apenas o primeiro caso seria objeto da análise e da intervenção psicológica, pertencendo o segundo ao âmbito social.

Muitas vezes os autores psicanalistas tomaram emprestada a terminologia psiquiátrica para designar esse tipo problema. Alguns empregaram o termo *psicopatia* (WITTELS, 1938, 1948; DEUTSCH, 1955; SYMINGTON, 1980; JOSEPH, 1960); outros utilizaram variações como as expressões *personalidade psicopática* (BROMBERG, 1948; JOHNSON; SZUREK, 1952; KARPMAN, 1959), *caráter psicopático* (MICHAELS; STIVER, 1965) e *organização psicopática da personalidade* (ROLLA, 1973).

Encontram-se ainda as expressões *caráter antissocial* (FRIEDLANDER, 1945) e, finalmente, *tendências antissociais* (WINNICOTT, 1946, 1956), a qual, para fins de uniformização, foi escolhida para uso neste trabalho. Na acepção de Winnicott (1956), trata-se da tendência a um comportamento marcado pelo roubo e pela mentira, por um lado, e pela destrutividade, por outro. Numa acepção semelhante à de Melanie Klein, Winnicott trata a "tendência antissocial" como existente na criança em geral. As vicissitudes das respostas ambientais básicas no processo de desenvolvimento é que, integradas à potencialidade da criança, vão determinar a superação ou a consolidação de tais tendências.

Na maioria dos casos, no entanto, as palavras *delinquência* ou *criminalidade*, isoladas ou associadas a algum termo acima referido, aparecem na definição do quadro em questão, evidenciando um recurso a um traço marcadamente comportamental (SCHMIDEBERG, 1935; WESTWICK, 1940; FRIEDLANDER, 1945; ALEXANDER & HEALY, 1946; BERGLER, 1945;

EISSLER, 1950; BETTELHEIM; SYLVERTER, 1950; RUBEN, 1957; BERNABEAU, 1958; MARTINS, 1991).

Lagache (1958) falou em *personalidade criminosa*, caracterizada por fraqueza do ego, imaturidade, egocentrismo, anomalias do superego (frequentemente *arcaico* e *sádico*), relações interpessoais marcadas pela violência sofrida ou infligida, falta de franqueza, falta de consciência da doença (e consequente falta de vontade de curar-se), instabilidade e repugnância de "[...] voltar-se para si mesmo" (p. 99).

Uma grande parte dos estudos que abordaram o problema da delinquência enfatizou a etiologia familiar do quadro. Bettelheim e Sylvester (1950) destacaram a "[...] gratificação dos desejos reprimidos do pai" (p. 329) passível de ocorrer através da atuação antissocial da criança, o que instala um conflito na internalização das regras, ponto de vista que se aproxima daquele de Aichhorn (1935). Já Winnicott (1946; 1956), apoiado nos achados etológicos de Bowlby (1969, 1976), privilegiou a ideia de que haveria uma *privação* da mãe ou da vida familiar na gênese da delinquência.

Uma aproximação dos atos delinquentes com as perversões e com o fetichismo foi feita por Schmideberg (1956). Apenas alguns atos delinquentes ou parte deles, no entanto, poderiam ser vistos por esse prisma: aqueles cuja natureza recaísse sobre a esfera sexual.

O exame da questão nosológica relativa às tendências antissociais na psicanálise evidencia a dificuldade conceitual no estabelecimento de um lugar para esse tipo de quadro em um referencial clínico mais amplo. Afinal, seriam essas tendências efetivamente um *diagnóstico*? Muitas vezes, elas acabam sendo tratadas como um quadro à parte, ora presente na nosografia psicopatológica, ora na caracterial.

As tendências antissociais na obra de Freud

Em "Moral sexual civilizada e doença nervosa moderna", Freud (1908) referiu-se ao criminoso como aquele que não pode suportar as restrições impostas pela civilização, ponto de vista que pode ser considerado frágil em seu aspecto teórico quando cotejado com o desenvolvimento subsequente que o tema mereceu em sua obra.

Em 1916, quando a questão do caráter e sua formação despertavam especialmente sua atenção, Freud escreveu o artigo "Alguns tipos de caráter encontrados no trabalho psicanalítico", dedicando uma seção à análise do caráter de alguns tipos de criminosos ("Criminosos em consequência de um sentimento de culpa"). Ali, ele lançou a ideia central – que há muito vinha sendo lapidada – para toda a abordagem psicanalítica das tendências antissociais. Neste trabalho, Freud subverteu o raciocínio peculiar ao senso comum no que concerne à relação de causa e consequência na conexão entre o crime e o sentimento de culpa. É assim que ele afirmou que "[...] as ações criminosas são praticadas principalmente por serem proibidas e por sua execução acarretar, para seu autor, um alívio mental" (p. 375). Ou seja, o sentimento de culpa não seria decorrência da ação criminosa, mas, ao contrário, seria sua causa. Este sentimento de culpa preexistente no criminoso é que o induz a delinquir, a fim de ligar-se a algo no plano da realidade externa.

O sentimento de culpa inconsciente, que preexiste, pode conduzir o indivíduo à prática da ação criminosa não somente para ligar-se a algo concreto, mas também para buscar uma punição. Esse sentimento de culpa confunde-se com a própria necessidade de punição, que pode, assim, ser encarada como outra espécie de motivação para o crime. Um paralelo desse processo pode ser feito com um fenômeno cotidiano quase banal, relativo ao comportamento infantil: Freud lembrou-nos de que as crianças travessas, depois de punidas, "sossegam" e tornam-se cordatas.

Quanto à origem, às vezes obscura, de um sentimento de culpa tão tenaz, que se mostra capaz até mesmo de desencadear condutas criminosas, nada há de muito especial do ponto de vista qualitativo. Embora ele se demonstre produtor de efeitos diferentes dos sintomas neuróticos, Freud remeteu-o ao sentimento de culpa cultural, que atinge a humanidade como um todo. Suas fontes estão na herança filogenética da culpa pelo incesto e pelo parricídio, as duas grandes intenções criminosas da humanidade, matrizes de todas as outras. Na Conferência XXI das "Conferências introdutórias à psicanálise", Freud (1917) afirmou, de forma sintética, que "[...] a humanidade como um todo pode ter adquirido seu sentimento de culpa, a origem primeira da religião e da moralidade, no começo de sua história, em conexão com o Complexo de Édipo" (p. 387-388).

Para Freud, o ser humano possui uma "natureza" (essência ou índole, se quisermos) *má*. As provas disso, segundo ele, podem ser encontradas na interpretação dos sonhos, que conduzem à essência do desejo recalcado. Da forma análoga, a existência de sonhos de ansiedade e de punição nos fornece a prova da natureza moral do homem (FREUD, 1925). Resta-nos perguntar: mas esta *natureza moral*, afinal, é parte integrante da natureza humana ou é consequência do processo civilizatório? Ao que parece, trata-se de uma "segunda natureza", adquirida. A mente humana seria naturalmente povoada por "desejos terríveis". Sobre esta ideia, Freud recorreu a Platão, que afirmara em *A República* (séc.IV a.C.) que "[...] existe em cada um de nós uma espécie de desejo terrível, selvagem e sem leis, mesmo nos poucos de entre nós que parecem ser comedidos. É nos sonhos que o fato se torna evidente" (p. 413).

A visão de Freud sobre a essência da índole humana mostrou-se muito mais próxima da de Hobbes que da de Rousseau. Segundo Peter Gay (1988), "Freud se associava ao duro pensamento político de Thomas Hobbes" (p. 495), que considerava o homem como o "lobo do homem" (*homo homini lupus*). Tal concepção fez-se presente na estruturação da própria metapsicologia, como pode-se ver em "O instinto e suas vicissitudes", quando Freud (1915) tratou do amor como uma aquisição posterior ao ódio: "[...] o ódio, enquanto relação com objetos, é mais antigo que o amor. Provém do repúdio primordial do ego narcisista ao mundo externo com seu extravasamento de estímulos" (p. 161). Ainda neste artigo, ele procurou demonstrar que os sentimentos de piedade não seriam resultantes de uma transformação da pulsão ocorrida no sadismo, mas sim uma *formação de reação* contra ela (p. 150).

Com o advento da segunda teoria das pulsões e, logo após, da segunda tópica do aparelho psíquico, foi possível reformular a questão em termos dos papéis desempenhados pelo superego severo e pela pulsão de morte. É assim que, em "O ego e o id", Freud (1923) recolocou a questão afirmando que nos casos em que o superego desenvolveu uma rigidez e uma severidade muito fortes para com o ego, "[...] o componente destrutivo (em forma de sadismo) entrincheirou-se no superego e voltou--se contra o ego" (p. 69). Este mecanismo é diretamente observável na melancolia, quando o superego dirige fortes repreensões ao ego.

Se pensarmos no caso das tendências antissociais, é possível que detectemos a mesma rigidez superegoica, presente na necessidade de punição. Com a diferença de que, na melancolia, a destrutividade se volta para o ego porque este se encontra identificado com o objeto, enquanto, na tendência antissocial – especialmente na psicopatia – impera um mecanismo do tipo paranoide, e a destrutividade se dirige ao objeto externo, vivenciado essencialmente como perseguidor.

As consequências da rigidez do superego encontram-se na raiz de uma série de patologias psíquicas, que abrangem fundamentalmente a melancolia e a neurose obsessiva, mas que dizem respeito também ao *acting-out* antissocial ou criminal. Tanto na forma melancólica quanto na forma antissocial, ou, conforme Laplanche e Pontalis (1967), tanto na tendência para a destruição de outrem como na tendência para a destruição de si mesmo, "[...] pode estar sempre presente uma satisfação libidinal, satisfação sexual voltada para o objeto ou fruição narcísica" (p. 531). Assim, o componente pulsional destrutivo desempenha seu papel contando com o reforço de componentes eróticos.

Winnicott (1950), rejeitando o valor teórico da segunda dualidade pulsional freudiana, equacionou este problema, que representou em algum momento um impasse teórico para Freud, em termos bastante diferentes e pessoais: na raiz das tendências sádicas destrutivas verifica-se um componente erótico fundido com a agressão (*motilidade*, segundo ele); na saúde mental, ao contrário, é o componente agressivo que se funde ao erótico. Esta característica erótica da agressão, e, neste caso, da heteroagressão, foi também explorada por Laplanche (1988), que, examinando a motivação do delinquente afirmou:

> O homem não é apenas o "homem útil" para a psicanálise: o homem útil, o homem da autoconservação, ou da adaptação, existe junto com o homem pulsional, ou digamos, sexual. O homem vive e age pelo amor, pelo ódio de [...] Vamos desencorajar o alpinista mostrando-lhe as dificuldades e os

> riscos do pico que pretende conquistar? Vamos convencer o jogador mostrando-lhe os riscos de perda ligados ao bacará ou à roleta? Há uma inversão de valores e atrações quando se passa da autoconservação ao sexual. Neste sentido, o utilitarismo não leva em conta o elemento *pulsional* no sentido em que o entendemos, o elemento pulsional do delinquente. Esporte do fraudador capaz de integrar mesmo a multa no seu cálculo, ou esporte do audacioso. (p. 66)

Esse modo de encarar o ato delinquente, associando-se a seu componente erótico, encontra confirmação no depoimento de Genet, que em seu *Diário de um ladrão* (1983) escreveu "Com um cuidado maníaco, 'um cuidado ciumento', preparei a minha aventura como se arruma uma cama, um quarto para o amor: eu tive tesão pelo crime" (p. 11).

A tese de que haveria um superego rigoroso na base da criminalidade, entretanto, merece cautela. O próprio Freud (1916) defendia que esse tipo de causalidade estava em questão, geralmente, nos criminosos iniciantes, antes que a gratificação secundária pelo ato delinquente se instalasse. Otto Kernberg (1998) diferencia estruturalmente o tipo de criminoso que age em função do superego daquele cujo superego sequer se desenvolveu. Este seria o portador da personalidade antissocial (psicopata), incapaz de experimentar sentimentos de culpa e de compaixão humana.

As tendências criminais infantis na obra de Melanie Klein

Melanie Klein recebeu forte influência de Karl Abraham, seu mestre e analista, sobretudo em seus primeiros trabalhos, quando a sucessão das fases da organização libidinal predominavam em sua teoria do desenvolvimento emocional do bebê. O ano de 1934, no entanto, assinalou um momento de importância fundamental para o seu pensamento, que foi o aparecimento do artigo "Uma contribuição à psicogênese dos estados maníaco-depressivos" (KLEIN, 1934b). É nesse trabalho que veio à luz o conceito de posição depressiva, um operador chave de sua teoria do desenvolvimento emocional do bebê, que lhe permitiu superar a compreensão de tal desenvolvimento através da sucessão de fases libidinais.

A posição depressiva assinala o início da capacidade do bebê de perceber a mãe como objeto total e, assim, de perceber que os ataques que desfere em sua fantasia à mãe atingem o objeto de seu amor. Isto faz com que ele comece a vivenciar os *sentimentos de culpa* e, por conseguinte, experimente os primeiros impulsos no sentido da *reparação*, mecanismo pelo qual a criança tenta construir novamente a boa mãe que foi destruída em fantasia pelos seus ataques sádicos. É a posição depressiva que assinala o início da *preocupação pelo objeto*, da *compaixão*, da empatia e da reparação (PETOT, 1988). No artigo "Tendências criminais em crianças normais", Melanie Klein (1927) já mostrara a força dos impulsos à reparação que surgem no bebê: "um momento depois de havermos observado os impulsos mais sádicos, deparamo-nos com atuações que demonstram a maior capacidade de amor, e o desejo de fazer todo o sacrifício possível para ser amado" (p. 241).

Em "Notas sobre alguns mecanismos esquizoides", Melanie Klein (1946) apresentou o conceito de *posição esquizoparanoide*, que se opõe à depressiva e marca o período do desenvolvimento do bebê que a precede. Nesta posição, ao contrário do que ocorre na posição depressiva, a ansiedade dominante é o medo de que os perseguidores destruam o eu, sendo que a fantasia que a subjaz é a de aniquilamento onipotente desses perseguidores. A frustração é sentida pelo bebê como perseguição, isto é, a falta do objeto é vivenciada como um ataque desferido pelos objetos maus. Disso resulta o reforço da divisão entre um objeto ideal e um mau objeto.

Vejamos como estas ideias tocam a questão das tendências antissociais. Voltando a um tempo um pouco anterior das formulações de Melanie Klein (1932), vemos que, em *Psicanálise da criança*, ela fazia a ligação entre as primeiras situações de angústia vividas pelo bebê, os ataques destrutivos em relação ao objeto e a conduta criminal:

> [...] nas pessoas cujas primeiras situações de angústia foram muito violentas e que conservaram os mecanismos de defesa próprios àquele estádio primitivo, o medo ao superego, se por razões internas ou intrapsíquicas ultrapassar certos limites, pode compeli-las a destruírem o objeto, formando a base para o desenvolvimento de uma conduta de tipo criminal. (p. 196)

Guardadas as devidas diferenças entre o superego kleiniano e o freudiano, observa-se que a essência da abordagem de Melanie Klein sobre o papel do sentimento de culpa na gênese da tendência antissocial não difere da de Freud (1916). Isso fica evidente quando se lê, ainda em *Psicanálise da criança* (Klein, 1932) que "[...] a falta de sentimento social em determinados indivíduos, notadamente nos criminosos e nas assim chamadas pessoas 'associais', seria originada não por uma deficiência, e sim por uma diferença qualitativa na estrutura do superego" (p. 209).

Melanie Klein (1927) associou a tendência antissocial ao modo de ação de um superego cuja função primordial seria a de provocar ansiedade, ao mesmo tempo em que aproximou a gênese desta tendência a uma forma da experiência do conflito edípico: "[...] são justamente a ansiedade e o sentimento de culpa que levam o criminoso a praticar seus atos delituosos. Ao cometê-los, trata também, em parte, de escapar da situação edípica" (p. 251). O superego do criminoso foi comparado, assim, ao do perverso, no qual uma rigorosa consciência trabalha de modo diverso da do neurótico e "[...] permite que se conserve só uma parte das tendências proibidas, para poder livrar-se de outras partes, que o superego acha mais condenáveis: o que ele rejeita são os desejos pertencentes ao complexo de Édipo" (p. 250).

Tratando dos elementos que seriam potencialmente desencadeantes dos sintomas antissociais, Melanie Klein (1927) descreveu um caso clínico em que aparecia um modo de relação familiar precoce caracterizado pela carência de cuidados maternos ou pela exposição da criança, ainda em tenra idade, a tratos violentos e abusos sexuais. O caso é de um menino de doze anos, delinquente, com tendência generalizada para o roubo e para ataques destrutivos contra meninas pequenas. Esta criança havia perdido o pai na guerra e, em seguida, perdera a mãe que havia caído doente; além disso, passou por diversas mães adotivas e sofreu reiterada violência física e sexual por parte da irmã mais velha.

No artigo "Sobre a criminalidade", Melanie Klein (1943a) falou de um "círculo vicioso" que explicaria a relação entre angústia, culpa e ato destrutivo:

> Na primeira fase sádica [...] a criança se protege contra [...] seus violentos objetos [...], redobrando em sua imaginação seus ataques contra eles; sua intenção para se desfazer assim de seus objetos é, em parte, silenciar as intoleráveis ameaças do superego. Estabelece-se um círculo vicioso, a angústia da criança a impele a destruir seus objetos, isso produz um incremento da própria angústia e isto a pressiona uma vez mais contra seus objetos; este círculo vicioso constitui o mecanismo psicológico que parece estar no fundo das tendências associais e criminais do indivíduo. (p. 350)

Em todas as crianças estaria presente uma "tendência criminal", sob a forma de fantasias agressivas dirigidas contra os pais. O que Melanie Klein (1934a) enfatizou, no entanto, foi que as crianças que efetivamente põem em ação estas tendências são, na maioria das vezes, "[...] as que mais temem uma cruel retaliação de seus pais" (p. 349). Assim, tal qual em Abraham (1924)[3], no sistema kleiniano as raízes da criminalidade psicopática seriam as mesmas que as da paranoia, com a diferença de que, no desenvolvimento do sintoma, o criminoso tenderia a suprir suas fantasias inconscientes colocando-as em ação na realidade; mas as fantasias de perseguição seriam comuns a ambos.

Concluindo, temos que, se fôssemos buscar recursos teóricos na própria obra de Melanie Klein posterior ao aparecimento do conceito de *posição depressiva*, diríamos que, nas tendências antissociais, essa posição não pode ser mantida ou sequer atingida. O funcionamento psíquico do delinquente estaria marcado pela impossibilidade do sentimento reparatório, e, tal qual nas psicoses – particularmente na paranoia – sua posição diante do objeto seria eminentemente de modalidade esquizoparanoide.

Reconhecendo a dificuldade da aproximação e da cura analítica do criminoso adulto, Melanie Klein (1934a) sugeriu como medida profilática a análise de crianças tanto "criminosas" como psicóticas: "[...] parece que o melhor remédio contra

---

[3] Abraham (1924) associou a compulsão cleptomaníaca – aqui tomada como protótipo das tendências criminais em sua obra – aos estados paranoides, assinalando que, tal como na paranoia, na cleptomania "[...] a libido, em seu movimento regressivo, se deteve no estágio da incorporação parcial" (p. 156). Trata-se do estágio sádico-anal, também chamado de fase anal *expulsiva*, pela ausência do controle esfincteriano na criança.

a delinquência seria analisar as crianças que apresentam sinais de anormalidade numa ou outra direção" (p. 353).

As relações entre privação e delinquência na obra de Winnicott

Dentre os psicanalistas que se preocuparam em estudar a delinquência e as tendências antissociais, destaca-se D. W. Winnicott. Influenciado por Melanie Klein, ele desenvolveu uma obra bastante pessoal e inovadora, que rompeu em muitos aspectos – alguns deles essenciais – com preceitos importantes da tradição kleiniana. A noção de *posição depressiva* postulada por Melanie Klein teve grande importância na obra de Winnicott, especialmente em suas ideias sobre a gênese das tendências antissociais. Embora questionando a procedência do nome que Klein dera a esse conceito (WINNICOTT, 1966, 1968), ele o utilizou na descrição dos estádios do desenvolvimento do bebê. É assim que certas características da posição depressiva aparecem na obra de Winnicott (1950, 1963a) assimiladas ao conceito de *estádio da preocupação* ou estádio no qual se dá o aparecimento da capacidade de *envolvimento*. O estádio anterior a esse é o da *pré-preocupação*.

Como pediatra e analista infantil, Winnicott (1939, 1950, 1960, 1964, 1968) esteve sempre interessado pela compreensão da agressividade e suas raízes. Para ele, existe uma fonte da agressão que seria muito primitiva, e estaria ligada à própria motilidade natural já presente na vida intrauterina. Seria o impulso ao movimento, no sentido de uma primeira exploração, cuja raiz estaria na necessidade de se tentar distinguir o eu do não eu. Outra fonte posterior estaria ligada ao sentimento de raiva engendrado pela frustração, que ocorre muito precocemente na vida do bebê. A forma como esta agressão é vivenciada varia de acordo com o estádio de desenvolvimento em questão. Desse modo, no estádio da *pré-preocupação* a criança

> [...] ainda não consegue reconhecer que o objeto destruído por sua excitação é o mesmo que ela valoriza nos intervalos tranquilos entre as excitações. Seu amor excitado inclui um ataque imaginário ao seio da mãe. Aqui a agressão é uma parte do amor. (WINNICOTT, 1950, p. 357)

Já no estádio da preocupação, "[...] a integração do ego do indivíduo é suficiente para que ele avalie a personalidade da figura materna e isto tem um resultado extremamente importante: o indivíduo se preocupa com os resultados de sua experiência pulsional, física e ideacional" (p. 358). Prossegue Winnicott (1950):

> [...] quando saudável, o bebê pode sustentar a culpa e, desta forma, com a ajuda de uma mãe pessoal e viva [...], é capaz de descobrir seu próprio ímpeto pessoal de dar, construir e

> reparar. Desse modo, grande parte da agressão se transforma em funções sociais, aparecendo como tal. Em tempos de desespero (quando não se acha alguém que aceite um presente, ou que reconheça o esforço feito para reparar), esta transformação se desfaz e a agressão reaparece. *A atividade social não será satisfatória*, a não ser que se baseie em um sentimento de culpa *pessoal* em função da agressão. (p. 358)

Este trecho de Winnicott contém elementos essenciais do seu pensamento próprio sobre o desenvolvimento infantil e, em especial, sobre sua relação com a etiologia das tendências antissociais. Se, como pano de fundo, é possível que se detecte o pensamento de Melanie Klein concernente ao mecanismo da *reparação*, tão caro a Winnicott, a ênfase dada ao objeto externo no processamento do sentimento de culpa e na possibilidade de haver uma reparação satisfatória constitui o que de mais pessoal se encontra na abordagem "winnicottiana", por assim dizer.

Winnicott (1956), ao encarar o desafio que as tendências antissociais representavam para a psicanálise, alertou para o fato de que os referenciais psicanalíticos necessitavam de algo mais se se desejasse abordar com sucesso os pacientes com um tipo de conduta delinquente. Esse "algo mais" seria a ideia de *privação* da mãe ou da vida familiar, conceito que foi buscado nas investigações etológicas de Bowlby sobre seus efeitos no desenvolvimento da criança. Para Bowlby (1976), o termo "privação da mãe" aplica-se a várias circunstâncias diferentes, que podem ser tanto a ausência total da figura materna, com sua substituição insatisfatória, como a presença de uma mãe insuficiente nos cuidados que dispensa à criança.

Winnicott (1946, 1956, 1957b, e 1958) procurou demonstrar que a experiência emocional da criança submetida à privação impede-a de obter êxito em suas tentativas de reparação, pelo fato de que

> [...] a inconfiabilidade da figura materna torna vão o esforço construtivo, de modo que o sentimento de culpa fica intolerável e a criança é pressionada a retroceder para a inibição ou perda do impulso, que é, de fato, parte do amor primitivo. (WINNICOTT, 1966, p. 114)

O padrão para o desenvolvimento de uma tendência antissocial seria o seguinte: inicialmente, as coisas corriam bem para a criança, até que algo perturba esta situação, exigindo dela além de sua capacidade; nesse momento, as defesas do ego desmoronam, e a criança tenta se reorganizar com base em um novo modelo de defesa. Ao começar novamente a ter esperanças, ela organiza, então, atos antissociais a fim de induzir o meio a retroceder com ela ao ponto nos quais as coisas começaram a dar errado. Deste modo, o ato antissocial tem inicialmente esse caráter de apelo, e é, em essência, um gesto de esperança.

Quando a criança começa a praticar suas ações antissociais (que se expressam pela via do furto, por um lado, ou pela via da destrutividade, por outro), o ambiente em que ela vive pode ajudá-la a suportar tais tendências, reconhecendo que ela tem direitos e ajudando-a, assim, a redescobrir o objeto bom. Ocorre que esta situação, muitas vezes, não é atingida, favorecendo a consolidação das tendências destrutivas dentro da estrutura da personalidade. E quando os ganhos secundários começam a aparecer a partir da realização dos atos antissociais, o prognóstico se torna desfavorável. Daí a convicção firmada pela psiquiatria da impossibilidade de cura do psicopata.

Se o meio familiar não oferece à criança a estabilidade da qual ela necessita, por meio do provimento de suas carências, ela vai, então, buscar esta estabilidade fora, na sociedade.

> Quando uma criança rouba açúcar, ela está procurando a boa mãe, de quem ela tem o direito de tirar toda a doçura que houver [...]. Também procura o pai [...], que protegerá a mãe de seus ataques contra ela, ataques realizados no exercício de amor primitivo. Quando uma criança rouba fora de casa, ainda está procurando a mãe, mas procura-a com maior sentimento de frustração e necessitando cada vez mais encontrar, ao mesmo tempo, a autoridade paterna que pode por e porá um limite ao efeito concreto de seu comportamento impulsivo e à atuação das ideias que lhe ocorrem quando está excitada (WINNICOTT, 1946, p. 122).

Assim, ao lado da busca da boa mãe, a criança busca também um limite imposto pela autoridade paterna. Se ela não o encontra em casa, vai buscá-lo fora, e à medida que não o encontra, busca-o cada vez mais longe, mesmo que, em última instância, ele seja representado pela cela de uma prisão.

O ambiente, para Winnicott (1957a, 1963b), tem o papel preponderante de facilitar o desenvolvimento da moralidade inata do bebê. Por isso, talvez, é que ele tenha feito suas ressalvas aos métodos de educação moral que procuram incutir determinados padrões a uma criança. Se ela é livre e pode desenvolver sua criatividade no encontro com o bom objeto que lhe possibilite a realização de seus impulsos à reparação, então seu sentimento ético – fruto de sua capacidade de *preocupação* ou de *envolvimento* – emerge por si só e pode se mostrar mais estável. O impulso agressivo e a consequente culpabilidade não são negados, e sim integrados em um contexto de sublimação.

Em Winnicott pode-se ver a luta do indivíduo num constante movimento no sentido da realização: mesmo a tendência antissocial é um sinal dessa esperança de vida, e não um representante de impulsos tanáticos expressos na destrutividade. Esse modo de encarar os rumos tomados pelo psiquismo, em seu afã de ligar-se ao mundo, difere bastante do de Freud, que, particularmente em seus últimos escritos, salientou as formas pelas quais o homem busca sua autodestruição, em função da inexorabilidade da pulsão de morte. Assim, no caso específico das tendências antissociais, Winnicott praticamente retirou--as da esfera da atuação da pulsão de morte para alçá-las a um plano no qual elas se apresentam como guardiãs da própria vida.

Também em relação a Melanie Klein, verifica-se em Winnicott uma guinada conceitual, à medida que a "intolerância à frustração" pautada pelo processo primário, que para ela caracterizaria o impulso presente na tendência antissocial, deixa de ser o elemento central na dinâmica desse tipo de caso, que ele explicou de maneira diversa. Estas diferenças, tanto em relação a Freud como a Melanie Klein, foram apontadas por Jurandir Freire Costa (1986) em referência à contribuição de Winnicott à psicanálise da delinquência: "[...] os ataques, agressões, pedidos ou súplicas que esses indivíduos (delinquentes) dirigem ao social não são apenas tentativas de extrair do mundo gratificações imediatas", mas, por esta via, tais indivíduos

> [...] manifestam, por um caminho 'ilegal', a crença na lei e nos seus direitos a uma vida psíquica, fora da psicose. A delinquência é uma trincheira contra a perda do sentido da realidade ou, o que é mais grave, contra o avanço da própria morte. (p. 101-102)

Em Winnicott, está presente a ideia de que amor, reparação e lealdade seriam princípios de felicidade que o ser humano luta desesperadamente por atingir, mesmo com todas as dificuldades ambientais que encontra e que lhe representam fortes obstáculos. Sua concepção de maldade e de bondade humanas lembra uma passagem de Kant (1785), na "Fundamentação da metafísica dos costumes":

> Não há ninguém, nem mesmo o pior facínora, contanto que de resto esteja habilitado a usar da razão, que não

deseje, quando se lhe apresentam exemplos de lealdade nas intenções, de perseverança na obediência a boas máximas, de compaixão e universal benevolência (e ainda por cima ligados a grandes sacrifícios de interesses e comodidades), que não deseje, digo, ter também esses bons sentimentos. Mas não pode realizar esse desejo apenas por causa das suas inclinações e impulsos, desejando todavia ao mesmo tempo libertar-se de tais tendências que a ele mesmo o oprimem. (p. 249)

Referências bibliográficas

ABRAHAM, K. (1924) Breve estudo do desenvolvimento da libido, visto à luz das perturbações mentais. In: _____. *Teoria psicanalítica da libido*. Rio de Janeiro: Imago, 1970.

AICHHORN, A. *Wayward youth*. New York: Vicking Press, 1935.

ALEXANDER, F.; HEALY, W. *Roots of crime*. New York: Alfred A. Knopf, 1935.

_____.; _____. Un favorito de las mujeres. *Revista de Psicoanálisis*, n. 3, p. 278-298, 1946.

ALEXANDER, F.; STAUB, H. (1929) *The criminal, the judge and the public*. New York: The Free Press of Glencoe, 1956.

BERGLER, E. Suposiciones sobre el "mecanismo de criminosis". *Revista de Psicoanálisis*, n. 3, p. 65-99, 1945.

BERNABEAU, E. P. Underlying ego mechanisms in delinquency. *Psychoanaytic Quarterly*, n 27, p. 383-396, 1958.

BETTELHEIM, B.; SYLVESTER, E. Delinquency and morality. *Psychoanalytic Study of Child*, v. 5, p. 329-342, 1950.

BOWLBY, J. (1969) *Apego e perda*. São Paulo: Martins Fontes, 1987. 3 v.

_____. (1976) *Cuidados maternos e saúde mental*. São Paulo: Martins Fontes, 1991.

BROMBERG, W. Dynamic aspects of psychopathic personality. *Psychoanalytic Quarterly*, v. 17, p. 58-70, 1948.

COSTA, J. F. *Violência e psicanálise*. Rio de Janeiro: Graal, 1986.

DEUTSCH, H. The impostor: contribution to ego psychology of a type of psychopath. *Psychoanalytic Quarterly*, v. 24, p. 483-505, 1955.

DUKES, G. The development of psycho-analytic criminology. *International Journal of Psycho-Analysis*, v. 27, p. 145-151, 1946.

EISSLER, K. R. Ego-psychological ations of the psychoanalytic treatment of delinquents. *Psychoanalytic Study of Child*, v. 5, p. 97-121, 1950.

FENICHEL, O. (1945) *Teoria psicanalítica das neuroses*. Rio de Janeiro: Atheneu, 1981.

FERENCZI, S. (1928) Psicanálise e criminologia. In: _____. *Obras completas*. São Paulo: Martins Fontes, 1992. v. 4, cap.17.

FERRAZ, F. C. *A eternidade da maçã*: Freud e a ética. São Paulo: Escuta, 1994.

FREUD, S. (1908) Moral sexual "civilizada" e doença nervosa moderna. In: _____. *Edição standard brasileira das obras psicológicas completas*. Rio de Janeiro: Imago, 1980. v. 9.

_____. (1915) O instinto e suas vicissitudes. In: _____. *Edição standard brasileira das obras psicológicas completas*. Rio de Janeiro: Imago, 1980. v. 14.

_____. (1916) Alguns tipos de caráter encontrados no trabalho psicanalítico. In: _____. *Edição standard brasileira das obras psicológicas completas*. Rio de Janeiro: Imago, 1980. v. 14.

_____. (1917) Conferências introdutórias à psicanálise. In: _____. *Edição standard brasileira das obras psicológicas completas*. Rio de Janeiro: Imago, 1980. v. 15-16.

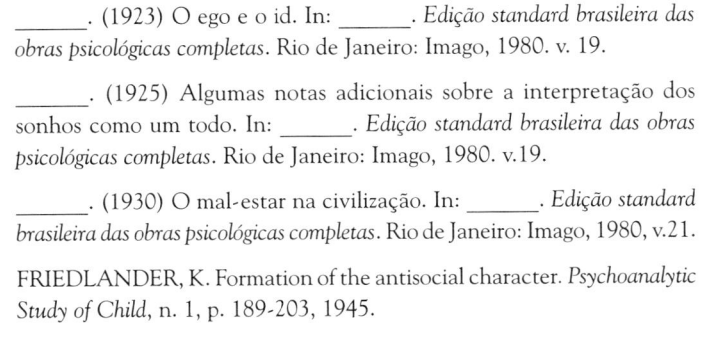

_____. (1923) O ego e o id. In: _____. *Edição standard brasileira das obras psicológicas completas*. Rio de Janeiro: Imago, 1980. v. 19.

_____. (1925) Algumas notas adicionais sobre a interpretação dos sonhos como um todo. In: _____. *Edição standard brasileira das obras psicológicas completas*. Rio de Janeiro: Imago, 1980. v.19.

_____. (1930) O mal-estar na civilização. In: _____. *Edição standard brasileira das obras psicológicas completas*. Rio de Janeiro: Imago, 1980, v.21.

FRIEDLANDER, K. Formation of the antisocial character. *Psychoanalytic Study of Child*, n. 1, p. 189-203, 1945.

_____. *Psicoanálisis de la delincuencia juvenil*. Buenos Aires: Paidós, 1950.

GAY, P. *Freud*: uma vida para o nosso tempo. São Paulo: Companhia das Letras, 1988.

GENET, J. *Diário de um ladrão*. Rio de Janeiro: Nova Fronteira, 1983.

JOHNSON, A.M.; SZUREK, S. A. The genesis of antisocial acting out in children and adults. *Psychoanalytic Quarterly*, v. 21, p. 323-343, 1952.

JOSEPH, B. (1960) Algumas características da personalidade psicopática. In: FELDMAN, N.; & SPILLIUS, E. B. (Orgs.). *Equilíbrio psíquico e mudança psíquica*. Rio de Janeiro: Imago, 1992.

KANT, I. (1785) Fundamentação da metafísica dos costumes. In: _____. *Os Pensadores*. São Paulo: Abril Cultural, 1974.

KARPMAN, B. El niño delincuente psicopático. *Revista de Psicoanálisis*, n. 16, p. 178-183, 1959.

KERNBERG, O. F. Perversão, perversidade e normalidade: diagnóstico e considerações terapêuticas. *Revista Brasileira de Psicanálise*, v. 32, n. 1, p. 67-82, 1998.

KLEIN, M. (1934b) Uma contribuição à psicogênese dos estados maníaco--depressivos. In: _____. *Contribuições à psicanálise*. São Paulo: Mestre Jou, 1981a.

_____. (1932) *Psicanálise da criança*. São Paulo: Mestre Jou, 1981b.

_____. (1934a) Sobre a criminalidade. In: _____. *Contribuições à psicanálise*. São Paulo: Mestre Jou, 1981c.

_____. (1927) Tendências criminais em crianças normais. In: *Contribuições à psicanálise*. São Paulo: Mestre Jou, 1981d.

_____. (1946) Notas sobre alguns mecanismos esquizoides. In: HERRMANN, F. A.; LIMA, A. A. (Orgs.). *Melanie Klein*. São Paulo: Ática, 1982.

LAGACHE, D. (1958) *A psicanálise*. Rio de Janeiro: Difel, 1978.

LAPLANCHE, J. Reparação e retribuição penais: uma perspectiva psicanalítica. In: _____. *Teoria da sedução generalizada*. Porto Alegre: Artes Médicas, 1988. cap. 6.

_____.; PONTALIS, J.-B. (1967) *Vocabulário da psicanálise*. São Paulo: Martins Fontes, 1985.

MARTINS, C. Bases psicodinâmicas da delinquência. *Revista Brasileira de Psicanálise*, v. 25, p. 175-184, 1991.

MICHAELS, J. J.; STIVER, I. P. The impulsive psychopathic character according to the diagnostic profile. *Psychoanalytic Study of Child*, n. 20, p. 124-141, 1965.

PETOT, J.-M. *Melanie Klein II*. São Paulo: Perspectiva, 1988.

PLATÃO *A República*. Lisboa: Fundação Calouste Gulbenkian, 1987.

ROLLA, E. H. Consideraciones sobre la organización psicopática de la personalidad. *Revista de Psicoanálisis*, n. 30, p. 17-73, 1973.

RUBEN, M. Delinquency, a defense against loss of objects and reality. *Psychoanaitic Study of Child*, n 12, p. 335-355, 1957.

SCHMIDEBERG, M. The psycho-analysis of asocial children and adolescents. *International Journal of Psycho-Analysis*, v. 16, p. 22-48, 1935.

_____. Delinquent acts as perversions and fetishes. *International Journal of Psycho-Analysis*, v. 37, p. 422-424, 1956.

SHINE, S. K. *Psicopatia*. São Paulo: Casa do Psicólogo, 2000.

SYMINGTON, N. The response aroused by the psychopath. *International Review of Psycho-Analysis*, v. 7, p. 291-298, 1980.

WESTWICK, A. Criminology and psychoanalysis. *Psychoanalytic Quarterly*, v. 9, p. 269-282, 1940.

WINNICOTT, D. W. (1950) Agressão e sua relação com o desenvolvimento emocional. In: _____. *Da pediatria à psicanálise*. Rio de Janeiro: Francisco Alves, 1982a.

_____. (1957a) A moralidade inata do bebê. In: _____. *A criança e o seu mundo*. Rio de Janeiro: Zahar, 1982b.

_____. (1957b) Roubar e dizer mentiras. In: _____. *A criança e o seu mundo*. Rio de Janeiro: Zahar, 1982c.

_____. (1939) Agressão. In: _____. *Privação e delinqüência*. São Paulo: Martins Fontes, 1987a.

_____. (1960) Agressão, culpa e reparação. In: _____. *Privação e delinqüência*. São Paulo: Martins Fontes, 1987b.

_____. (1946) Alguns aspectos psicológicos da delinqüência juvenil. In: _____. *Privação e delinqüência*. São Paulo: Martins Fontes, 1987c.

_____. (1966) Ausência de sentimento de culpa. In: _____. *Privação e delinqüência*. São Paulo: Martins Fontes, 1987d.

_____. (1963a) O desenvolvimento da capacidade de envolvimento. In: _____. *Privação e delinqüência*. São Paulo: Martins Fontes, 1987e.

_____. (1964) Raízes da agressão. In: _____. *Privação e delinqüência*. São Paulo: Martins Fontes, 1987f.

_____. (1956) A tendência antissocial. In: _____. *Privação e delinqüência*. São Paulo: Martins Fontes, 1987g.

_____. (1968) Delinquency as a sign of hope. In: _____. *Home is where we start from*. London: Peguin Books, 1990a.

_____. (1963b) Moral e educação. In: _____. *O ambiente e os processos de maturação*. Porto Algre: Artes Médicas, 1990b.

_____. (1958) Psicanálise do sentimento de culpa. In: _____. *O ambiente e os processos de maturação*. Porto Alegre: Artes Médicas, 1990c.

WITTELS, F. The position of the psychopath in the psycho-analytic system. *International Journal of Psycho-Analysis*, v. 19, p. 471-488, 1938.

_____. Cleptomania y otros delitos psicopáticos. *Revista de Psicoanálisis*, n 6, p. 511-525, 1948.

7.
Violência e medo[1]

Os processos políticos, sociais e culturais são demasiado complexos para que a psicanálise possa dar conta deles sozinha: será necessário relembrar este truísmo? Sim, porque não é um truísmo. O psicanalista inclina-se facilmente a passar do axioma segundo o qual o inconsciente codetermina todos os nossos pensamentos e todas as nossas ações ao sofisma segundo o qual este co- pode ser negligenciado (Renato Mezan)[2]

Violência e medo são dois fenômenos psicossociais entrelaçados que marcam nossa vida cotidiana. Sua compreensão e sua abordagem escapam à esfera de um único saber específico: envolvem a economia, as ciências sociais em geral, a política e a psicologia.

---

[1] Este texto foi apresentado no dia 26 de novembro de 2000, na mesa-redonda "Violência e medo na cultura contemporânea", dentro do Simpósio *Psicanálise & Ciência*, paralelo às exposições *Freud: Conflito & Cultura* e *Brasil: Psicanálise & Modernismo*, promovido pela Associação Brasileira de Psicanálise, pela Sociedade Brasileira de Psicanálise de São Paulo e pelo Instituto de Estudos Brasileiros da USP; foi publicado originalmente na revista *Pulsional*, ano XIV, n. 147, pp. 12-20, 2001.

[2] "Freud, ética e cultura". In: *Tempo de muda*: ensaios de psicanálise. São Paulo: Companhia das Letras, 1998; p.236

Teria a psicanálise alguma contribuição a dar neste debate? Parece-me que sim, desde que tenhamos a cautela recomendável em relação aos usos que fazemos da teoria psicanalítica, que não é e nem pode ser um corpo conceitual polivalente que dê conta de tudo explicar e em tudo intervir.

Hoje em dia multiplicam-se, nos veículos de divulgação psicanalíticos, trabalhos que buscam explorar as relações entre o sofrimento psíquico na atualidade – refiro-me às chamadas "novas formas de psicopatologia" – e as características mais marcantes da vida contemporânea: globalização, avanços tecnológicos formidáveis, cultura de massa, transformações de toda ordem na família, nas relações sociais, no trabalho, na ética e na moral, etc. No nosso meio, em particular, a presença constante da violência e a insegurança constituem-se fatores sociais que não podem ser deixados de lado quando pensamos na produção das subjetividades e no sofrimento psíquico atual.

Pois bem, partindo da psicanálise, o que temos a dizer sobre violência que grassa em nosso meio e de seu correlato, que é o medo e a insegurança que nos assolam vinte e quatro horas por dia? O que a psicanálise tem a dizer sobre isso?

Em primeiro lugar, cabe delinear duas frentes de indagação necessárias:

1. Precisamos constantemente pensar como emprestar nosso referencial teórico psicanalítico ao debate interdisciplinar para, de um modo crítico, formular uma teoria a respeito do que acontece intrapsiquicamente ao sujeito que, por um lado, entrega-se à prática da violência e, por outro, àquele que vive

assolado pelo medo de a ela ser submetido. Para tanto, é fundamental que reconheçamos a realidade da violência social, para além do mundo interno de cada cidadão.

2. Conhecendo os efeitos da barbárie sobre o funcionamento psíquico das pessoas, precisamos revisar nossos dispositivos técnicos a fim de examinar suas reais possibilidades de lidar com tais realidades e, assim, de criar novos recursos que permitam ajudar efetivamente as pessoas e as instituições que se utilizam de nosso saber e de nossa intervenção.

Algumas tentativas de levar a cabo tal empreendimento já foram feitas, de modo brilhante, em nosso meio. Hélio Pellegrino (1987), nos anos 1980, já se ocupava desta questão. Em um artigo que se tornou bastante conhecido, "Pacto edípico e pacto social", ele levantou a tese de que a impossibilidade de se manter o pacto social – garantia da coesão nas sociedades humanas – teria como corolário a ruptura do pacto edípico. Em uma sociedade como a nossa, em que a luta de classes ganha um estatuto de guerra social declarada, o rompimento do pacto social, ao implicar a ruptura com o pacto edípico, desencadeia condutas pré-edípicas delinquentes e predatórias de cunho homicida. A falência do Estado como autoridade capaz de assegurar a lei – portanto, o pacto social – consolida de modo muito eficaz tal ruptura. Se os políticos que nos governam são corruptos, por que devo eu preservar a ética e me "dar mal"? Esta é a lógica que decorre da constatação de que aquele que me multa por sonegar impostos é o primeiro a sonegar; a polícia que eu pago para me dar segurança pode me assaltar; e assim por diante. Poderes paralelos vão se constituindo, tal como o do narcotráfico, no vácuo deixado pelo Estado e em desafio a ele. A certeza da impunidade, por sua vez, estimula a violência exercida não só por criminosos provenientes do mundo de excluídos sociais, mas sobretudo daqueles que, pertencendo à classe de favorecidos, sabem estar distante do braço da lei: "filhos de papai" que assaltam entregadores de pizza, espancam e assassinam prostitutas e homossexuais, ateiam fogo em índios, praticam rachas de automóveis, promovem lutas de gangues etc.

Outro psicanalista que dirigiu seus esforços para a compreensão da violência foi Jurandir Freire Costa (1984), cujos artigos sobre essa problemática sempre partiram, simultaneamente, de uma fundamentação teórica rigorosa e de um ponto de vista engajado. Ora, tal engajamento é única possibilidade de produção de uma contribuição viva e não estéril aos problemas que têm, no fundo, determinação política e econômica: surgem da injustiça social, do abismo entre pobres e ricos, cidadãos de primeira classe e excluídos sociais. Temos hoje crianças de rua, sem teto, de um lado, e crianças sem rua, reclusas em casas e condomínios, de outro. Duas categorias de pessoas. Como teorizar sobre isso sem indignação?

Tomemos o problema em sua base: no mundo da violência, em que uma classe de excluídos contrapõe-se a outra de abastados, é o próprio critério para a definição do que é o *semelhante* – por extensão, o que é considerado humano e, assim, relevante – que se torna prejudicado. Disto resulta que haverá vidas que importam e vidas que não importam. Se não, vejamos um exemplo banal desta realidade: um rapaz de dezoito anos assalta, numa zona residencial nobre da cidade de São Paulo, um menino de quatorze. Para levar seu tênis de marca, não hesita em disparar dois tiros e abatê-lo ali mesmo na calçada. Barbárie? Sem dúvida. O assaltante ali nada vira senão um par de tênis, emblema do acesso ao consumo, sem o qual simplesmente não se existe em nossa sociedade. Para ele, a vida que ali estava presente não tinha o menor valor. Ele *não se identificava* com o garoto, não reconhecia nele um *semelhante*, mas apenas o possuidor de um par de tênis – e de todo um lugar no mundo, é claro – que a ele era negado.

Pois bem, noticiado o crime, um radialista inflamado defende a pena de morte do assassino. Um político aproveita-se do ocorrido para defender não apenas a pena de morte, mas para fazer proselitismo da suspensão dos direitos humanos para os bandidos, insistindo em uma política não de solução para o problema, mas de aprofundamento de abismos. Se este rapaz é torturado ou morre "acidentalmente" na cela de um distrito policial, isso não vai causar muita comoção, "pois bem que ele o mereceu". Este é o raciocínio que vigora.

Pronto. Está completo o círculo vicioso: qual o valor que tem a vida do bandido pobre? Um pouco menos – pouca coisa – do que a vida do pobre que nem bandido é. A moral da história é que um lado da trincheira, exatamente como soi ocorrer nas situações de guerra, não vê diante de si uma vida que tem o mesmo sentido e o mesmo valor que a sua própria, mas algo sem importância que é melhor remover. Em 1992, quando houve o massacre do Carandiru, em São Paulo, era visível a reação de júbilo de grande parte da população diante do assassinato de 111 presos. Outra parte reagiu com indiferença. Paulo Sérgio Pinheiro (2000) analisa o problema da persistência da prática da tortura em nosso país mostrando como as elites brasileiras, com o fim da ditadura militar, passaram a se lixar para este problema simplesmente pelo fato de estarem elas próprias a salvo dos torturadores.

Mas o problema da violência não pode, de modo algum, ser circunscrito a uma consequência da luta de classes, sob pena de estigmatizarmos os pobres como violentos e os ricos e remediados como violentados! Afinal, a maior violência parte da classe dominante, que mantém uma situação de exclusão em que vidas não são poupadas, crianças são exploradas e idosos não têm assistência digna. As gangues violentas surgem do seio das classes média e alta. Jovens de famílias abastadas e que tiverem acesso à educação em "boas" escolas (leia-se "escolas de elite") ateiam fogo em índios e mendigos e assaltam casas vizinhas às suas nos condomínios fechados em que vivem, supostamente protegidos da violência que vem "de fora". Portanto, para além da óbvia situação de violência criada e sustentada pela luta de classes, há que se falar em uma *cultura da violência*, na qual é o valor da vida alheia que é banalizado. A cultura da violência é eminentemente narcísica: é o valor do outro que esmorece.

Mas e a psicanálise, o que pode dizer disto? É incrível como ainda escutamos respostas simplistas, tais como a da "ação inelutável da pulsão de morte" na destruição do outro, no ódio narcísico à diferença e assim por diante. Trata-se de postulações conformistas que se utilizam da psicanálise não para buscar saídas, mas para justificar fatos indesejáveis. Já não estamos mais diante de um problema científico, mas eminentemente ético: o uso que fazemos das palavras e, por extensão, das teorias. Assim, como poderíamos caracterizar os exemplos de solidariedade que também abundam à nossa volta? O que leva determinadas pessoas e grupos sociais a se dedicarem a causas de excluídos, recusando-se a aceitar passivamente que se destitua de valor humano os criminosos, viciados, travestis, doentes de toda espécie etc.? Seriam apenas exemplos de formação reativa? Culpa intolerável? O que faz com que a verdadeira massa de excluídos não seja delinquente, mas composta por pessoas que esperam pela alternativa de trabalhar honestamente, mesmo que esta não seja a opção mais lucrativa?

Sem dúvida, pensar na invencibilidade da tendência destrutiva entre os homens pode ser uma herança pouco criativa da própria concepção freudiana acerca da verdadeira essência do ser humano: uma variação do *homo homini lupus* hobbesiano. É possível, por exemplo, positivar a conduta da solidariedade, bem como relativizar a concepção da maldade como decorrência de uma pulsão de morte inata e irrevogável, em favor de uma posição que conceba a ética como uma formação apoiada nos desdobramentos da experiência humana de cada um no contato com seus "outros" significativos. Assim, podemos partir para a afirmação de que se aprende, sim, a ver em outro ser humano um semelhante, sendo esta uma crença moral irredutível que se torna parte integrante da identidade subjetiva de alguém. De modo diverso, aprende-se que o outro é apenas um obstáculo a ser removido, abolindo-se, assim, sua essência humana, na medida em que ele pertence a outra classe social, a outra religião, a outro povo, a outra raça, a outra identidade sexual etc.

A humanidade sempre produziu utopias, e nem sempre precisou da psicanálise para que inventasse algumas belíssimas. A arte, em todas as suas formas, sempre foi um veículo privilegiado para a sua expressão. Eu poderia lembrar diversos filmes contemporâneos que têm veiculado alguma forma de utopia para nossos dias de violência, segregação e exclusão. Mas, apenas como exemplo, mencionarei *O Primeiro Dia*, de 1999, dirigido por Daniela Thomas e Walter Salles.

Neste filme, os dois lados do muro da exclusão se tocam de maneira inusitada: no exato momento da passagem de ano, em meio à ruidosa comemoração do *réveillon*, um presidiário foragido, perseguido pela polícia para ser morto, esconde-se na laje de cobertura de um prédio em Copacabana. E é ali que ele vem a impedir que uma moça de classe média, abandonada pelo marido de forma abrupta, cometa um suicídio. Em um momento quase fugaz, assistimos ao encontro improvável de sofrimentos humanos que não podiam se reconhecer: ele, mergulhado no mundo do crime, da violência bárbara, das penitenciárias, enfim, no sofrimento humano próprio do submundo, do morro e das favelas; ela, moradora do edifício de classe média em Copacabana, abandonada pelo marido, imersa em um drama existencial: uma crise depressiva e um sentimento insuportável de fracasso amoroso. O que o filme desnuda é exatamente o abismo entre vidas humanas que, neste momento de desgraça comum, tocam-se em reconhecimento mútuo. Ele fala de uma cena *improvável*, mas *possível*!

E a psicanálise, veicula alguma utopia? Penso que sim. O próprio Freud, pessimista em seus últimos textos, foi criticado por ter desencorajado o ânimo terapêutico dos analistas que o seguiam, por ter capitulado diante da inexorabilidade da pulsão de morte nos quadros masoquistas e na reação terapêutica negativa. Contudo, sua psicanálise veicula, sim, uma utopia, incrustrada em meio à concepção do desenvolvimento do sujeito psíquico que, tendo seu início marcado pela posição libidinal narcísica, vai, aos poucos, investindo em objetos do mundo, que para ele passam a existir e a ganhar relevância. Freud vê na predominância da libido objetal sobre a narcísica não apenas a base da saúde mental, mas o princípio dos sentimentos éticos do sujeito. Karl Abraham (1924), tratando do desenvolvimento psicossexual através da teoria da libido, compreende a aquisição do senso de justiça e a capacidade de tolerância como predicados do acesso à genitalidade. Melanie Klein avança sobre este ponto ao postular o mecanismo de *reparação* como testemunho da consideração pelo objeto externo ao ego, e Winnicott, por fim, mostra como o ambiente bom e receptivo pode promover não só a integração do sujeito em um *self* verdadeiro, mas também favorecer a sua preocupação em relação ao outro. Portanto, ao falar em acesso à alteridade, a psicanálise promove, simultaneamente, uma teoria do desenvolvimento do sujeito no sentido da saúde mental e do reconhecimento do outro em sua plenitude de *semelhante*, portanto, daquilo que é o elemento central da ética.

Para finalizar, gostaria de acrescentar algumas palavras sobre o processamento disto tudo na nossa clínica psicanalítica de cada dia. A violência e o medo estão presentes diariamente em nossos divãs. Nossos pacientes do consultório particular temem ser assaltados no trânsito; alguns vivem ilhados em condomínios fechados, outros mandam blindar seus carros; outros, ainda, chegam às suas sessões cercados de seguranças, e assim por diante. Alguns foram, efetivamente, vítimas de atos violência cruéis em assaltos e estupros, tiveram familiares e amigos assassinados; outros perderam suas economias nas mãos de bandidos de colarinho branco que permanecem impunes; alguns foram contaminados por doenças incuráveis por negligência dos serviços de saúde em transfusões de sangue.

Diante da realidade deste medo ou desta revolta contra a violência, cabe-nos, sim, distinguir quando estamos diante dela ou diante de sintomas fóbicos e paranoides. Remeter a brutal realidade exclusivamente ao mundo interno de cada paciente, como se sua referência a ela fosse apenas expressão metafórica de sua própria violência, pode constituir-se em mais uma violência, agora reiterada.

Este ponto de vista, infelizmente ainda pouco explorado nos trabalhos sobre a clínica psicanalítica, é defendido por Marilucia Melo Meireles (2001), que propõe um encaminhamento original para este problema. Diante de uma "queixa" do paciente em relação à violência de que é vítima, não basta fazer intervenções que tomem o relato do paciente exclusivamente em sua dimensão de dado clínico, ligando-as na cadeia de representações ou vinculando o relato ao contexto transferencial e examinando os mecanismos projetivos.

Este tipo de conduta minimiza o aspecto social – a patologia da sociedade – que engendra o medo diante da violência. Ambos, analisando e analista, encontram-se imersos neste contexto. Não é possível, nestes casos, negar a externalidade social, sob pena de "[...] banalizar a indignação do paciente e conformar-se de que tal relato pertence ao registro do imodificável, aumentando mais sua fragmentação psíquica" (MEIRELES, 2001, p. 102). Cumpre dar ao paciente o direito de discriminar a patologia social, visto que a sessão pode ser, talvez, "o único lugar a ele oferecido para legitimar sua revolta".

Referências bibliográficas

ABRAHAM, K. (1924) Breve estudo do desenvolvimento da libido, visto à luz das perturbações mentais. In: _____. *Teoria psicanalítica da libido*. Rio de Janeiro: Imago, 1970.

COSTA, J. F. *Violência e psicanálise*. Rio de Janeiro: Graal, 1984.

FERRAZ, F. C. *A eternidade da maçã*: Freud e a ética. São Paulo: Escuta, 1994.

MEIRELES, M. M. *Anomia*: a patologia social na virada do milênio. São Paulo: Casa do Psicólogo, 2001.

MELTZER, D. *O desenvolvimento kleiniano I*: desenvolvimento clínico de Freud. São Paulo: Escuta, 1989.

PELLEGRINO, H. Pacto edípico e pacto social. In PY, L. A. (Org.). *Grupo sobre grupo*. Rio de Janeiro: Rocco, 1987.

PINHEIRO, P. S. Tortura: a omissão das elites. *Folha de São Paulo*, 30/10/2000, p. A-3.

8.

DAS NEUROSES ATUAIS À PSICOSSOMÁTICA[1]

Os estudos iniciais de Freud sobre as neuroses ficaram marcados pela distinção que ele fazia entre as chamadas *neuroses atuais* e as *psiconeuroses*. Ocorre que, aos poucos, o conceito de neurose atual foi deixando de aparecer em seus trabalhos, como que sendo colocado à parte do campo propriamente psicanalítico. No entanto, é interessante observar-se, hoje em dia, como muitos dos aspectos por ele descritos como peculiares às neuroses atuais podem se articular com aquilo que se compreende atualmente como campo da psicossomática.

A expressão "neurose atual" apareceu na obra de Freud (1898), pela primeira vez, no artigo "A sexualidade na etiologia das neuroses". Nesse trabalho, ele afirmava que a principal causa atuante na origem de toda neurose repousa sobre a vida sexual do paciente, afirmação que viria a constituir-se como

---

[1] Este texto foi apresentado no dia 24 de novembro de 1995, no *I Simpósio de Psicanálise e Psicossomática*, promovido pelo Curso de Psicossomática do Instituto Sedes Sapientiae; foi publicado originalmente na revista *Percurso*, ano VII, n. 16, pp. 35-42, 1996 e reproduzido no livro *Psicossoma I: psicanálise e psicossomática*, organizado por Flávio Carvalho Ferraz, Rubens Marcelo Volich, São Paulo, Casa do Psicólogo, 1997, pp. 23-28.

pedra fundamental para toda a estruturação da psicanálise. Mas Freud alertava para o fato de que o papel desempenhado pela sexualidade pode ser bastante diferente de acordo com o caso. Deste modo, aparecia, neste artigo, a necessidade de se classificarem os casos de neurose – a partir do diagnóstico feito com base em um cuidadoso exame da sintomatologia – em dois grupos: o da *neurastenia* e o da *psiconeurose* (histeria e obsessões), existindo ainda a ocorrência, muito frequente, de casos em que os sintomas de ambos os grupos aparecem combinados.

Nos casos de neurastenia, era possível, segundo Freud, chegar-se, a partir da anamnese, à descoberta do fator etiológico, presente na vida sexual do paciente, que teria dado origem à doença. Isto porque este fato deveria fazer parte de sua vida atual ou do período posterior à maturidade sexual. Já nas psiconeuroses, constatou Freud, uma anamnese deste tipo não traria resultados. Embora o fator etiológico certamente se encontrasse vinculado à vida sexual, o paciente não seria capaz de conhecer tal vinculação:

> Por um curioso trajeto circular [...] é possível chegar a um conhecimento dessa etiologia e compreender porque o paciente foi incapaz de falar-nos qualquer coisa a respeito. Pois os eventos e influências que estão na raiz de toda psiconeurose pertencem não ao momento presente, mas a uma época de vida há muito passada, que é como se fosse uma época pré histórica – à época da infância inicial; e eis

porque o paciente nada sabe deles. Ele os esqueceu – embora apenas em um certo sentido. (FREUD, 1898, p. 293-294)

Esta passagem deixa nítido o fato de que Freud já condensava aí toda uma teoria das psiconeuroses que ainda estava por ser desenvolvida em detalhes, mas cujos pilares – a sexualidade infantil e o recalque – estavam construídos.

Igualmente importante era a observação da distinção entre a psiconeurose e a neurastenia (aqui no caso, protótipo de toda neurose atual). Nesta última, a etiologia seria contemporânea, e não infantil; ou seja, haveria outra relação de temporalidade entre causa e sintoma. O termo *atual*, conforme observaram Laplanche e Pontalis (1967), "[...] deve pois ser tomado em primeiro lugar no sentido de uma 'atualidade' no tempo" (p. 382). Ainda na distinção com relação à psiconeurose, lembram estes autores que o termo *atual* "[...] vem a exprimir aqui a ausência daquela mediação que encontramos na formação dos sintomas da psiconeurose (deslocamento, condensação etc.)" (p. 382). Freud já alertara – antecipando a importância que isso viria a ter no futuro para as expansões da teoria e da clínica psicanalíticas – para o fato de que havia duas formas bastante diferentes de se processar a excitação psíquica: transformando--a diretamente em angústia – donde resultariam sintomas predominantemente somáticos ou não simbólicos – ou então procedendo-se à mediatização simbólica, donde resultariam sintomas eminentemente psíquicos.

Desse modo, o que delimitaria o domínio das chamadas neuroses atuais não seria apenas esta peculiar relação de temporalidade. Seriam também as características *somáticas* da sintomatologia. É assim que, na neurastenia, podiam ser encontrados sintomas tais como: "pressão intracraniana, inclinação à fadiga, dispepsia, constipação, irritação espinhal etc". Em outro subgrupo das neuroses atuais, o das chamadas *neuroses de angústia*, este tipo de sintomatologia teria menos importância; os traços sintomatológicos proeminentes estariam todos gravitando em torno do "sintoma nuclear" da angústia, e seriam: "sobressalto, inquietude, ansiedade expectante, ataques de angústia completos, rudimentares ou suplementares, vertigem locomotora, agorafobia, insônia, maior sensibilidade à dor etc."

A distinção entre estas duas modalidades da neurose atual – a neurastenia e a neurose de angústia – já fora feita por Freud antes mesmo do aparecimento do próprio termo *neurose atual*. Já no ano de 1894, quando em seus trabalhos anteriores constava somente a figura da neurastenia, Freud publicou o artigo "Sobre os critérios para destacar da neurastenia uma síndrome particular intitulada 'neurose de angústia'", no qual descrevia esta nova possibilidade diagnóstica, caracterizando seus sintomas como "manifestações imediatas da angústia ou como rudimentos equivalentes dela" (FREUD, 1897, p. 277). Assim, a neurose de angústia seria resultado de uma transformação direta do fator quantitativo do representante pulsional em angústia. Verifica-se neste quadro, conforme observação de Laplanche e Pontalis (1967),

> [...] a ausência ou insuficiência de 'elaboração psíquica' da excitação sexual somática, pelo que esta não pode transformar-se em 'libido psíquica', a não ser entrando em conexão com grupos pré-estabelecidos de representações sexuais. Quando a excitação não é assim dominada, é diretamente derivada no plano somático sob a forma de angústia. (p. 385).

É por isso que, nesta neurose, predomina um tipo de angústia sem objeto nítido, tendo os fatores atuais um papel relevante na sua etiologia, tal como se dá nos casos hoje em dia classificados como síndrome do *pânico*. Para Dejours (1988), a somatização é um processo que está na continuidade da neurose de angústia: "[...] para os especialistas em psicossomática também é hábito dar muita atenção à descompensação que representa a neurose de angústia, pelo que ameaça prefigurar para o futuro na ordem das somatizações" (p. 126).

De acordo com Freud, a diferença entre neurastenia e neurose de angústia não residia apenas na sintomatologia, mas seria resultante de uma etiologia diversa:

> [...] a neurastenia pode ser sempre reportada a um estado do sistema nervoso, tal como adquirido por masturbação excessiva ou tal como procedente espontaneamente de emissões frequentes; a neurose de angústia revela influências sexuais que têm em comum o fator da continência ou da satisfação incompleta – tal como o coito interrompido, a abstinência

juntamente a uma libido viva, a chamada excitação não consumada e outros. (FREUD, 1898, p. 294).

No artigo "Moral sexual 'civilizada' e doença nervosa moderna" (FREUD, 1908), esta distinção voltou a aparecer. Fazendo, de modo bastante veemente, uma crítica ao papel repressor da civilização sobre a vida sexual, e responsabilizando--a pela causação das neuroses e da infelicidade em geral do homem, Freud reiterou a incidência do sintoma sobre o plano somático nas neuroses atuais e comparou-o aos sintomas de natureza tóxica que resultariam do excesso ou da escassez de certos "tóxicos nervosos". Em contraposição, os sintomas da psiconeurose seriam psicogênicos e estariam na dependência da "atuação de complexos ideativos inconscientes" (p. 191), isto é, *recalcados*. Podemos verificar, assim, que a concepçao diferencial da neurose atual e da psiconeurose estava mantida. Aliás, este ponto de vista nunca foi abandonado por Freud. Em outras oportunidades ele apontou que, nas neuroses atuais, "o mecanismo de formação de sintomas devia ser procurado no domínio da química (intoxicação por produtos do metabolismo das substâncias sexuais)", como mostram Laplanche e Pontalis (1967, p. 383).

Mais tarde, no artigo sobre o narcisismo, Freud (1914) dá mostras de que não havia sepultado o conceito de neurose atual, que já então passara a ser pouco mencionado, visto que seu interesse dirigia-se à investigação das psiconeuroses ou, já nesta época, *neuroses de transferência*. Neste artigo, ele introduziu uma terceira modalidade da neurose atual, a saber, a *hipocondria*. A partir de uma correspondência termo a termo entre as duas primeiras modalidades das neuroses atuais (neurastenia e neurose de angústia) com as neuroses de transferência, a hipocondria veio a se corresponder com a parafrenia (ou *psiconeurose narcísica*, designação inicial para a psicose). Assim, a hipocondria seria uma "neurose atual da parafrenia"; ou, dito de outra forma, a hipocondria estaria para a parafrenia assim como a neurastenia e a neurose de angústia estavam para a psiconeurose.

II

Pois bem. Ainda que mantida por Feud a distinção entre as psiconeuroses e as neuroses atuais, o que se verificou no desenvolvimento ulterior da psicanálise foi um progressivo abandono desta nosografia, devido à ênfase que se deu sobre o papel do recalque e da sexualidade infantil na constituição do campo propriamente psicanalítico. A ideia de *neurose atual*, sobre a qual Freud dispendeu tantos esforços, foi, silenciosamente, perdendo sua importância e caindo, pouco a pouco, no abandono. Ocorre, porém, que alguns dos *insights* freudianos a respeito das peculiaridades das neuroses atuais podem, hoje em dia, ser considerados de alta importância teórica. Entre elas, destaca-se a afirmação da sintomatologia somática – em oposição à sintomatologia psíquica das psiconeuroses – e a especificidade da relação de temporalidade entre sintoma e causa precipitante. Laplanche e Pontalis (1967), tratando da perda de força do conceito de neurose atual dentro do sistema psicanalítico de Freud, apontam para o fato de que esta antiga noção "leva diretamente às concepções modernas sobre as afecções psicossomáticas" (p. 384). Estes autores criticam ainda aquilo que pode ter sido uma espécie de ponto de opacidade na visão de Freud sobre as neuroses atuais: ele teria insistido sobremaneira no fator etiológico da não satisfação das pulsões sexuais. De fato, esta foi uma tecla na qual Freud bateu insistentemente em todos os trabalhos mencionados acima. Isto limitou o alcance de seu conceito, contrastando com uma intuição extremamente aguçada que o fez, por outro lado, enfatizar a sintomatologia somática correlata a outra relação de temporalidade, não mediatizada pelo mecanismo do recalcamento. O que Freud entreviu foi o fato de que o sintoma psicossomático não se constituía como um retorno do recalcado – da sexualidade infantil recalcada – nos moldes da psiconeurose. Aí encontramos um ponto de partida na teoria freudiana para todo o campo de estudos da psicossomática que veio a se consolidar posteriormente na França, a partir da década de 1970, dentro da Escola Psicossomática de Paris, cujos expoentes foram, no início, Pierre Marty, Michel de M'Uzan e Michel Fain, entre outros.

Mas, voltando à crítica de Laplanche e Pontalis (1967), faltou, para Freud, "tomar em conta, na gênese dos sintomas neuróticos atuais e psicossomáticos, a repressão da agressividade" (p. 384). A psicossomática contemporânea, no entanto, tem procurado preencher esta lacuna teórica, ao apontar para o papel da "violência instintiva" (DEJOURS, 1988) dirigida ao soma nos quadros de descompensação, de modo que, ao produzir um sintoma somático, o sujeito pode manter-se particularmente "normal" do ponto de vista psíquico. É deste modo que, ao traçar um quadro nosográfico para a neurose, incorporando as variações históricas que foram se processando, Laplanche e Pontalis chegaram mesmo a propor que as *neuroses atuais* fossem classificadas contemporaneamente com *afecções psicossomáticas*.

Em um breve levantamento, pode-se dizer que Freud enfatizou, no caso das neuroses atuais, aspectos tais como: a sintomatologia somática; o caráter atual do fator etiológico; a não satisfação da libido como causa precipitante do sintoma; e a transformação direta da causa em sintoma, sem a mediatização simbólica do recalque.

Todos este fatores merecem ser levados em consideração à luz de uma teoria psicossomática contemporânea, desde que cuidadosamente submetidos a uma nova leitura e rearranjados os rumos que assumiram dentro do sistema psicanalítico exclusivamente freudiano. Vejamos um a um os fatores levantados.

III

1. A sintomatologia somática, indubitavelmente, mantém-se como ponto de destaque na estrutura psíquica que diverge

essencialmente da formação neurótica. A impossibilidade da elaboração psíquica deixaria livre o acesso da excitação não representável para o plano somático. Freud já apontara, para o caso das neuroses atuais, um mecanismo em ação divergente do recalque, isto é, da existência de uma área de formação do sintoma não abrangida pela simbolização. A elaboração psíquica – processo através do qual a simbolização se exerce – seria, segundo Laplanche e Pontalis (1967),

> [...] o trabalho realizado pelo aparelho psíquico com o fim de dominar as excitações que chegam até ele e cuja acumulação ameaça ser patogênica. Este trabalho consiste em integrar as excitações no psiquismo e em estabelecer entre elas conexões associativas. (p. 196)

Ora, isto é exatamente o que acontece de forma deficiente nos processos que conduzem à somatização. Vejamos como dois psicanalistas atentos à questão da psicossomática – Pierre Marty e Joyce McDougall – procuraram dar conta desta impossibilidade de elaboração psíquica.

Marty (1991) utilizou o conceito de *mentalização* como sendo uma espécie de medida das dimensões do aparelho psíquico, que concernem "[...] à quantidade e à qualidade das representações psíquicas dos indivíduos" (p. 11). Para ele, uma boa mentalização protegeria o corpo das descargas de excitação, à medida que esta encontra abrigo nas representações existentes no pré-consciente. Um grau pobre de mentalização, ao contrário, deixaria o corpo biológico desprotegido, entregue a uma linguagem primitiva basicamente somática. As representações psíquicas, bases da vida mental, são responsáveis pela existência das fantasias e dos sonhos, longas vias associativas que permitem o escoamento das excitações, dando-lhes um substrato propriamente psíquico. Nos processos de somatização pode-se falar, então, em *insuficiência* ou *indisponibilidade* das representações pré-conscientes.

McDougall (1991) utiliza o conceito de *desafetação* para falar de algo semelhante. Os pacientes mais propensos a somatizar seriam aqueles "incapazes de recalcar as ideias ligadas à dor emocional e igualmente incapazes de projetar esses sentimentos, de maneira delirante, sobre as representações das outras pessoas" (p. 105). Delineia-se, assim, uma estrutura psíquica diferente da neurose, por um lado, e da psicose, por outro. Para McDougall, tais pacientes "ejetam brutalmente" do campo consciente as representações carregadas de afeto; não podem conter o excesso da experiência afetiva e nem refletir sobre ela. As palavras deixam de ter a função de ligação pulsional, e tornam-se "[...] estruturas congeladas, esvaziadas de substância e de significação" e o discurso mantém-se inteligível, porém totalmente destituído de afetos. A palavra, neste caso, não oferece mais proteção contra a excitação[2]. Trata-se de algo que vai na mesma linha do que Marty e M'Uzan (1994)

---

[2] McDougall (1991), fazendo uma consideração sobre a etiologia da desafetação, afirma ter encontrado na anamnese destes pacientes referências a um "[...] discurso familiar que preconizava um ideal de inafetividade e condenava qualquer experiência imaginativa" (p. 116).

designaram como *pensamento operatório*, para eles um pensamento consciente que "[...] manifesta-se sem vínculo orgânico com uma atividade fantasmática de nível apreciável e reproduz e ilustra a ação, por vezes a precede ou sucede, mas dentro de um campo temporal limitado" (p. 165-166).

2. O caráter atual do fator etiológico é um ponto bastante complexo, que introduz algumas dificuldades na articulação entre as neuroses atuais e as afecções psicossomáticas. Lembremos que, para Freud, a etiologia da neurose atual reside na vida sexual presente, em oposição à sexualidade infantil da psiconeurose. Talvez seja necessária, para que tenhamos uma maior clareza sobre este intrincado paralelo, uma separação entre temporalidade e sexualidade. De fato, no caso da psiconeurose, trata-se do sexual infantil, ou, de outra forma, do sexual *e* infantil, atualizados no sintoma por uma especial relação que Laplanche (1992) explorou em seus estudos sobre a ressignificação *a posteriori* do trauma, recapitulando um pressuposto básico da teoria das neuroses de Freud (1896) já claramente exposta no artigo "Novos comentários sobre as neuropsicoses de defesa".

Para Laplanche (1992), a teoria do *a posteriori* ou do trauma em dois tempos postula que

> [...] nada se inscreve no inconsciente humano, a não ser na relação de ao menos dois acontecimentos, separados, no tempo, por um momento de mutação que permite ao

> sujeito reagir de outra forma do que na primeira experiência, ou, melhor, reagir à lembrança da primeira experiência de outra forma do que ragiu à própria experiência. (p. 119-120)

Mas como poderíamos pensar na relação de temporalidade tendo o fenômeno psicossomático em questão? Freud simplesmente descartou o infantil, ao postular uma etiologia sexual contemporânea. Já vimos como Laplanche e Pontalis (1967) criticaram a insistência de Freud sobre a não satisfação das pulsões sexuais na etiologia das neuroses atuais. Aqui, acredito, devemos recorrer a uma distinção, possível apenas na psicanálise pós-freudiana, sobre a gênese sexual da neurose em contraposição à gênese não sexual de outras patologias mais regressivas, quando se colocam em relevo experiências primordiais relativas à sobrevivência, tal como Winnicott (1954) demonstrou existirem na origem das perturbações não neuróticas graves, como é o caso dos pacientes limítrofes, dos psicóticos e dos somatizadores.

Deste modo, a pesquisa em psicossomática acabou por dirigir-se para o campo das relações mãe-bebê, aí encontrando o solo de perturbações que teriam decorrências sobre a estruturação das defesas específicas que colocariam o somatizador em um terreno bastante diferente daquele do neurótico. Trata-se de um vastíssimo campo de investigação, que não caberia detalhar neste espaço. Apenas como demonstração, poderíamos nos remeter a McDougall (1991) e sua ideia de que, no caso do somatizador, a experiência clínica conduz à hipótese de uma falha da mãe como função de paraexcitação do bebê, o que constitui um traumatismo vivenciado na primeira infância, antes mesmo da aquisição da palavra. O bebê, assolado por sua angústia, não encontra encorajamento para, pouco a pouco, poder vivenciá-la psquicamente, e com isto caminhar no sentido de uma elaboração progressiva. Neste caso sobrevém, de partida, uma *insuficiência constitutiva* das representações mentais. Provavelmente, o contato da mãe com este bebê encontra-se marcado por uma desarmonia afetiva – no sentido da carência ou do excesso – muitas vezes verificadas em casos nos quais a própria mãe sofra de um doença somática ou se encontre deprimida ou excitada, indiferente ou excessivamente diretiva; enfim, quando se encontra, por algum motivo, impossibilidade de exercer seu papel materno satisfatoriamente. Em casos mais favoráveis, a mãe desempenharia o papel de paraexcitação nestes tempos primordiais, dando ensejo à fantasia de "um corpo para dois", sendo esta função, aos poucos, assumida pela *palavra*; no caso, palavra *afetada*.

A modalidade das experiências precoces, de acordo com o que se disse acima, coloca a somatização grave em uma vasta área nosológica que abriga diferentes diagnósticos psíquicos tais como a psicose, as adicções mais diversas e as neuroses de comportamento, todos situados em um campo diverso do da psiconeurose[3].

---

[3] Aqui se coloca a complexa questão da distinção etiológica entre a psicose e a psicossomatose. Se ambas repousam sobre uma perturbação precoce na relação entre a mãe e seu bebê, o que determinaria o rumo a ser tomado pela estruturação psíquica? Qual seria o mecanismo específico de cada saída possível, e como

Sob outro ângulo, pode-se verificar uma relação interessante entre sintoma e temporalidade em psicossomática: trata-se do papel preponderante dos fatos atuais sobre o desencadeamento das crises. Como lembra Santos Filho (1994),

> [...] desde Franz Alexander aos modernos autores norte-americanos e franceses está presente na manifestação psicossomática um acontecimento, uma cena da realidade, um fato, uma mudança nas relações com as pessoas e/ou com o ambiente, mais que uma representação ou cena imaginária, ou fantasia, como fator gerador ou desencadeante. Há uma outra via, que parte da "realidade" para o corpo. Esta, a via biológica, na qual o próprio funcionamento humoral e nervoso autônomo impõe-se ao sujeito, sem expectativa ou pedido de decodificação. (p. 115)

---

ele seria determinado? McDougall (1991) afirma que, tanto na psicose como na psicossomatose, a relação primitiva entre mãe e criança revela-nos a "violência da interpretação" (conceito de Piera Aulagnier). E supõe que a "escolha" entre psicose e psicossomatose seja devida à constelação familiar e ao papel representado pelo pai na organização psíquica. Bollas (1992), por sua vez, propõe uma teoria genética mais consistente para tal diferenciação (para ele, entre a psicose e *doença normótica*), lançando mão dos conceitos de *identificação projetiva* e de *introjeção extrativa*. Se o pai e a mãe identificam projetivamente na criança elementos cindidos e indesejados de seu próprio *self*, então sobrecarregam-na com um mundo interno complexo e caótico, como se dá no caso da personalidade limítrofe. Se, de modo diferente, os pais extraem (roubam) o conteúdo e a estrutura mental de uma criança, despojando-a dos elementos necessários para o processamento do conflito mental, então ela pode tornar-se empobrecida, como ocorre com o indivíduo normótico, propenso à somatização.

Portanto, é possível pensar que Freud deu-se conta da importância do fator atual nas neuroses atuais, mas circunscreveu-o à insatisfação da libido na vida pós-puberal. Já a pesquisa contemporânea pôs em relevo o infantil, ainda que não o sexual.

3. A não satisfação da libido como causa precipitante da neurose atual, como Freud apontava, já foi objeto de discussão acima. Vista de modo estrito, esta forma de causalidade parece frágil, como já observaram Laplanche e Pontalis (1967), ao apontarem a omissão, por parte de Freud, do papel da repressão da agressividade.

De acordo com Marty (1991), a repressão da agressividade, face a situações em que esta encontra uma fonte que a excite – apoia-se em interdições sociais ou parentais *interiorizadas*, mas não *elaboradas*. Neste caso, o sujeito pode suprimir a descarga motora substituindo-a por comportamentos que fazem parte de seu acervo de hábitos: de modo geral, seriam atividades físicas ou então sublimadas. Dejours (1988), por seu turno, chamou a atenção para a "violência da pulsão", que seria um dado a ela inerente, tendendo a ser descarregada a partir do inconsciente primário ou não representado.

Podemos afirmar, contudo, que Freud percebia um evento contemporâneo que marcava o desencadeamento da neurose atual, colocando a não satisfação da libido neste lugar etiológico. Hoje em dia, no entanto, é possível ampliar esta noção – que em Freud se restringia a uma única espécie de evento

– e pensar na especial suscetibilidade ao acontecimento (fato) verificada no somatizador, como já foi dito acima.

4. Por fim, a ausência da metabolização simbólica da excitação proveniente da pulsão – que Freud entreviu na neurose atual em contraste com as intrincadas formações produzidas pelo recalque no neurótico – pode ser considerada como figura de proa da psicossomática.

O mecanismo de repressão a que se faz alusão na psicossomática diz respeito à barreira que se instala entre o sistema pré-consciente e o consciente. Trata-se de uma repressão psíquica no sentido da evitação de uma representação adquirida, que pode se alastrar de modo a atingir mais e mais representações ligadas afetivamente às precedentes. Marty (1991) frisa que não está em questão, na gênese do sintoma somático, o mecanismo do recalque, pois tal espécie de sintoma não tem a característica de *retorno do racalcado*: no caso da repressão, a representação pode aparecer intacta em alguns momentos – sem a deformação sofrida pelo recalcado quando este retorna – para desaparecer novamente em seguida. O recalcamento, se por um lado torna inconsciente o conflito, por outro produz formações – o sonho, por excelência – que "[...] permitem colocar progressivamente em dia a história infantil do sujeito, deixando aparecer os complexos que dele resultaram (castração e Édipo, por exemplo)" (p. 37).

De fato, o mecanismo de defesa que originalmente deve ter sido estabelecido no caso da propensão à somatização em tudo diverge do recalcamento. Como já se viu, não é possível de se encontrar uma via de escoamento da excitação através da palavra, visto que o discurso se apresenta *desafetado* ou *operatório*. A descarga só pode se dar mediante o *ato*. Esta ideia, aliás, parece já presente em Freud (1913), que finalizou seu livro "Totem e tabu" fazendo uma comparação entre os povos primitivos e os neuróticos, para concluir que, nos neuróticos, "[...] o pensamento constitui um substituto completo do ato". E dá um fecho solene a seu trabalho proclamando que "no princípio foi o ato" (p. 191).

O ato do somatizador recai sobre o soma. Ao contrário da conversão histérica, quando o corpo afetado é o corpo erógeno – portanto, corpo simbólico – na somatização o corpo é mesmo o corpo biológico; daí a existência de uma lesão orgânica, muitas vezes extremamente grave. Freud já dizia que o aparelho psíquico tem por função receber e processar os estímulos externos e as manifestações pulsionais, fazendo, para tanto, uso de suas vias associativas. Quando isto não é completamente possível, entram em cena outras defesas – que não o recalcamento – que passam ao largo da mediatização pelo símbolo.

IV

Como um assinalamento final, cabe fazer uma observação a respeito das relações entre a psicanálise e a psicossomática.

Ao chamar a atenção para o papel de mecanismos diversos do recalque na determinação de um sintoma psicossomático, funda-se um novo campo de estudo e de trabalho psicoterapêutico que se assenta sobre as bases metapsicológicas psicanalíticas. A noção de *mentalização* não pertence, obviamente, à metapsicologia freudiana, tendo surgido apenas no início da década de 1970. No entanto, este conceito não poderia ter existido jamais se não fosse a partir do modelo de funcionamento mental proposto por Freud, particularmente na chamada primeira tópica. Além disso, a articulação entre as neuroses atuais e as afecções psicossomáticas salta aos olhos: a oposição percebida por Feud entre os sintomas somático e psíquico corresponde, em grande parte, ao que diferenciamos hoje como sintoma neurótico e sintoma psicossomático.

Assim, o campo da psicossomática vem a ser uma extensão da pesquisa psicanalítica, bem como o foram os estudos sobre a psicose feitos pelos ingleses[4]. Se Freud considerava o tratamento da psicose como tarefa que não se incluía no horizonte psicanalítico, com o desenvolvimento ulterior da psicanálise esta limitação deixou de fazer sentido. Do mesmo modo, Winnicott procurou demonstrar como a psicanálise poderia ser

---

[4] Gurfinkel (1996) discute a relação entre psicanálise e psicossomática, criticando a visão que procura apartar os dois campos. Diz ele: "O estudo dos fatores psíquicos presentes no adoecer somático nos coloca diante da tarefa de rever a dissociação entre mente e corpo presente na nossa tradição filosófica e científica, inclusive na psicanálise; ora, o que muitas vezes se observa é uma tendência a reproduzir esta dissociação através do estabelecimento de uma oposição estrita entre psicanálise e psicossomática, tomadas como campos rigorosamente distintos e inconciliáveis" (p. 70).

enriquecida pela experiência do trabalho com delinquentes. Maud Mannoni, por sua vez, trabalhou com crianças portadoras de retardo mental a partir da utilização de um referencial psicanalítico. Ferenczi, contemporaneamente a Freud, já ousava experimentar tratamentos de pacientes "difíceis", isto é, psicóticos, somatizadores e criminosos. Outros exemplos poderiam ser dados aqui, mas não é o caso. A psicanálise surgiu tendo como objeto a neurose, e foi-se expandindo, paulatinamente, para as diversas modalidades de patologias não neuróticas. Nesta trajetória, conceitos não freudianos importantes – como, por exemplo, os de *posição depressiva*, *identificação projetiva*, *objeto transicional*, entre muitos outros criados por diversos autores – foram se incorporando ao campo analítico. Assim é com os conceitos de *mentalização* e *pensamento operatório*.

Referências bibliográficas

BOLLAS, C. *A sombra do objeto*. Rio de Janeiro: Imago, 1992.

DEJOURS, C. *O corpo entre a biologia e a psicanálise*. Porto Alegre: Artes Médicas, 1988.

FREUD, S. (1894) Sobre os critérios para destacar da neurastenia uma síndrome intitulada "neurose de angústia". In: _____. *Edição standard brasileira das obras psicológicas completas*. Rio de Janeiro: Imago, 1980. v. 3.

_____. (1896) Novos comentários sobre as neuropsicoses de defesa. In: _____. *Edição standard brasileira das obras psicológicas completas*. Rio de Janeiro: Imago, 1980. v. 3.

_____.(1897) Sinopses dos escritos científicos do Dr. Sigmund Freud. In: _____. *Edição standard brasileira das obras psicológicas completas*. Rio de Janeiro: Imago, 1980. v. 3.

_____. (1898) A sexualidade na etiologia das neuroses. In: _____. *Edição standard brasileira das obras psicológicas completas*. Rio de Janeiro: Imago, 1980. v. 3.

_____. (1908) Moral sexual "civilizada" e doença nervosa moderna. In: _____. *Edição standard brasileira das obras psicológicas completas*. Rio de Janeiro: Imago, 1980. v. 9.

_____. (1913) Totem e tabu. In: _____. *Edição standard brasileira das obras psicológicas completas*. Rio de Janeiro: Imago, 1980. v. 13.

_____. (1914) Sobre o narcisismo: uma introdução. In: _____. Edição standard brasileira das obras psicológicas completas. Rio de Janeiro: Imago, 1980. v.1 4.

GURFINKEL, D. Psicanálise, regressão e psicossomática: nas bordas do sonhar. *Percurso*, ano VIII, n. 16, p. 69-80, 1996.

LAPLANCHE, J. *Novos fundamentos para a psicanálise*. São Paulo: Martins Fontes, 1992.

_____.; PONTALIS, J.-B. *Vocabulário da psicanálise*. São Paulo: Martins Fontes, 1986.

MARTY, P. *Mentalisation et psychosomatique*. Paris: Delagrange, 1991.

MARTY, P. & M'UZAN, M. O pensamento operatório. *Revista Brasileira de Psicanálise*, v. 28, n. 1, p. 165-174, 1994.

McDOUGALL, J. *Teatros do corpo*. São Paulo: Martins Fontes,1991.

SANTOS FILHO, O. C. Psicanálise do "paciente psicossomático". *Revista Brasileira de Psicanálise*, v. 28, n. 1, p. 111-128, 1994.

WINNICOTT, D. W. (1954) Aspectos clínicos e metapsicológicos da regressão dentro do *setting* psicanalítico. In: _____. *Textos selecionados*: da pediatria à psicanálise. Rio de Janeiro: Francisco Alves, 1978.

9.

A TORTUOSA TRAJETÓRIA DO CORPO NA PSICANÁLISE[1]

Nos últimos anos têm proliferado, nas publicações psicanalíticas, trabalhos que tratam do problema das manifestações psicopatólogicas que se articulam, de diferentes formas, ao corpo. Não mais àquele corpo da histeria – corpo erógeno ou representado – mas ao corpo biológico ou soma. Tal preocupação, evidentemente, encontra razão de ser na própria clínica contemporânea, quando se constata um aumento da incidência das patologias que, diferentemente das neuroses, ligam-se ao corpo somático, seja pela via do adoecimento, seja pela predominância da ação (*acting*) em sua manifestação (FUKS, 2000). É assim que foram povoando as publicações psicanalíticas temas como as somatizações em geral, os

---

[1] Este texto foi lido no *IV Simpósio de Psicossomática Psicanalítica*, promovido pelo Curso de Psicossomática do Instituto Sedes Sapientiae, São Paulo, no dia 26 de outubro de 2007; foi publicado originalmente na *Revista Brasileira de Psicanálise*, v. 41, n. 4, pp. 66-76, 2007, e reproduzido no livro *Psicossoma IV: corpo, história, pensamento*, organizado por Rubens Marcelo Volich, Flávio Carvalho Ferraz e Wagner Ranña, São Paulo, Casa do Psicólogo, 2008, pp. 55-68.

transtornos alimentares, o transtorno do pânico, as adicções e diversos fenômenos como a *body art*, o *barebaking*, modificações e manipulações corporais e "novos" tipos de sadomasoquismo (Silva Jr.; Lírio, 2005).

A psicanálise se viu, diante de tais manifestações, convocada a pronunciar-se sobre esta nova realidade, até porque o tipo de demanda presente nos consultórios psicanalíticos foi se alterando. Ocorre que o seu aparato teórico-clínico clássico, como sabemos à exaustão, direcionava-se às psiconeuroses; o alvo da clínica psicanalítica sempre foi o sintoma neurótico, entendido de modo bastante peculiar e distinto daquele pelo qual a medicina o define.

Uma das possíveis vertentes da investigação sobre a crescente presença do corpo na psicopatologia passa pela antropologia da sociedade contemporânea. O estudo das peculiaridades da cultura atual pode nos ajudar a formular hipóteses sobre as novas representações e os novos usos que se fazem do corpo. Mas, para a utilização destes dados na psicopatologia, deve haver uma hipótese de cunho psicológico que as fertilize; caso contrário, ficaríamos apenas com informações estanques. E qual seria a hipótese francamente psicanalítica a fazer um elo com a constatação antropológica? Ora, seria a ideia, hoje bastante aceita, de que um *excesso* não elaborável, produto de um mundo que lança uma quantidade altíssima de estímulos e exigências aos indivíduos, que impõe um processamento do tempo e das informações praticamente impossível aos sujeitos, pode conduzi-los a formas de manifestação do sofrimento psíquico por vias similares àquelas peculiares ao traumático (LIMA, 2000). Aí então as modalidades de sintoma definidas pelas defesas neuróticas, ligadas à formação de representações, de seu recalque e de seu ressurgimento sob formas simbólicas vão dando lugar a manifestações somáticas, pré-simbólicas, "brutas" ou "cruas", por assim dizer. Tais manifestações estariam mais próximas do que se convencionou chamar de *actings* do que propriamente do sintoma, na acepção clássica psicanalítica do termo. O corpo, mais do que a linguagem, seria o cenário onde estas formações se desenvolvem: tanto no plano da motricidade (que rege o *acting* dirigido ao exterior ou *acting* psicopático), como no plano anatomofisiológico (em que o *acting* se dirige ao soma, dando origem às mais diversas formas de adoecimento psicossomático).

Pois bem, podemos, assim, iniciar nossa indagação com a seguinte questão: como a psicanálise pode, hoje, se posicionar sobre o corpo somático e, mais do que isso, sobre o sintoma que se processa *no* soma? E ainda: como pode ela reposicionar seus esquemas clínicos de modo a incluir no estreito espectro da chamada "analisabilidade" estes sintomas cada vez mais frequentes?

Para tentar realizar esta tarefa, é necessário, como na expressão de Laplanche, "fazer trabalhar" Freud e a psicanálise. Partindo do já existente em Freud, pode-se procurar os pontos de seu pensamento que iluminam a compreensão das novas problemáticas. O que ali há de contribuição ao problema do corpo somático não é pouco. Assim trabalhando, é possível ver a obra de Freud em seus avanços e suas paradas, ou, como quer Laplanche, em seus "recalques". Não raramente verificar--se-á que o recalque na teoria estará articulado a aspectos do próprio objeto em questão, como tentarei demonstrar mais à frente. A partir desta perspectiva metodológica, é possível, então, fazer avançar o conhecimento e não temer a aceitação de novos conceitos que, certamente, serão necessários à ampliação do espectro teórico e clínico da psicanálise. Aqueles psicanalistas que se dedicaram ao campo da psicose já haviam provado, antes mesmo do desenvolvimento da psicossomática, que atribuir os critérios de analisabilidade aos pacientes é uma inversão. Quando se diz que certo tipo de paciente é inanalisável, atribui-se a ele o que é, em verdade, uma insuficiência do arsenal teórico-clínico momentâneo.

Partindo do conceito freudiano de "neurose atual" (FREUD, 1894), e seguindo por trilhas abertas por autores contemporâneos, proporei outras articulações entre as neuroses atuais com conceitos da própria lavra freudiana, tais como o de *trauma* e o de *pulsão de morte*. Por fim, examinarei o aproveitamento clínico desta empreitada. Apenas para antecipar sucintamente este percurso, ficaremos aqui com as seguintes afirmativas, feitas de modo extremamente sucinto, mas cujos desdobramentos veremos a seguir:

1. O corpo, em psicanálise, trata-se essencialmente de um "resto";

2. Este resto é simultaneamente resto da teoria – aquilo que foi, num determinado momento, abandonado como objeto psicanalítico – e "resto" do próprio *sujeito psíquico* em sua ontogênese, ou seja, o seu patrimônio genético herdado, que remanesce aquém da formação de um sujeito psíquico fundado na linguagem, e, portanto, marcado pela simbolização, e cujo funcionamento obedece aos esquemas filogenéticos ainda não singularizados.

3. O fato de ser "resto" na teoria decorre exatamente do fato de ser o "resto" da ontogênese psíquica, ou seja, aquilo que permaneceu, como um remanescente do corpo somático, fora da área de ação do apoio (*Anlehnung*); permaneceu, portanto, como corpo somático propriamente dito, sem se "converter" em corpo erógeno. Dejours (1991) dirá: sem sofrer o processo de *subversão libidinal*.

Freud fazia uma distinção entre as psiconeuroses e as neuroses atuais, como sabemos, as primeiras apresentando sintomas psíquicos e, as outras, sintomas somáticos. Entretanto, o que se verificou no desenvolvimento ulterior da psicanálise foi um progressivo abandono desta nosografia, devido à ênfase que se deu sobre o papel do recalque e da sexualidade infantil na constituição do campo propriamente psicanalítico. A ideia de *neurose atual*, sobre a qual dispendera tantos esforços, foi, silenciosamente, perdendo sua importância e caindo em desuso. Contudo, não se pode dizer que ele chegou a abandonar explicitamente tal categoria. Pelo contrário, ela ainda surgiria intacta em outros momentos de sua obra (FREUD, 1908, 1914, 1917).

Como explicar este crepúsculo das neuroses atuais na teoria psicanalítica? Por que Freud as teria deixado de lado? Parece que este foi o preço para que se desenvolvesse toda uma teoria das psiconeuroses, que se confundiu, até certo ponto, com a teoria psicanalítica em si mesma (FERRAZ, 1997). Em suma: quando o *corpo erógeno*, este conceito genialmente descoberto a partir do estudo da histeria, ganhou a cena como local em que se processavam os sintomas psiconeuróticos, o corpo somático sofreu um apagão no pensamento psicanalítico. É assim que as funções remanescentes do corpo –aquelas ligadas ao domínio do somático ou ao registro da necessidade – foram deixadas de lado. Como afirma Nayra Ganhito (2001), é como se o sonho tivesse tirado todo o lugar do sono, o primeiro assimilado à vida fantasmática e o segundo ao funcionamento biológico.

Dejours (1988) procura dar uma explicação histórica para este fato. Para ele, Freud se afasta progressivamente da neurofisiologia e, quando passa a falar em angústia psíquica, fala de outra angústia que talvez não seja a mesma da qual falava antes, isto é, a angústia somática (aquela das neuroses atuais). "É provável que já não fale mais dos mesmos doentes. Pois seu centro de interesse deslocou-se para os neuróticos" (p. 31), afirma. E prossegue:

> Para dizer a verdade, Freud dá lá e cá, em seus manuscritos da época, detalhes clínicos que permitem reconhecer doentes caracteropatas (*isto é, que sofrem de doenças somáticas*). Ainda perto de sua prática neurológica, não é surpreendente que Freud tenha tido muito contato com esse tipo de paciente que se encontra nas consultas médicas [...] Mas à medida que se desenvolveram suas teorias a partir da histeria, ele começa a ser conhecido por outra coisa do que tratar estados de angústia ou de nervosidade, e sua prática muda. A técnica psicanalítica contribui para trazer os neuróticos ao seu consultório, enquanto que aos poucos os primeiros pacientes se rarefazem e não têm mais o mesmo interesse por ele. (p. 32)

Na conferência *O estado neurótico comum*, o próprio Freud (1917) dá testemunho desse processo, demonstrando o seu profundo interesse pelo processo complexo pelo qual o psiconeurótico exclui suas atividades sexuais de qualquer consideração, enquanto nas neuroses atuais "[...] a significação etiológica da vida sexual é um fato indisfarçado que salta aos olhos do observador" (p. 449). Diz ele que chegara até mesmo a "sacrificar sua popularidade" junto a certos pacientes para provar sua tese sobre a participação da sexualidade na formação das neuroses, quando, nas neuroses atuais, bastara "[...] apenas um breve esforço para que pudesse declarar que, se a *vita sexualis* é normal, não pode haver neurose" (p. 450).

Pois bem, visto que a consideração às neuroses atuais, ao menos dentro dessa terminologia, foi cessando na obra de Freud, o que dizer sobre a continuidade de seu trabalho inicial, quando genialmente intuíra a divisão estrutural entre duas formas distintas de formação de sintomas e, dito de outra forma, de processamento da angústia?

Penso que uma resposta a nossa indagação pode ser buscada em seu trabalho *Além do princípio do prazer*, de 1920, que muitos veem como uma verdadeira inflexão em seu pensamento. Entretanto, é perfeitamente plausível pensar que se tratou de uma retomada daquela intuição clínica inicial que dera origem ao conceito de *neurose atual*. Pois se trata exatamente de uma psicologia do traumático, ou seja, do não representável. Nesse sentido, gostaria de priorizar, entre os diversos elementos contidos na complexa e controversa ideia de *pulsão de morte*, aquele que a define fundamentalmente como um *dispositivo antirrepresentacional*. Nesse sentido, o retorno ao estado originário (Freud diz "ao inorgânico") poderia ser visto mais como retorno ao pré-representacional, que remete diretamente ao corpo biológico primordial.

Ora, esse corpo anatomofisiológico é aquele que ficou aquém da ação da linha do apoio (*Anlehnung*), preso, portanto, ao domínio da *necessidade*, isto é, não convertido à sexualidade psíquica. Dejours (2001) foi o autor que levou às últimas consequências a teoria freudiana do *apoio*, propondo um fenômeno ao qual chamou de *subversão libidinal*. Nesta operação, que funda o corpo erógeno por sobre o corpo somático, a criança procura mostrar aos pais que seu corpo não se presta unicamente à satisfação das necessidades vitais. A boca, por exemplo, não serve mais apenas para a função de nutrição, mas também para o sugar sensual, para o morder, para o beijo e assim por diante. O processo pode até radicalizar-se quando, para tentar afirmar que a boca nem sequer serve mais ao propósito da nutrição, o sujeito recusa os alimentos, ingressando em uma anorexia. É nesse sentido que o apoio pode se definir como uma verdadeira *subversão*.

Por meio dessa subversão o sujeito liberta-se parcialmente do domínio das "[...] funções fisiológicas, dos instintos, dos seus comportamentos automáticos e reflexos, e até mesmo de seus ritmos biológicos" (p. 16). Como ironiza François Dagognet (*apud* DEJOURS, 1991), este sujeito seria quase tomado como uma miragem. No entanto, não é bem assim. A ontogênese do sujeito psíquico marca também o nascimento de um novo corpo, colonizado pela libido; o domínio da pura necessidade cede lugar aos jogos mais elaborados que pertencem ao domínio propriamente do desejo. Mas a subversão será sempre um processo inacabado, sendo possível, sob certas condições, um movimento regressivo na linha do apoio, quando a função somática, então, impor-se-á sob o domínio psíquico. Contudo, o corpo somático, após o movimento da subversão, já não será mais o mesmo, visto que uma parte da energia inerente aos programas comportamentais filogenéticos foi derivada para fins eróticos, o que retira o sujeito da determinação biológica. Instaura-se um modo de funcionamento deste corpo que agora não serve mais apenas à ordem fisiológica, mas desdobra-se em expressão de um sentido. Trata-se do que Dejours (1991) chama de *agir expressivo*, que contém uma dimensão de intencionalidade e de direcionamento ao outro.

E como se processa a subversão libidinal? Ela se dá basicamente graças à relação que se estabelece entre a criança e seus pais. O corpo erógeno surge como resultado de um "diálogo" em torno do corpo e de suas funções, que tem como ponto de apoio justamente os cuidados corporais fornecidos pelos pais. Assim, seu resultado dependerá fundamentalmente do inconsciente parental, da história dos pais, de sua sexualidade, suas inibições e suas neuroses. Aquilo que os pais comunicam à criança é captado por esta como um enigma, mas é fundamentalmente enigma também para eles, visto que pertence ao domínio do inconsciente. Trata-se daquilo que Laplanche (1992) chamou, com muita propriedade, de *significante enigmático*.

Dito de outro modo, e recorrendo a Freud, podemos pensar que este corpo erógeno que se cria a partir do apoio ou da subversão libidinal é um *corpo representado*, ou mesmo o *corpo da representação*. Esquematicamente, poderíamos afirmar: enquanto o processo de conversão, na histeria, opera sobre o corpo representado, a somatização recai sobre o corpo biológico ou somático; recai exatamente sobre a função não subvertida, portanto, não representada. E aqui nos encontramos com o papel definitivo da pulsão de morte na eclosão das patologias não neuróticas, ligadas ao registro do corpo real. Na função sobre a qual a mãe não puder "brincar", não incidirá uma subversão, permanecendo ela, então, mais suscetível às respostas menos elaboradas psiquicamente ou, o que é o mesmo, expostas às respostas estereotipadas e impessoais herdadas da filogênese. Tais respostas passarão principalmente pelo *acting*, em detrimento do pensamento, e, em vez de se expressarem como sintoma que lança mão da linguagem para se constituir, recorrerão à motricidade automática ou à descarga sobre o soma (VOLICH, 1998).

É novamente Dejours (1991) quem arrisca um ponto de vista no mínimo ousado sobre esta determinação das patologias não neuróticas, chegando ao que eu aqui proponho chamar de "teoria da somatização generalizada". Nas doenças psicossomáticas reconhecidas como tal, que são doenças orgânicas, teríamos um processo de somatização incidindo sobre uma determinada função que escapou da plena subversão libidinal. Poderia ser aqui a digestão, a respiração ou a função ligada à pele, por exemplo. O próprio sono, como mostra Ganhito (2001), é uma função biológica a ser erogeneizada, graças à riqueza dos rituais de adormecimento que a mãe proporciona ao seu bebê. A insônia, assim, poderia ser encarada como uma espécie de somatização. Quando não ocorre a subversão libidinal, a função permanece exposta ao funcionamento fisiológico, o que Dejours (1991) chama de *forclusão da função*:

> Uma *função do corpo* que não pôde se beneficiar de uma *subversão libidinal* em benefício da economia erótica durante a infância, em razão dos impasses psiconeuróticos do pais, é condenada a manter-se expulsa do jogo ou de todo

o comércio erótico. De qualquer forma, essa função é a forclusão da troca intersubjetiva (p. 30).

Dejours, de modo muito peculiar, estende esta hipótese da subversão libidinal para além das doenças classicamente reconhecidas como "psicossomáticas". Propõe que também a psicose possa ocorrer por uma falha neste processo, quando limitações parentais se colocam sobre o campo do pensamento associativo. Para ele, a psicossomática interessou-se principalmente pelas doenças viscerais – mais claramente ligadas ao soma – mas esqueceu-se de que o sistema nervoso central e o encéfalo fazem parte do corpo somático. Assim, justifica-se que a psicossomática reivindique para si o terreno das doenças mentais (esquizofrenia, paranoia e psicose maníaco-depressiva) e também neurológicas (mal de Alzheimer e doença de Parkinson, por exemplo). Ademais, considerar as doenças mentais como doenças do corpo seria coerente com as recentes descobertas das neurociências. A psicose, assim, seria uma somatização que, em vez de atingir as vísceras, atinge o cérebro, o que significa que as falhas na subversão libidinal ou o "desapoio da função" ocasionaram estragos no sistema nervoso central.

A postulação da pulsão de morte por Freud foi, sem dúvida, um retorno da temática psicopatológica presente em 1894 nas neuroses atuais. Tanto é que trouxe de volta o aspecto econômico da metapsicologia, que ficara ofuscado, por uma longa temporada, pelo aspecto dinâmico. Assim, a pulsão de morte responde pelo que veio a se chamar de "fator atual", presente nas formas de adoecimento não neuróticas, mas também presente como um fundo – resíduo ou precipitado – não elaborável ou não representável que subjaz a toda psiconeurose. Dejours (1988) afirma que Freud só pôde evocar a "angústia automática" e o "estado de aflição" (*Hilflosigkeit*) em sua última teoria da angústia porque havia, pouco antes, introduzido o conceito de pulsão de morte e falado em "neurose traumática", que, para ele, "[...] são inegavelmente o ressurgimento das neuroses atuais de 1895", quando a preocupação com o biológico volta à cena, "ao mesmo tempo em que são evocadas as doenças somáticas e a morte biológica que quase tinham desaparecido da teoria psicanalítica" (p. 33).

Ora, Freud já deixara marcado, na conferência de 1917, o fato de que um "fator atual" subjaz a toda psiconeurose. Seria algo como o limite do representável, ou, dizendo de modo livre, uma espécie de "umbigo" de todo sintoma simbólico que marca o substrato somático sobre o qual o funcionamento psíquico se assenta. Em uma metáfora do próprio Freud (1917), as influências somáticas desempenhariam o papel de um "grão de areia que o molusco cobre de camadas de madrepérola", quando se produzem os sintomas histéricos. Diz Freud ainda que

> [...] uma notável relação entre os sintomas das neuroses atuais e os das psiconeuroses oferece mais uma importante contribuição ao nosso conhecimento da formação dos sintomas nestas últimas. Pois um sintoma de uma neurose

atual é frequentemente o núcleo e o primeiro estádio de um sintoma psiconeurótico. (p. 455)

A pulsão de morte atuaria como um dispositivo contra a representação; nesse sentido, pode conduzir ao desapoio da função. Corresponde à força que leva ao que Marty (1998) chamou de "má mentalização", ou seja, um *déficit* representacional que torna empobrecidos os sistemas inconsciente e pré-consciente, fazendo-se sentir sobretudo pelo discurso concreto e objetivo e pela carência de atividade onírica.

A angústia, neste caso, seria sempre a angústia automática da qual Freud (1926) veio a falar em *Inibições, sintomas e angústia*, e que retoma, de certo modo, àquela angústia definida como descarga em 1985 no caso das neuroses atuais. Trata-se de uma modalidade de angústia que é sobretudo somática, numa contrapartida da angústia-sinal, essencialmente psíquica. A angústia automática é aquela que marca uma *falha do ego* diante do perigo, quando este, não tendo tido condições de examinar os processos da realidade, deixa-se tomar de surpresa. É claro que estamos falando aqui do trauma, ou seja, do irrepresentável que se articula exatamente à pulsão de morte. *Grosso modo*, o sujeito da neurose atual funciona no registro da neurose traumática; responde automaticamente, passando ao largo dos processos propriamente psíquicos na sua montagem sintomática. Age segundo os modelos herdados da filogênese ou aprendidos intelectualmente, mas sem a singularidade e a criatividade inerentes às formações simbólicas, essencialmente idiopáticas. Desconhece o *agir expressivo*: age sem metaforizar sua experiência na produção de uma resposta; responde, quando muito, lançando mão de uma produção metonímica.

Michel de M'Uzan (2003) retoma o problema do "fator atual" que jaz no fundo de toda psiconeurose, e que se encontra na própria superfície das neuroses atuais, para afirmar que ele constitui o fundo inanalisável do neurótico. Os traumas verdadeiros, sendo inelaboráveis, não são passíveis de se representarem; convertem-se em força degradante da energia de autoconservação. Assim, para ele, a articulação entre pulsão de morte e compulsão à repetição não é indispensável. A incidência letal da compulsão à repetição não necessita de uma referência necessária à atividade de um instinto ou de uma pulsão especial: explica-se pela degradação da energia atual, em essência um fator quantitativo que coincide com a força de autoconservação, e que passa a funcionar de modo pervertido diante do trauma verdadeiro, irrepresentável. Seria isso a que a psicanálise chamou de "pulsão de morte".

Marilia Aisenstein e Claude Smadja (2003), que, a exemplo de M'Uzan, pertencem à Escola Psicossomática de Paris, também se preocuparam com esta questão do "fator atual". Lembram que a obra de Pierre Marty é indispensável por ter definido uma "ordem psicossomática", que organizou o pensamento dos psicossomatistas da primeira geração da escola de Paris. Marty, de fato, deu particular atenção para o aspecto econômico e para a textura e a variabilidade do funcionamento mental. Foi assim que localizou e definiu o "pensamento operatório", presente em uma organização psíquica em que "[...] os delegados pulsionais, que são as representações efetivamente investidas, parecem estar ausentes" (p. 410).

> Isto que, no pensamento de Marty, aparece como carência – *déficit* do funcionamento mental – pode ser compreendido e explicitado no âmbito geral da teoria freudiana por meio da noção de pulsão de morte, que dá conta da destruição dos processos de pensamento verificados nos estados operatórios e em patologias comportamentais, que podem então ser compreendidos como resultados de um verdadeiro "dispositivo antipensamento". (AISENSTEIN; SMADJA, 2003, p. 412)

Concluo, com estes autores, propondo a ideia de que, após a segunda teoria pulsional, de 1920,

> [...] as neuroses atuais saem de sua latência teórica e são repensadas por Freud numa perspectiva econômica e se integram conceitualmente a uma introdução além do princípio do prazer [...]. Hoje não há mais dúvida de que a neurose atual contém, na sua organização, uma dimensão traumática e que a destrutividade interna é obra dos mecanismos interruptivos que privam o tecido mental de uma parte e suas pulsões eróticas. (p. 413)

E a clínica psicanalítica, o que nela se transforma com isso? Freud (1917) parecia descrente sobre a potência da psicanálise diante das neuroses atuais, deixando-as para o domínio da medicina. Chegou a afirmar que "[...] os problemas das neuroses atuais, cujos sintomas provavelmente são gerados por uma lesão tóxica direta, não oferecem à psicanálise qualquer ponto de ataque". E que esta "[...] pouco pode fazer para esclarecê-los e deve deixar a tarefa para a pesquisa biológico-médica" (p. 453).

Ora, o que a clínica psicossomática fez foi restituir à psicanálise uma problemática – o corpo – que, apenas por um equívoco, ficou-lhe alheia por tantos anos. *Grosso modo*, esta exclusão deveu-se à ideia de que aquilo que se expressa no corpo somático não tem *sentido*, tal como se compreende "sentido" no sintoma neurótico. Até mesmo para Marty (1993), um dos grandes responsáveis por este retorno do corpo, corroborava esta impressão, propondo ao doente somático uma psicoterapia não interpretativa, situada mais no plano do paraexcitação do que propriamente nos remanejamentos dinâmicos; seria uma psicoterapia centrada no aspecto econômico, por assim dizer.

A abordagem lacaniana não deixa de ir nesta mesma linha quando recusa à formação psicossomática o estatuto de sintoma – este reservado à neurose – para falar em *fenômeno psicossomático*. Este estaria privado de um caráter fundamental ao sintoma que é a sua intencionalidade – no sentido husserliano[2] –, que se traduz pela proposição de que tal "fenômeno" não estaria endereçado ao outro.

---

[2] Husserl (1901) define a estrutura da consciência como *intencionalidade*. Intencionalidade, nesta acepção, significa "dirigir-se para", "visar a alguma coisa". Para ele,

Mas seria mesmo impossível pensar que a manifestação sintomática no corpo não pode conter outro sentido, que não seja mais um "sentido" na acepção em que empregamos o termo para as psiconeuroses?

É aqui que vislumbramos a importância da noção dejouriana de *trabalho do sintoma*. Vejamos do que se trata. Quando um sintoma surge no corpo, ele é o resultado de uma simbolização que foi abortada, que não se fez. Mas não lhe podemos negar o caráter de rudimento. Isso é evidente, por exemplo, no transtorno do pânico, que fica aquém da fobia por não encontrar um objeto. Se tal sintoma é tratado apenas no plano somático, isto é, medicalizado, ele pode cessar temporariamente sem desenvolver-se em direção ao um possível sentido a que daria início se para tal fosse potente.

Mas quando este sintoma é "escutado", pode se tornar possível, sob transferência, fantasmatizá-lo nem que seja por meio de uma elaboração secundária, que não restituiria seu sentido "causal" ou "verdadeiro" – se ainda fôssemos positivistas! –, mas oferecer-lhe-ia uma oportunidade de ingressar na categoria de *formação do inconsciente*. Dejours (1991) define esta tarefa da seguinte maneira:

> A partir do seu surgimento, o sintoma pode conhecer dois destinos: ou bem a intencionalidade se detém no sintoma,

---

a consciência não é uma substância (alma), mas uma atividade constituída por *atos* (percepção, imaginação, volição, especulação, paixão etc.), com os quais visa a algo.

ou bem ela se prolonga no movimento de realização de seu sentido. [...] Se a escolha do sujeito é deter as coisas, o sintoma não tem sentido. O cenário vai de uma intencionalidade sem significação a um tratamento médico convencional, em regra, nos dias de hoje. Se a escolha é concluir o trabalho do sintoma, então talvez o sentido possa ter lugar. Com a condição, todavia, de que sua vontade encontre a do outro, e isso quer dizer, no presente caso, um analista disposto a oficializar esta intencionalidade. (p. 36)

Portanto, renuncia-se aqui à exigência de que o sentido do sintoma coincida com sua causa ou origem. Quando se mantém o foco em sua intencionalidade, o sentido pode ser encarado como contingente, produto do encontro analítico. Sua validação não obedece ao caráter anamnésico de uma verdade enfim descoberta, mas vai no sentido que lhe emprestou William James[3] e, depois, a pragmática da linguagem[4]: o sentido está

---

[3] William James (1909) subverteu a noção corrente de *verdade*, à medida que incluiu, entre as condições para sua verificabilidade, a sua *funcionalidade*. Assim, a verdade, para ele, não mais se definia como adequação entre a mente e a realidade exterior ou como coerência das ideias entre si. De acordo com o *pragmatismo* que professou, a verdade não mais era compreendida como algo dado ou já feito, para ser, então, algo que se encontra em constante processo de fazer-se. Tal concepção estendeu-se para além do domínio da ciência, adentrando os campos da moral e da religião: para William James, a crença religiosa poderia também ter seu valor de verdade. Contrapondo-se à tradição racional, ele sustentou que a verdade é tudo aquilo que pode satisfazer o desejo de compreensão global das coisas e que, ao mesmo tempo, pode constituir-se em um bem vital para um determinado indivíduo.

[4] No texto "Como nos espelhos, em enigmas", introdução do seu livro *A ética e o espelho da cultura*, Jurandir Freire Costa (1994) explicita a visão da pragmática da linguagem sobre o problema da validação de uma verdade, retomando, entre outros

na mudança psíquica que marca sua reapropriação pelo sujeito, indo de encontro à forclusão da função e estabelecendo – ou restabelecendo – o agir expressivo (algo próximo à *gestualidade* de que falava Winnicott[5]) e, não raro, levando à desaparição ou à estabilização de uma doença psicossomática, de um transtorno do pânico ou de um uso patológico da motricidade, como se verifica na hiperatividade infantil ou na incontinência motora de certos pacientes *borderlines*.

---

autores, Davidson, para quem a verdade seria um "[...] puro termo de aprovação ou de advertência, e não uma relação de correspondência ou adequação entre teoria e realidade" (p. 28). Esta asserção se presta como justificativa do valor da elaboração secundária na clínica psicanalítica do sintoma somático de que estamos tratando.

[5] Sobre o gesto nesta acepção, ver o livro *O gesto espontâneo*, de Winnicott (1990); ver também a extensa discussão feita por Decio Gurfinkel (1994) sobre a gestualidade, numa concepção da mesma que, apesar da diferença do referencial teórico, aproxima-se da ideia de *agir expressivo* de Dejours.

Referências bibliográficas

AISENSTEIN, M.; SMADJA, C. A psicossomática como corrente essencial da psicanálise contemporânea. In: GREEN, A. (Org.). *Psicanálise contemporânea*. Rio de Janeiro: Imago, 2003.

COSTA, J. F. Introdução: como nos espelhos, em enigmas. In: _____. *A ética e o espelho da cultura*. Rio de Janeiro, Rocco, 1994.

DEJOURS, C. *O corpo entre a biologia e a psicanálise*. Porto Alegre: Artes Médicas, 1988.

_____. *Repressão e subversão em psicossomática*: pesquisas psicanalíticas sobre o corpo. Rio de Janeiro: Jorge Zahar, 1991.

_____. As doenças somáticas: sentido ou sem-sentido? *Pulsional Revista de Psicanálise*, ano XII, n. 118, p. 26-41, 1999.

_____. *Le corps, d'abord*. Paris: Payot, 2001.

FERRAZ, F. C. Das neuroses atuais à psicossomática. In FERRAZ, F. C.; VOLICH, R. M. (Orgs.). *Psicossoma*: psicossomática psicanalítica. São Paulo: Casa do Psicólogo, 1997.

FREUD, S. (1894) Sobre os critérios para destacar da neurastenia uma síndrome intitulada "neurose de angústia". In: _____. *Edição standard brasileira das obras psicológicas completas*. Rio de Janeiro: Imago, 1980. v. 3.

_____. (1908) Moral sexual "civilizada" e doença nervosa moderna. In: _____. *Edição standard brasileira das obras psicológicas completas*. Rio de Janeiro: Imago, 1980. v. 9.

_____. (1914) Sobre o narcisismo: uma introdução. In: _____. *Edição standard brasileira das obras psicológicas completas*. Rio de Janeiro: Imago, 1980, v.14.

_____. (1917)Conferências introdutórias sobre psicanálise. Conferência 24: O estado neurótico comum. In: _____. *Edição standard brasileira das obras psicológicas completas*. Rio de Janeiro: Imago, 1980, v.16.

_____. (1926) Inibições, sintomas e ansiedade. In: _____. *Edição standard brasileira das obras psicológicas completas*. Rio de Janeiro: Imago, 1980, v.20.

FUKS, M. P. Questões teóricas na psicopatologia contemporânea. In: FUKS, L. B.; FERRAZ, F. C. (Orgs.). *A clínica conta histórias*. São Paulo, Escuta, 2000.

GANHITO, N. C. P. *Distúrbios do sono*. São Paulo: Casa do Psicólogo, 2001.

GURFINKEL, D. *Sonho, sono e gesto: estudo das funções intermediárias no processo onírico*. Tese (Doutorado em Psicologia). Instituto de Psicologia, Universidade de São Paulo, São Paulo, 2004.

HUSSERL, E. (1901) Investigações lógicas. In: _____. *Os Pensadores*. São Paulo: Abril Cultural, 1980.

JAMES, W. (1909) O significado da verdade. In: _____. *Os Pensadores*. São Paulo: Abril Cultural, 1979.

LAPLANCHE, J. *Novos fundamentos para a psicanálise*. São Paulo: Martins Fontes, 1992.

LIMA, A. A. S. A produção paradoxal do nosso tempo: intensidade e ética. In: FUKS, L. B.; FERRAZ, F. C. *A clínica conta histórias*. São Paulo: Escuta, 2000.

MARTY, P. *A psicossomática do adulto*. Porto Alegre: Artes Médicas, 1993.

_____. *Mentalização e psicossomática*. São Paulo: Casa do Psicólogo, 1998.

MARTY, P.; M'UZAN, M. O pensamento operatório. *Revista Brasileira de Psicanálise*, v. 28, n. 1, p. 165-74, 1994.

M'UZAN, M. No horizonte: "o fator autal". In: GRREN, A. (Org.). *Psicanálise contemporânea*. Rio de Janeiro: Imago, 2003.

SILVA Jr., N.; LIRIO, D. R. As destruições intencionais do corpo: sobre a lógica do traumático na contemporaneidade. In: FRANÇA, C. P. (Org.). *Perversão*: variações clínicas em torno de uma nota só. São Paulo: Casa do Psicólogo, 2005.

VOLICH, R. M. Fundamentos psicanalíticos da clínica psicossomática. In: VOLICH, R. M.; FERRAZ, F. C.; ARANTES, M. A. A. C. (Orgs.). *Psicossoma II*: psicossomática psicanalítica. São Paulo: Casa do Psicólogo, 1998.

WINNICOTT, D. W. (1954) Aspectos clínicos e metapsicológicos da regressão no *setting* psicanalítico. In: _____. *Textos selecionados: da pediatria à psicanálise*. Rio de Janeiro: Francisco Alves, 1978.

_____. *O gesto espontâneo*. São Paulo: Martins Fontes, 1990.

10.

POR UMA METAPSICOLOGIA DOS RESTOS DIURNOS[1]

O sonho aparece na obra de Freud como "a via régia para o inconsciente". E foi assim que ele veio a ser tratado pela psicanálise: como manifestação ou formação do inconsciente, expressão psíquica de enorme valor para a investigação na clínica psicanalítica. De modo muito sucinto, eu diria que esta abordagem inaugural – e que sempre prevaleceu – privilegiava o aspecto "deferente" dos sonhos, ou seja, sua função expressiva e demonstrativa do inconsciente que, ao lado dos sintomas e da transferência, permitia o acesso ao mundo das representações recalcadas do paciente neurótico. E assim foi pela razão de que se tratava de uma clínica da neurose.

A literatura psicanalítica contemporânea, entretanto, tem dado ênfase ao valor que o sonhar, em si mesmo, tem para

---
[1] Este texto foi apresentado no dia 14 de abril de 2011, na mesa-redonda "Para além da interpretação dos sonhos", dentro do ciclo de debates *Psicanálise em trabalho*, promovido pelo Departamento de Psicanálise do Instituto Sedes Sapientiae, São Paulo, e publicado originalmente na revista *Percurso*, ano XXIV, n. 47, 2011. Agradeço a Janete Frochtengarten, pela leitura e pelas sugestões.

vida psíquica[2]. Assistimos ao deslocamento de uma parte da preocupação com o sentido do sonho para a abordagem da função do sonhar. O aprofundamento da compreensão psicanalítica das psicopatologias não neuróticas tornou irrefreável esse encaminhamento da pesquisa em torno do sonhar. Os problemas relativos ao processo de sonhar nos pacientes psicóticos e a pobreza dos processos oníricos nos somatizadores introduziram desafios para a teoria dos sonhos que, para serem devidamente enfrentados, exigiram o exame de uma outra dimensão do sonhar, que chamarei de "via aferente" do sonho. Numa palavra, trata-se de sua função recalcadora do sonho, que responde pelo seu papel no processo de inscrição psíquica e, portanto, na constituição das representações mentais. Trata-se de um desdobramento daquilo que Christophe Dejours (1988) chamou de *perlaboração pelo sonho*.

O sentido deferente do sonho é bastante conhecido na psicanálise. Todavia, quando se observa a quase ausência de sonhos em pacientes psicossomáticos, há que se indagar a razão de tal falha. Ela não se explica por um excesso de recalcamento, que impediria as representações de se manifestarem no sonho. Ao contrário, o déficit onírico verificado resulta da falha

---

[2] Entre as diversas produções que trazem esta preocupação posso mencionar os livros *O sonhar restaurado*, de Tales A. M. Ab'Sáber (2005) e *Sonhar, dormir e psicanalisar*, de Decio Gurfinkel (2008). Remeto o leitor também aos artigos "Algumas coordenadas de leitura de *A interpretação dos sonhos*", de Renata Udler Cromberg (1997), "A interpretação dos sonhos", de Janete Frochtengarten (1997) e "A experiência de sonhar – O prazer de existir", de Maria Laurinda Ribeiro de Souza (2000).

daquele mecanismo. No caso da psicose, a ausência de uma *barreira de contato* (BION, 1991) entre inconsciente e consciente introduz uma dificuldade na caracterização do sonho à moda do que se passa na neurose. Portanto, as dimensões deferente e aferente do sonho devem guardar alguma complementaridade. Parece haver simultaneidade entre o processo de inscrição e a expressão onírica de seu objeto, que nos exigirá o exame das percepções emocionalmente significativas na vigília e as vicissitudes de seu processamento psíquico, que vai se dar de acordo com a estrutura em questão. Por fim, o exame da percepção nos conduzirá à consideração da natureza dos chamados *restos diurnos*. Vejamos passo o passo que busco demonstrar.

De acordo com o esquema teórico apresentado por Dejours (1988), o destino da percepção da realidade durante a vigília será bastante diferente, de acordo com a estrutura psíquica em questão. Claro que por "realidade" entende-se aqui não a materialidade dos objetos (que ele chama de "físico-químico"), mas sim a natureza do *encontro com o outro*. Tal realidade – o outro – é o que efetivamente solicita os sujeitos, do ponto de vista da resposta emocional. O encontro com a realidade solicitante, entretanto, contém algo de enigmático, que não se desvenda tal como se dá na percepção de coisas. Daí o recurso a uma noção que não é estranha ao texto freudiano: trata-se da *zona de sensibilidade do inconsciente*, que responde por um modo de percepção difuso, lateral, que mobiliza o mundo emocional, mas cujo objeto não se exprime, de partida, pela modalidade discursiva³. Ou seja, não se transforma diretamente em representação de palavra, exatamente por tocar de imediato em inscrições inconscientes prévias, que põem em marcha as mais variadas formas de defesa psíquica. O inconsciente recebe o estímulo da realidade diretamente da percepção, e não da representação.

É aí que os diferentes modos de processamento da percepção vão se desencadear. De forma muito sucinta, pode-se dizer que, no caso dos não neuróticos, a percepção será atacada diretamente. Por meio do *acting out* pode-se procurar destruir, na realidade, a própria fonte da percepção. Ou então, podem-se suprimir seus efeitos neutralizando-os graças à somatização. Nestes casos, com a expulsão da excitação, perde-se a oportunidade de dar início ao trabalho de inscrição e de perlaboração. Já o neurótico poderá colocar a percepção em latência e recalcá-la *por ocasião* do sonho. Vê-se aí, precisamente, a dimensão aferente do sonho, que é a sua própria dimensão funcional. Apenas quando se põe uma percepção da vigília em latência, evitando-se a descarga, é que o sujeito se encontra apto ao trabalho de inscrição da mesma. Dejours sustenta que isso ocorre durante o processo de sonhar e *por meio* dele. Assim, se o sonho é um afloramento de representações que emergem por

---

³ Penso que Freud (1895), nos "Estudos sobre a histeria", já tinha essa noção de que o inconsciente reage a percepções que podem passar ao largo da consciência. Ele afirma que, após um período livre de ataques, o histérico pode ter um novo ataque desencadeado por uma nova experiência que guarda uma semelhança com a experiência patogênica.

meio de símbolos (dimensão deferente), ele é também ocasião de produção de simbolização (dimensão aferente).

Ora, o inconsciente dinâmico ou recalcado, mediante tal processo, vai ganhando sucessivamente novas inscrições e, assim, tornando-se mais denso. A cada novo encontro com solicitações da realidade, ele não será mais o mesmo. As percepções advindas da realidade o encontrarão cada vez mais apto a responder de forma criativa às suas solicitações[4].

A parte do inconsciente implicada nos retornos do recalcado é somente a dinâmica, que foi, naturalmente, representada e recalcada. A outra parte seria o inconsciente primário, não representado, sede dos instintos, do qual o inconsciente representado vai se clivando, num processo que se dá de modo mais completo na estrutura neurótica. O sonho desempenha aí um papel central, por meio de sua função recalcadora que, como propus, é a sua dimensão aferente, ou seja, criadora e organizadora do inconsciente representado. Trata-se de uma função conservadora em relação ao aparelho psíquico, visto que tem como resultado manter dentro da tópica os pensamentos decorrentes da percepção que, de outro modo (na patologia não neurótica), seriam expulsos logo a partir de sua recusa pelo

---

[4] Penso tratar-se aqui daquilo mesmo que Bion (1991) chamou de *aprender com a experiência*, que vem a ser um contínuo desenvolvimento do mundo representacional e das possibilidades de respostas psíquicas não estereotipadas. Se, num exercício de imaginação, aplicássemos o pensamento de Dejours ao de Bion, nesse quesito, colocaríamos a ênfase no fato de que a transformação de elementos--beta em elementos-alfa tem, no sonhar, seu *locus* privilegiado. O surgimento de elementos disponíveis para o pensamento e para o sonho estaria na dependência do próprio sonhar.

pré-consciente, dada a sua natureza inquietante e, por vezes, seu potencial desagregador.

Eis, em síntese, o esquema proposto por Dejours (1988):

– o encontro com a realidade (percepção) forma uma *Gestalt* que não se exprime discursivamente, mas que desencadeia associações, por analogia, com as representações do sujeito, já inscritas no decorrer se sua história de vida singular;

– as associações que daí surgem são postas em latência pelo pré-consciente;

– isso leva ao surgimento de excitações (afeto);

– desencadeia-se uma luta contra o afeto, no sentido de o suportar sem ceder à descarga; isso, no caso do neurótico, pois no não neurótico o afeto se descarrega por meio de *acting out*;

– os pensamentos que suportaram o período de latência são elaborados pelo sonho durante o sono, e assim são recalcados e adquirem, simultaneamente, a condição de representação mental.

Depreende-se então que *recalcar* equivale a *representar*, e que a função aferente do sonhar seria a de inscrever. A deficiência ou a perturbação do sonhar nas patologias não neuróticas lançou luz sobre a importância dessa dimensão, que passou então a ser considerada lado a lado com a já conhecida dimensão deferente.

A possibilidade de manter em latência os pensamentos despertados pela percepção, para posteriormente recalcá-los pela via do sonho, propicia o enriquecimento do inconsciente representado. Disso resulta a organização e a capitalização das experiências e a consequente edificação da historicidade singular de um sujeito. Trata-se de um trabalho que se dá no registro da pulsão de vida, à medida que foi possível sustar a compulsão repetitiva e desorganizadora proveniente da atuação da pulsão de morte. Os destinos patológicos da pulsão de morte relacionam-se ao *acting out* e à violência, enquanto o seu destino não patológico é exatamente o de "[...] pôr em latência a percepção e os pensamentos que derivam dela quando a prova de realidade não tem um caráter traumático e a excitação pode ser retida momentaneamente em vez de ser imediatamente descarregada" (Dejours, 1988, p. 138). Trata-se de um processo de perlaboração que se inicia na economia da percepção e se completa no sonhar.

* * *

Uma vez definida a ideia da via aferente do sonho, é hora de se examinar a natureza da percepção que desencadeia o afeto e os pensamentos que a ela se associam. Ingressamos, portanto, no campo de uma possível *metapsicologia dos restos diurnos*. Comecemos com as considerações de Freud (1900) sobre tais elementos.

No capítulo V de "A interpretação dos sonhos", ele afirma que "[...] em todo sonho, é possível encontrar um ponto de contato com as experiências do dia anterior" (p. 175). A questão que nos toca é a de saber qual a relação orgânica entre o resto diurno e a representação simbólica que emerge no sonho.

Às vezes, o resto diurno aparece na teoria como um elemento inócuo da experiência de vigília, capturado de modo contingente pelo processo de elaboração onírica apenas por servir de intermediário simbólico para a representação recalcada que, por força própria, busca emergir no sonho durante o sono, quando a vigilância do ego se atenua. Outras vezes, parece ser a própria natureza do resto diurno o agente provocador do sonho. Neste caso, o agente que desencadeia o trabalho de elaboração onírica, em vez de situar-se no campo da representação e, assim, exigir um representante simbólico externo, eleito na realidade percebida, situa-se no próprio campo da percepção. Esse é o caso que nos interessa quando investigamos a dimensão aferente do sonho, pois o resto diurno funciona como agente provocador de todo o processo que vimos esquematizado acima. O resto diurno, então, não é contingente, mas deve reunir *em si* elementos estéticos capazes de solicitar o trabalho psíquico do sujeito. Em síntese, o resto diurno seria, nesse caso, um traço da realidade impregnado por um sentido de *encontro com o outro*. De tal encontro provém uma solicitação do sujeito em forma enigmática, que introduz uma perturbação, mas não pode receber, de imediato, uma nomeação. Trata-se de uma forma – uma *Gestalt* – que dispara o trabalho e a defesa, mas cuja natureza é não verbal.

Recorro à filosofia das formas simbólicas de Susanne Langer (1989) para compreender melhor a natureza do percepto que não cabe numa forma discursiva. O simbolismo verbal tem como propriedade a discursividade, que requer que nossas ideias sejam "enfileiradas" no tempo da linguagem. Mas seus objetos, em si, permanecem simultâneos, "um dentro do outro". Langer afirma que, por causa da exigência inerente à discursividade, "[...] apenas os pensamentos passíveis de um arranjo nessa ordem peculiar podem em geral ser falados; qualquer ideia que não se preste a tal projeção é inefável, incomunicável por meio de palavras" (p. 90). Ora, isso responde com exatidão à característica fundamental do sonho descrita por Freud, que é a da figurabilidade (e, portanto, não discursividade). Além disso, o sonho comporta um caráter de simultaneidade, solidário à figurabilidade, que faz dele uma *Gestalt* atemporal – erigida segundo as regras do processo primário – que somente a duras penas será transformada em discurso por meio do relato. Mas aí, diz Freud, já estamos no campo da elaboração secundária.

Contudo, o foco para o qual eu gostaria de chamar a atenção ainda é outro, que não o da não discursividade do pensamento do sonho: trata-se de sua ligação solidária com o resto diurno quando este é o encontro com o outro solicitante. Todo um trabalho de elaboração psíquica se desencadeia à margem da consciência. A zona de sensibilidade do inconsciente é que foi tocada pela percepção. O percepto resultante, por sua vez, tem também o caráter de *Gestalt* irredutível ao discurso. Não vejo melhor conceito para caracterizar tal percepção do que o de *significante enigmático* de Laplanche (1992), por pelo menos duas razões. Em primeiro lugar, por tratar-se de emissão provocativa emanada necessariamente do campo do *outro*, e, em segundo, por ser enigmática, isto é, por escapar da possibilidade de apreensão consciente imediata – não sujeitar-se à palavra –, ao mesmo tempo em que ativa o trabalho de associação psíquica em sentido retrospectivo. Sugiro mesmo que aquilo que Freud chamava de "umbigo do sonho" seja o ponto final da linha associativa regressiva no inconsciente representado, ponto que tange o recalque originário que, para Laplanche, tem base realística material, conquanto situe-se no plano imemorial.

Prosseguindo um pouco mais no exame do texto freudiano, a fim de caracterizar a essência do resto diurno, encontramos, em "A interpretação dos sonhos" (FREUD, 1900), a seguinte afirmação:

> [...] o agente instigador de todo sonho encontra-se sobre as experiências sobre as quais *ainda não se dormiu*. Assim, as relações entre o conteúdo de um sonho e as impressões do passado mais recente [...] não diferem sob nenhum aspecto de suas relações com as impressões que datam de qualquer período mais remoto. Os sonhos podem selecionar seu material de qualquer parte da vida daquele que sonha, contanto que haja apenas uma linha de pensamento ligando a experiência do dia do sonho (as impressões recentes) com as mais antigas. (p. 179, grifo nosso)

Penso que a curiosa expressão "[...] experiências sobre as quais ainda não se dormiu", usada por Freud, significa experiências submetidas à latência, que ainda não foram assimiladas pelo aparelho psíquico na forma de representações, e que aguardam a ocasião do sonho para serem inscritas, mediante a sua acomodação dentro da rede de representações já existente. Ou seja, aguardam em latência, sem serem descarregadas em ato, para serem recalcadas pela ocasião do sonho, quando o processo de perlaboração iniciado com a colocação em latência pode ser finalizado mediante a inscrição psíquica. A partir daí, o inconsciente recalcado adquire mais uma representação que amplia a rede complexa formada pelo critério da identidade temática de traços inscritos[5].

Disso tudo se depreende que o resto diurno não pode ter uma forma meramente indiferente[6]. Freud (1900) prossegue examinando essa questão quando se pergunta qual a relação existente entre as impressões da véspera com o conteúdo do sonho, produzindo uma verdadeira síntese teórica da natureza do resto diurno:

> No conteúdo manifesto do sonho, só se fez alusão à impressão *indiferente*, o que parece confirmar a ideia de que os sonhos têm uma preferência por absorver detalhes destituídos de importância da vida de vigília. Todos os elementos da

---

[5] De acordo com Bion (1991), surgiria daí um novo elemento-alfa, agora disponível para o pensamento e para os novos sonhos. A impressão sensorial do resto diurno, enquanto não processada, corresponderia ao "elemento-beta".

[6] Isaias Melsohn (2001) afirma que não é possível "ler" nossos estados internos arbitrariamente na forma espacial, pois é a forma, por si própria, que "[...] se oferece como uma totalidade animada". E exemplifica, dizendo que a forma "[...] pode ser tranquila ou violenta, dura ou macia, tudo isso como característica intrínseca de sua natureza objetiva" (p. 248).

> interpretação, por outro lado, levaram à impressão *importante*, àquela que justificadamente agitara meus sentimentos. Se o sentido do sonho for julgado, como certamente só pode ser, pelo seu conteúdo latente, conforme revelado pela análise, um fato novo e significativo é inesperadamente trazido à luz. O enigma que consiste em os sonhos se interessarem apenas pelos fragmentos sem valor da vida de vigília parece haver perdido todo o seu significado; nem se pode mais sustentar que a vida de vigília não se processa ulteriormente nos sonhos e que estes são, assim, atividade psíquica desperdiçada com material descabido. O contrário é verdade: nossos pensamentos oníricos são dominados pelo mesmo material que nos ocupou durante o dia e somente nos preocupamos em sonhar com as coisas que nos deram motivo para reflexão durante o dia. (p. 185)

Aqui, Freud parece tomar partido de uma concepção de resto diurno que em nada o caracteriza como indiferente. Ou melhor, sua indiferença pode ser apenas aparente, pois sua forma oculta e simboliza, simultaneamente, o objeto que espelha a representação conflitiva. Laplanche e Pontalis (1986) abordam a tensão decorrente da consideração do resto diurno ora como *indiferente*, ora como *importante*. Para eles, não haveria contradição entre essas possibilidades, mas tratar-se-ia de duas pontas de um *continuum* que comporta casos intermediários. Assim, o resto diurno pode ser um elemento insignificante, escolhido no processo onírico em razão de sua ligação associativa com o desejo do sonho. Mas há casos em que a sua presença no sonho é motivada por uma preocupação ou por um desejo da véspera.

Não podemos escapar de uma definição do resto diurno como um elemento percebido que guarda em si – por meio de sua *forma* – o potencial de símbolo para o sujeito que com ele toma contato. Seu poder de disparar a excitação que dá início ao trabalho de perlaboração é inequívoco. A ideia de que tal trabalho passa ao largo da consciência, iniciando-se com a colocação do pensamento em latência e finalizando-se com a inscrição pela via do sonho, parece bastante verossímil e funcional para dar conta de todo o processo. Mas isso nos exige um pouco mais no exame da natureza formal do resto diurno. Para tal, não seria suficiente concebê-lo simplesmente como objeto material a ser apreendido pelos órgãos do sentido. Quando se apela à sua forma como elemento mobilizador do inconsciente, há que se ampliar a noção de forma para além dos objetos materiais, em direção a *Gestalten* mais complexas. Estas seriam constituídas por *situações emocionais* que produzem efeito sobre a zona de sensibilidade do inconsciente, mediante a solicitação de uma resposta emocional[7].

Todos estão sujeitos a estas requisições da realidade percebida. Mas Susanne Langer (1989) mostra como a criança

---

[7] Botella e Botella (2002), embora não se refiram exatamente ao caráter aferente do sonho, tratam da própria interpretação analítica como um possível resto diurno que irromperá na "percepção alucinatória do sonho", no meu entender, a caminho da perlaboração (p. 55).

possui maior suscetibilidade às impressões e tende a atribuir significados a puras formas visuais e auditivas:

> A infância é o grande período de sinestesia; sons, cores e temperaturas, formas e sentimentos podem ter determinados caracteres em comum, pelos quais uma vogal pode 'ser' de certa cor, um tom pode 'ser' grande ou pequeno, baixo ou alto, claro ou escuro etc. Há forte pendor a ser forma associações entre *sensa* que não estejam praticamente fixados no mundo, e até a confundir tais impressões fortuitas. Mais do que todas, os sentimentos superativos se apegam a um material assim fragmentário. O medo vive em puras *Gestalten*, advertência ou amizade emanam de objetos desprovidos de faces e vozes, cabeças ou mãos; pois todos eles têm 'expressão' para a criança, embora não tenham – como supõem frequentemente os adultos – forma antropormórfica. (p. 130)

Meros objetos inanimados podem apresentar aspectos de "dignidade, indiferença ou ameaça", diz a autora.

A mente – não apenas da criança – é sensível às formas expressivas, sejam de objetos, sejam de situações complexas. Deste modo, ela pode captar analogias que, consideradas apenas intelectual e racionalmente, seriam absurdas. Mas é exatamente essa profusão de associações, que não passa pela crítica consciente, que ativa a faculdade de transformação simbólica. A maneira elementar da simbolização passa pela projeção. Diz Langer (1989): "Projetar sentimentos em objetos externos é a primeira maneira de simbolizar e, destarte, de *conceber* os referidos sentimentos" (p. 130).

Tudo isto se aplica ao resto diurno, com o acréscimo de que sua natureza formal interfere na sua eleição, por um sujeito, para alvo de projeção simbolizante. As formas dos objetos e das situações complexas não são inócuas. *Algo* deve haver que possibilite sua ligação com representações dos sujeitos, mas esse *algo* nem sempre se explica por uma potência universalmente perceptível da forma. Tal como na simbolização presente no sonho, a lógica que preside a associação encontra-se na singularidade dos sujeitos.

* * *

Para finalizar, farei um brevíssimo relato de um sonho de um paciente em análise. Na noite anterior à sessão, ele sonhou que olhava para um pasto onde ocorria uma corrida entre uma égua prenhe e um cachorro velho, de porte elegante. Subitamente, um potrinho, que surge na cena – como se estivesse participando também da corrida – cai e é atacado por uma cobra. O sonhador se apavora ao ver que o potrinho vai ser picado e morrer. Mas eis que é ele, o sonhador que observava a cena, que é atacado pela cobra. Trata-se de uma cena de susto e horror, que o faz despertar.

Ao investigar os acontecimentos da véspera, ele conta ter recebido o telefonema de um amigo que lhe conta que nascera o filho de um outro amigo comum. E termina a ligação dizendo, em tom de brincadeira: "agora só falta você". O paciente prossegue a sessão dizendo que poucos dias antes pensara em ligar para o amigo cujo filho acabava de nascer. Mas não o fez para não incomodar. Afinal, o amigo estava casado, a mulher estava grávida, e não haveria tempo para conversarem ou se encontrarem como antigamente. Continua a falar, lamentando que todos os amigos do grupo antigo, que sempre havia sido muito unido, estavam casados e já tinham filhos. Menos ele, que se dizia doente mental e incapaz de conseguir um relacionamento estável com uma mulher. Nos feriados, não recebia mais convite para viajar com os amigos – que viajavam com as respectivas famílias – e ficava sozinho em casa.

Não cabe fazer uma análise exaustiva do sonho, nem é o caso de nos desviarmos para a análise do paciente. O que parece claro é que o resto diurno do sonho contém todos os aspectos que levantei acima. O telefonema punha em evidência o núcleo melancólico do paciente: sua solidão e sua incapacidade de ser como os outros. E terminava com um detalhe pavoroso: "agora só falta você", frase indutiva que vem a ser um traço da realidade/alteridade solicitante. Convocava-o para aquilo do que ele se sentia incapaz. O casal parental formado pela égua prenhe e pelo cachorro velho, extensivo aos casais de amigos, apostava uma corrida/coito, da qual o potrinho se excluía mediante a castração/morte com o golpe da cobra. Numa linha associativa regressiva, a situação atual atinge a situação edípica.

Haveria muito mais a interpretar, é óbvio. Mas eu gostaria apenas de tomar este sonho, a meu ver exemplar, para figurar o que vimos discutindo. Trata-se de um sonho desencadeado por um acontecimento provocador de um afeto doloroso, que luta por inscrever-se na rede complexa de representações. O caminho que vai da percepção à representação não é dado, nem automático. É complicado por toda sorte de mecanismos defensivos, inclusive pode ser obstado pela recusa e pela rejeição, como sabemos à exaustão. Para ser levado a termo precisa coincidir com o processo de perlaboração que, como se vê no sonho de meu paciente, tem início na latência, passa pela produção do sonho e continua na sessão analítica que lhe dá continência e continuidade.

Referências bibliográficas

AB'SÁBER, T. A. M. *O sonhar restaurado*: formas do sonhar em Bion, Winnicott e Freud. São Paulo: 34, 2005.

BION, W. R. *O aprender com a experiência*. Rio de Janeiro: Imago, 1991.

BOTELLA, C.; BOTELLA, S. *Irrepresentável*: mais além da representação. Porto Alegre: Sociedade de Psicologia do Rio Grande do Sul / Criação Humana, 2002.

CROMBERG, R. U. Algumas coordenadas de leitura de A interpretação dos sonhos. In: ALONSO, S. L.; LEAL, A. M. S. (Orgs.). *Freud*: um ciclo de leituras. São Paulo: Escuta / Fapesp, 1997.

DEJOURS, C. *O corpo entre a biologia e a psicanálise*. Porto Alegre: Artes Médicas, 1988.

FREUD, S. (1895) Estudos sobre a histeria. In: _____. *Edição brasileira das obras psicológicas completas*. Rio de Janeiro: Imago, 1980. v. 2.

_____. (1900) A interpretação dos sonhos. In: _____. *Edição brasileira das obras psicológicas completas*. Rio de Janeiro: Imago, 1980. v. 4-5.

FROCHTENGARTEN, J. A interpretação dos sonhos. In: ALONSO, S. L.; LEAL, A. M. S. (Orgs.). *Freud*: um ciclo de leituras. São Paulo: Escita / Fapesp, 1997.

GURFINKEL, D. *Sonhar, dormir e psicanalisar*: viagens ao informe. São Paulo: Escuta, 2008.

LANGER, S. K. *Filosofia em nova chave*. São Paulo: Perspectiva, 1989.

LAPLANCHE, J. *Novos fundamentos para a psicanálise*. São Paulo: Martins Fontes, 1992.

_____.; PONTALIS, J.-B. *Vocabulário da psicanálise*. São Paulo: Martins Fontes, 1986.

MELSOHN, I. *Psicanálise em nova chave*. São Paulo: Perspectiva, 2001.

SOUZA, M. L. R. A experiência de sonhar – O prazer de exisitir. In: FUKS, L. B.; FERRAZ, F. C. (Orgs.). *A clínica conta histórias*. São Paulo: Escuta, 2000.

11.

Transmissão da psicanálise e formação psicanalítica:
apontamentos a partir da experiência do Departamento de Psicanálise do Instituto Sedes Sapientiae[1]

Tratarei, neste trabalho, das linhas gerais que fundamentam o chamado "tripé analítico", acrescentando observações sobre os dispositivos institucionais que dão esteio a um projeto de formação. Falo aqui a partir da experiência do *Departamento de Psicanálise do Instituto Sedes Sapientiae*, no qual o trabalho de formação de analistas teve início, há mais de trinta anos, por meio do *Curso de Psicanálise*. Posteriormente, outras frentes de trabalho foram se abrindo dentro do Departamento, entre elas

---

[1] Este texto foi apresentado no dia 26 de abril de 2008, na jornada *Psicanálise hoje: caminhos da formação e da transmissão*, promovida pelo Departamento de Psicanálise do Instituto Sedes Sapientiae, São Paulo, e publicado originalmente na revista *Percurso*, ano XXI, n. 41, pp. 91-102, 2008. Agradeço a Ana Maria Sigal, Maria Laurinda Ribeiro de Souza, Myriam Uchitel, Nelson da Silva Junior e Silvia Leonor Alonso, pelo envio do material escrito que me auxiliou na produção deste texto.

o *Grupo de Transmissão Externa e Pesquisa* (GTEP), encarregado da formação psicanalítica para além das fronteiras do Instituto Sedes Sapientiae e de São Paulo.

Entendo que um projeto institucional de formação tenha que se alicerçar em convicções epistemológicas acerca do objeto da psicanálise, do fazer analítico, da formação do analista e das condições institucionais que permitem seu funcionamento. Assim, procurarei fazer aqui um relato teoricamente fundamentado da nossa experiência institucional com o tripé analítico, começando por enfatizar que este se compõe de elementos organicamente articulados, regidos por um mesmo eixo interno, que é o elemento *analítico* que deve impregnar cada um deles. Este mesmo elemento deverá estar presente nos dispositivos institucionais subjacentes à formação, colocando-os de forma solidária ao tripé. Isto significa, em termos gerais, que a formação psicanalítica deve ser ela mesma analítica, e que se esperam efeitos analíticos de cada elemento do tripé e dos dispositivos institucionais, o que não quer dizer que eles se confundam com a análise *stricto sensu*.

Quando se fala em *transmissão da psicanálise* e em *formação psicanalítica*, insiste-se na peculiaridade destas empreitadas, que são irredutíveis às noções de *ensino* e de *aprendizagem* que se aplicam às disciplinas derivadas da ciência em geral, sejam as ciências naturais, sejam as ditas humanas[2]. Não se trata de

---

[2] Os termos *transmissão* e *formação*, ainda que sejam preferíveis a *ensino*, também não deixam de trazer conotações problemáticas. Cada um deles insere-se em diferentes tradições psicanalíticas, e sua escolha implica, é claro, uma intencionalidade.

mera idiossincrasia dos psicanalistas, mas de uma exigência intrínseca ao objeto da psicanálise, que vem a ser o *psíquico*, objeto definido por Freud, que difere do objeto natural das ciências duras, do objeto cultural das ciências humanas e, também, do objeto da hermenêutica. Por quê?

Para começar a responder a esta questão complexa, recorro a definições que devemos a Regina Schnaiderman:

> O objetivo da psicanálise é o sentido encarnado, a significação materializada. Esta é a definição da ruptura profunda de Freud com a ciência psicológica e psicopatológica de seu tempo. Mas a psicanálise não é simplesmente a teoria do seu objeto: ela é a atividade que faz falar em pessoa. É nesta fala que a psicanálise encontra sua origem e seus princípios. (1988, p. 12)

Fala-se da psicanálise como "ofício impossível", e na formação, por extensão, também como processo impossível e

---

Não é meu objetivo, no âmbito deste trabalho, fazer uma discussão sobre a procedência dos termos, seja histórica ou semântica. Gostaria apenas de mencionar um trabalho de Bernardo Tanis (2005) em que cada uma destas palavras é examinada no dentro do contexto do seu uso pela psicanálise. Ali encontramos a seguinte observação sobre os termos: *transmissão* remete-nos a um processo que se dá nas sociedades tradicionais, associando-se, num registro vertical, às ideias de autoridade e valor; tem, portanto, um vértice religioso que promove uma ilusão de segurança ontológica a quem adere ao modelo, podendo inibir, assim, a ousadia e a criatividade. Já o termo *formação* privilegia o "aspecto processual do vir a ser analista", com todos os conflitos, as dificuldades e a necessidade de transformações que isso comporta. Mas, adverte Tanis, também pode conotar algo como "formatação" (p. 31-32).

interminável. Ora, o que determina esta asserção nada mais é do que o próprio objeto da psicanálise. Objeto que foi nomeado como por Freud como o *inconsciente*, e que coincide com o *psíquico*. Portanto, ao falar da particularidade da transmissão da psicanálise, não estamos em busca de asserções categóricas, que saibam a regras ou princípios outros que não aqueles exclusivamente derivados do método adequado à investigação do nosso objeto. Quero dizer com isso que é necessário que a especificidade da transmissão da psicanálise se justifique por sua particularidade epistemológica e, por conseguinte, de seu método de produzir conhecimento, tanto na situação clínica como nos processos de teorização.

A peculiaridade de que falo foi assim esboçada por Regina Schnaiderman:

> Sabemos que: 1) o saber do analista tem como objeto o estudo do funcionamento psíquico; 2) a particularidade deste saber consiste na necessidade, tanto para o analista quanto para o analisando, de, a cada vez, reencontrá-lo *in vivo*; 3) isto o diferencia do que seria, por exemplo, o saber matemático [...]; a respeito deste sujeito particular com quem me enfrento eu não conheço nada: o que eu sei é o caminho para fazê-lo chegar a este conhecimento; 4) donde se conclui que o saber do analista se resolve num saber analisar, isto é, ser capaz de levar um outro sujeito à decifração do seu texto inconsciente; analisar é um fazer saber e não um saber fazer. (p. 13)

Assim, o saber psicanalítico tem a curiosa característica de ser um primoroso não saber! E qual seria a sua fonte? Ainda segundo Regina Schnaiderman, seriam:

> 1) os textos de Freud, sim, mas isso não basta; 2) o fato de ter sido analisado; sem dúvida, mas isso também não basta; 3) o fato de ser analista, o fato de analisar. Esta terceira origem do saber coloca o que é de demonstrar como já demonstrado. Esse é um dos paradoxos da psicanálise. (p. 13)

Daí a ideia, apenas aparentemente jocosa, de que a formação psicanalítica é da ordem do impossível. Para dar conta desta simultaneidade de elementos que são condição prévia um para o outro é que se cunhou a ideia do tripé formativo.

A chave-mor para o acesso ao analisar, uma vez reconhecido o objeto da análise, será a própria análise pessoal. Tanto que, por mais que haja divergências entre as escolas em relação à formação, nenhuma delas duvida da necessidade da análise pessoal na formação do analista. A razão para tal consenso repousa na constatação de que o objeto na psicanálise não pode se apresentar de forma exclusivamente intelectiva, mas sim na *experiência*.

Freud falava da análise dos sonhos do analista para que este "conhecesse" seu inconsciente e, assim, soubesse, por experiência própria, do objeto da psicanálise. Mas hoje podemos colocar a questão de outro modo: não se trata de conhecer o inconsciente como se este fora uma memória a ser atingida. Trata-se de que este se deixa apreender apenas na experiência da transferência, ou, indo mais longe, de que ele *vem a ter existência* no espaço intermediário *entre* analista e analisando. O que se experimenta como inconsciente na experiência de ser analisado – experiência da livre associação diante do outro-analista – é correlato ao que se experimentará como *interpretação*, na condição de analista, por meio da escuta pautada pela atenção flutuante (NASIO, 1993).

Neste ponto, podemos traçar a linha divisória entre o que é o estudo da teoria psicanalítica – que se pode fazer no âmbito da universidade, por exemplo – e o que é a formação psicanalítica, na qual a teoria terá que se faz germinar pela experiência de ser analisado e de analisar.

Feitas essas considerações, podemos partir para cada um dos termos do tripé, sempre de acordo com a nossa concepção de transmissão da psicanálise e de nosso projeto de formação psicanalítica no âmbito do Departamento de Psicanálise do Instituto Sedes Sapientiae.

Em relação à análise

Conforme já começamos a delinear, a análise pessoal do analista é a condição essencial para o alcance do objeto analítico. Dada a condição supraintelectual do mesmo, conhecer tal objeto é entrevê-lo em si próprio. Como afirma Silvia L. Alonso (2005),

> [...] é no espaço da própria análise que o analista irá fazer a experiência singular do inconsciente atualizado na transferência, adquirindo assim um saber que não está nos livros, já que se trata da verdade totalmente única e singular do sujeito. (p. 168)

O aparato psíquico do analista se empresta na função de analisar, portanto é fundamental que sua análise o leve a se sensibilizar para as manifestações do inconsciente – ou expressões do psíquico, que são simbólicas – e a produzir as discriminações que lhe possibilitarão funcionar como suporte da transferência do seu analisando. O que entra em questão aqui é o fato de que o ofício de analisar não se resume a conhecimentos técnicos de um dado método de trabalho, mas pressupõe a participação do instrumento psíquico do analista na tarefa de acompanhar o analisando em sua própria descoberta. Saber analisar é "saber não saber", e isto difere radicalmente de outros saberes que se aplicam em outros ofícios. E analisar o desejo de ser analista é fundamental a fim de se atingir uma posição em que as moções narcísicas submeter-se-ão aos imperativos da análise: o analista deve saber deixar de existir após ter sabido existir profundamente, na medida da necessidade de seu analisando. Terá que tolerar a resolução da transferência de seu analisando ao fim da análise, o que implicará ser descartado à guisa de objeto transicional.

Portanto, este tipo de exigência que a função de analisar faz ao analista não se resolve com a introjeção de regras aprendidas, mas de elaborações analíticas. Mário E. C. Pereira (2005) resume com precisão este processo:

> É bem claro que a formação de um analista não poderá decorrer meramente de um processo de ensino – por mais rigoroso e inspirado que este seja – de um ofício clínico. É necessário antes de tudo que sua análise pessoal lhe permita descobrir em si mesmo a autêntica disponibilidade para colocar em parênteses seu próprio desejo naquilo que concerne àquele analisante, de modo a poder funcionar como suporte transferencial para descobertas que eventualmente o outro fará sobre si próprio. (p. 223)

A análise do analista terá, então, efeitos didáticos que, entretanto, se reconhecerão *a posteriori*. É exatamente pela importância que atribuímos à análise pessoal que, na experiência de formação em nosso Departamento, procuramos preservar ao máximo a análise de cada um, deixando que a escolha do analista venha a se reger exclusivamente pela transferência, sem a ingerência da instituição. Explicitando esse posicionamento, Ana Maria Sigal (1994) afirma:

> O desacordo total e absoluto com o controle das análises pela Instituição nos leva a pensar que toda análise que recebe um adjetivo tem um objetivo outro que não o da análise. Existe ainda o perigo de que, sob o peso da transferência, o

analista se ofereça a si ou à Instituição como modelo ideal, provocando o desvirtuamento ético e a intromissão externa a uma análise. (p. 107)

Silvia L. Alonso (1994), por sua vez, recorre a Laplanche para lembrar que a análise feita "sob encomenda" por uma instituição pode instaurar, de partida, um "ponto de surdez", já que a ambição do analisando de tornar-se analista encontra-se com a proposta implícita de que seu analista vai torná-lo, ao analisando, um analista. Isso não quer dizer que se negue que as análises didáticas possam ser efetivamente análises. Mas seria desnecessário, segundo a autora, correr-se o risco da criação de uma "surdez institucionalizante".

Decio Gurfinkel (2005) retoma a crítica da instituição da análise didática a partir de outro parâmetro:

> O princípio fundamental da condição para uma formação (a análise pessoal) pode tornar-se um mandato burocrático cujo ponto cego é a não discriminação entre cumprimento de tarefa e experiência de análise, que é singular e não pode ser medida por parâmetros formais exteriores a ela mesma. (p. 119)

Estas críticas que acabamos de considerar concernem, por assim dizer, a aspectos intrínsecos à situação analítica em uma análise didática. Mas poderíamos também mencionar consequências problemáticas da existência de uma lista de didatas, com suas prerrogativas, dentro da instituição formadora. Otto F. Kernberg (2005), que foi presidente da Associação Psicanalítica Internacional (IPA), levanta, com conhecimento de causa, alguns desses problemas. Observa que "[...] o papel do analista didata foi incorporado gradativamente a um sistema de *status* organizacional, como parte de uma estrutura de oligarquia administrativa que controla os Institutos de psicanálise e contribui para sua atmosfera autoritária". Tal atmosfera, prossegue ele, "[...] se atualiza por meio de uma orientação teórica monolítica por parte dos analistas didatas dos respectivos Institutos", que, para perpetuarem-se no poder, produzem uma "politização do processo de ensino". Além disso, ainda de acordo com Kernberg, "[...] o *status* de analista didata também conferiu vantagens econômicas, ao assegurar uma fonte de casos de análise" (p. 98).

Cumpre lembrar que muitas sociedades ligadas à IPA há muito vêm se preocupando com este tipo de questão, e que têm promovido alterações em seus dispositivos num esforço para contorná-las. E também que os problemas de luta por hegemonia são inerentes a qualquer instituição.

Em relação à supervisão

A supervisão, numa definição de Silvia L. Alonso (2005), seria o "[...] espaço intermediário, no qual a experiência absolutamente singular vivida numa análise se entrecruza com o discurso articulado" (p. 168-169). Não se trata de espaço analítico *stricto sensu*, mas tampouco pedagógico, pois pressupõe que o supervisor não produza simplesmente um discurso no âmbito psicopatológico-diagnóstico do paciente e nem prescreva manejos técnicos, mas fique atento às posições identificatórias e aos movimentos transferenciais e contratransferenciais. Esta é *abertura* proporcionada pela supervisão, que produz efeitos analíticos sem ser análise.

A responsabilidade ética do supervisor, como lembra Decio Gurfinkel (2005), é de transmitir a *sua* experiência, sob pena de transformar a supervisão em um espaço didático, deixando de lado exatamente o seu aspecto *analítico*.

É claro que há riscos implicados na supervisão, que dizem respeito à alienação do sujeito no discurso do outro. Portanto, convém que o supervisor não saiba demais. Ou que consiga moderar aquilo que Piera Aulagnier (*apud* ALONSO, 2005) chamou de "fantasma de mestria". O risco aqui é o mesmo oferecido pela instituição de formação: moldar-se o analista.

Outro risco, de acordo com Lucía B. Fuks (2002), é o da transformação da supervisão em espaço de avaliação, o que nos obriga a refletir constantemente sobre as "[...] questões relativas a poder, autorização, reconhecimento, responsabilidades etc., que os processos de institucionalização da psicanálise, tendem [...] a suscitar" (p. 91).

No meu entender, isso pode levar a uma situação superegoica no interior das supervisões, de modo a predominar no supervisionando um temor subliminar de julgamento de seu trabalho clínico sob o crivo da adequação ou não ao que seria a "autêntica" psicanálise. Vivemos sob o risco de que essa ansiedade leve a melhor, ultrapassando o interesse pelo questionamento do ato clínico em si mesmo. Mas essa é uma herança histórica da psicanálise. A própria fundação da instituição psicanalítica teve como motivação preservar a psicanálise das apropriações indébitas. Conforme Freud (1914) confessa em sua autobiografia, este foi o propósito que o levou a idealizar uma instituição que tivesse um *caráter oficial*:

> Julguei necessário formar uma associação oficial porque temia os abusos a que a psicanálise estaria sujeita logo que se tornasse popular. Deveria haver alguma sede cuja função seria declarar: "Todas essas tolices nada têm a ver com a análise; isto não é psicanálise." Nas sessões dos grupos locais (que reunidos constituiriam a associação internacional) seria ensinada a prática da psicanálise e seriam preparados médicos, cujas atividades receberiam assim uma espécie de garantia. (p. 56-57)

Compreende-se a motivação de Freud. No entanto, o risco que ali se inaugurou foi o da inibição do pensamento em nome da fidelidade teórica e da unidade institucional.

Dito isso, voltemos ao nosso funcionamento institucional. Oferecemos supervisões grupais e individuais no percurso de formação, mas isso não implica que não reconheçamos a necessidade de que cada um busque sua interlocução particular com o supervisor de sua escolha, tal como se dá com a análise. Esta medida pode atenuar o peso da instituição na formação do estilo de cada analista, abrindo-lhe um espaço de escuta particular.

A supervisão grupal, segundo Lucía B. Fuks (2002),

> tem vários aspectos positivos, desde escutar a apresentação de diversos pacientes até ver o supervisor atuar em diversos casos. Existe a possibilidade de receber, em um tempo relativamente curto, toda essa variedade de material e de ver uma pluralidade de modos de abordagem. Quando o grupo não é muito numeroso, a possibilidade de conhecer os integrantes da supervisão e seu trabalho aumenta em forma considerável. Pessoas com menor tempo de experiência podem aproximar-se e configurar um espírito de grupo que facilite as participações dos integrantes e a realização do trabalho. (p. 90)

Já a supervisão individual possibilita o exame mais acurado dos problemas ligados à contratransferência, além de propiciar o acompanhamento longitudinal de um único paciente, o que coaduna com a posição epistemológica da psicanálise, cujo conhecimento advém do aprofundamento do estudo do caso único.

Ainda que a supervisão tenha efeitos analíticos – e isso é desejável –, ela não se confunde com a análise. Falamos dos riscos aí envolvidos no que toca aos processos de alienação, quando os poderes da transferência narcísica podem obstar a construção do estilo próprio de um analista. Em vez de *formação*, poderíamos, então, falar em *deformação*. Por esta razão, rechaçamos a concentração do poder da transferência em um único profissional. Como afirma Ana Maria Sigal (1994),

> [...] o máximo da distorção desta relação se dá [...] quando o poder omnímodo da transferência se concentra num só indivíduo: supervisão, análise e grupo de estudos encarnados no Um, que não tem restrições, que abrange todos os modos de ser. (p. 108)

Em relação ao estudo teórico

Quanto ao estudo teórico, cumpre aclarar a diferença entre: 1) o estudo teórico da psicanálise tendo a própria teoria como objeto e 2) o estudo da metapsicologia como ferramenta que ocupará um lugar no processamento da escuta psicanalítica, teoria que não precederá a escuta, mas que dirá sobre a especificidade de uma escuta que não é comum.

A primeira modalidade, que toma a teoria psicanalítica como objeto, produz-se no âmbito da academia, e tem servido ao propósito do arejamento da psicanálise, numa espécie de alteridade para as instituições de formação (SIGAL, 2008), que não podem reivindicar para si exclusividade sobre nenhum tema, o que seria obscurantismo. Portanto, a produção intelectual sobre a teoria psicanalítica amplia a visão crítica que se pode ter sobre ela, alarga os horizontes da discussão de suas possíveis aporias e desvenda as raízes dos conceitos que a metapsicologia tomou de empréstimo da filosofia, da psicologia e das ciências em geral.

Nelson da Silva Junior (2003) lembra como Laplanche "[...] sempre foi muito explícito e cuidadoso em desvincular a formação universitária, o doutorado em psicanálise e o exercício da psicanálise, o exercício da atividade clínica" (p. 1), a fim de manter o processo analítico independente da oficialidade institucional, seja a universitária, seja da própria associação de analistas. E reconhece que "[...] a produção acadêmica voltada para a psicanálise naturalmente retroalimentou e fez desenvolver a clínica psicanalítica" (p. 1), visto que muitos pesquisadores possuem grande experiência clínica.

Mas, voltando ao que interessa à formação psicanalítica, o trabalho sobre a teoria terá outro caráter. Repito que conhecer o inconsciente significa, em primeiro lugar, experimentá-lo na situação transferencial. Apenas a partir daí é que o objeto mesmo da psicanálise será associado ao discurso da teoria no que tange ao método analítico e à sua epistemologia, pois se trata do modo de produzir o conhecimento em psicanálise, que é o da transposição do que se desvela em análise para a construção da metapsicologia. Por esta razão, o discurso da psicanálise não será o de uma pura psicopatologia, mas aquele suficientemente elástico para abrigar o infinito: o que se aplica à *singularidade idiopática* (DAYAN, 1994) daquele que se abre em sua historicidade, por meio da palavra, em uma situação única e estranha que é a situação analítica, instituída com o enquadre.

O objeto da psicanálise, quando abordado pela metapsicologia, fala do que se depreende da análise e da clínica. Portanto, não há teoria sem clínica, mas também não há clínica sem teoria. A modalidade de estudo "teórico-clínico", como o chamamos em nossos seminários, traduz, segundo Janete Frochtengarten (1994), exatamente este fato de que "[...] não há clínica ateórica" (p. 43). O clínico, longe de ser um "escutador" ingênuo, só poderá sê-lo quando for simultaneamente um epistemólogo da psicanálise. Sabemos como é difícil, na formação, fazer aceder a noção de objeto psíquico, quando nos deparamos com a confusão dos objetos naturais da psiquiatria ou da psicologia, ou com a ideologização simplificadora da psicanálise, feita pelos que supostamente a "politizam". Esta clareza não se obtém com o discurso teórico, só sendo possível na unicidade do tripé analítico. Mais do que da psiquiatria ou da psicologia, a psicanálise, na construção de seu discurso sobre o simbólico, deve mais à filosofia da linguagem ou à filosofia das formas simbólicas. Estas têm por objeto o símbolo e a expressão humana que o cria e transmite.

O estudo teórico, no âmbito da formação, produzirá uma apropriação intelectiva do objeto da psicanálise, possibilitando um *discurso* sobre ele. Discurso que, ancorado na realidade do objeto psíquico, desfará qualquer confusão do mesmo com o objeto da psiquiatria ou da psicologia. Portanto, o discurso teórico psicanalítico será não só *metapsicológico*, mas, sobretudo, *epistemológico*, pois visará à construção teórica do objeto psíquico de modo indissociável do método de sua apreensão. Muitos equívocos se cometem quando se confunde o objeto da psicanálise com os objetos das ciências naturais e sociais[3]. Ou também quando se o assimila à hermenêutica. A psicanálise é, sim, uma disciplina empírica, mas não se sujeita às exigências probatórias próprias das ciências experimentais, posto que não lida com eventos reprodutíveis. Assim, se ela não é uma *Naturwissenschaft*, tampouco será uma *Geisteswissenschaft*, pois, ao creditar à pulsão a fonte do que virá a tornar-se psíquico, não pode aquiescer ao argumento hermenêutico que troca o argumento de Freud, de que "no início estava o ato", por aquele outro que sustenta que "no início estava a linguagem".

A reflexão epistemológica é, nesse sentido, solidária à experiência analítica e à experiência clínica, pois, de modo diferente das ciências duras, por um lado, e da história, por outro, à investigação analítica interessará o passado em sua repetição no presente, ou melhor, enquanto ele *é* presente (AHUMADA, 1999). Por esta razão, a psicanálise não será

---

[3] Renato Mezan (2002) corrobora a visão de G. Lebrun, segundo a qual cada disciplina possui a sua própria racionalidade, não havendo uma universalidade epistêmica: "A ciência é uma construção, mas não aleatória; ela deve respeitar o modo de ser próprio à região da realidade em que se situa seu objeto, e abordá-lo com um método que ponha em evidência suas propriedades específicas" (p. 466). Assim, o objeto *psíquico*, investigado pela psicanálise, diferencia dos objetos *ideais* (da matemática), *materiais* (das ciências duras) e *culturais* (das ciências sociais), sendo que cada um destes exige métodos distintos de pesquisa.

uma psicopatologia, mas, atendo-se ao singular – à singularidade idiopática (DAYAN, 1994) – seu método de produção de conhecimento, que tem na escuta o ponto de partida, prosseguirá no aprofundamento do estudo de um caso único mais do que na amostra comparada de sujeitos (AHUMADA, 1999; STOLLER, 1997).

Ao não saber do analista na situação clínica deve corresponder um saber positivado sobre tais peculiaridades epistemológicas de seu método, numa combinação única no meio científico que é a que se dá entre sua sensibilidade e seu rigor na observância de seu campo.

Nossos seminários teórico-clínicos buscam remontar à descoberta freudiana primordial. Privilegiamos, assim, a leitura da obra de Freud, cujo conhecimento consideramos condição *sine qua non* para qualquer outro conhecimento teórico que se venha a ter em psicanálise. Cito mais uma vez Ana Maria Sigal (1994): "Escolher Freud como viga-mestra denota que qualquer conhecimento dos pós-freudianos, seja Lacan, Melanie Klein ou Bion [*eu acrescentaria Winnicott*], aprendidos sem sua relação com Freud, se torna apenas repetição de um discurso ecolálico, de um pensamento sem origens" (p. 107).

Em relação aos dispositivos institucionais

Os dispositivos institucionais de suporte a uma formação devem adequar as condições concretas do ambiente às exigências naturais do que é analítico e que diz respeito, portanto, ao objeto da psicanálise. Como afirma Renata U. Cromberg (2005), "[...] o que está em jogo é um enquadre de formação que permita propiciar um enquadre interno em que o analista se sensibilize para a singularidade" (p. 118).

Além disso, os dispositivos garantirão, minimamente, que o ambiente tenha, em si mesmo, efeitos analíticos de não alienação dos sujeitos nos ideais instituídos. A instituição acolhe os analistas em uma pertinência que possibilite a troca sem, contudo, dar-lhes a garantia daquilo que jamais poderá ser garantido.

Luís Carlos Menezes (1994) fala deste acolhimento como um "*holding*" que deve ser oferecido pela instituição:

> Uma instituição tem que ter, para a formação, uma função equivalente à do enquadre numa análise. Por enquadre entendo não só a constância lugar/tempo, como também a *atitude* do analista, sua disponibilidade para manter-se não só como continente de projeções, como, mais amplamente, ser suporte das transferências. Uma das dimensões da transferência corresponde, em algum nível, à confiança, à possibilidade de acreditar no outro (tanto no sentido de dar crédito como no de crença). (p. 112)

Funcionar como *holding* não significa, entretanto, uma desatenção em relação aos riscos das alienações. Por esta razão, acreditamos ser necessário cuidar para que não se estabeleçam vínculos dogmáticos com a instituição, bem como as análises, as supervisões e as teorias, numa pertinência reasseguradora que redunde em alienação. Donde retiramos uma das nossas disposições mais caras, que é a manutenção do caráter pluralista da instituição. Reconhecemos todos os avanços que se fazem no conhecimento psicanalítico, até mesmo porque, como afirma Renato Mezan (2004), "[...] nenhum dos modelos tidos por absolutos pode dar conta da complexidade da vida psíquica, cobrir todas nuances ou explicar todos os transtornos". E lembra que diversos analistas mais atentos romperam com as "[...] barreiras graníticas que separavam as escolas" (p. 138), a fim de constituir um pensamento próprio. Isso não significa ecletismo, na medida em que não se tomam caoticamente elementos de cada um dos sistemas, mas cada analista produz, com tais elementos, a sua "caixa de ferramentas" pessoal, com uma nova coerência interna. Aliás, conforme o recomendado por Freud. Além disso, não custa lembrar, o livre-pensar pressupõe que todas as teorias estejam sujeitas ao crivo da crítica.

Assim, a despeito das diferenças óbvias que temos no tocante às preferências teóricas, o que importa é que, como salienta Maria Cristina Ocariz (2005), é que todos transmitamos "[...] o princípio ético freudiano de que a prática psicanalítica não é padronizada" (p. 111). Eu acrescentaria, referindo-me a um texto de Anna Maria A. Amaral (2005), que a teoria, em Freud, sempre se relacionou com a experiência clínica, e que assim será com o aparato teórico de cada analista: "[...] jamais a clínica será uma aplicação de teorias sem resto e jamais a clínica será inteiramente esclarecida pela teoria" (p. 375).

É claro que enfrentamos, no dia a dia, inúmeros desafios que este posicionamento nos impõe. Afinal, a instituição se constitui de pessoas com todas as suas circunstâncias. Entretanto, cabe não transigir na exigência de que a ética da psicanálise, em sua radicalidade, venha a impregnar, organicamente, o funcionamento institucional.

Em um trabalho sobre a normopatia (FERRAZ, 2003), tratei do risco da "normotização" que decorre da normalização na instituição psicanalítica. Ali, citei Tocqueville, que, em 1835, elogiava o papel das associações dentro do sistema democrático americano, vendo na *instituição livre* a possibilidade que os sujeitos tinham de, em condições de igualdade, dedicarem-se a uma causa comum. E de reverterem o risco do individualismo que, na democracia, pode se expressar sintomaticamente no desinteresse dos homens uns pelos outros. Contudo, por outro lado, ele manifestava sua preocupação com o risco inconveniente da transformação da sociedade num rebanho uniforme, acrítico e obediente, impedindo o aparecimento e o desenvolvimento de individualidades marcantes.

A partir de Tocqueville, Pierre-Henri Castel (1994) pergunta se as associações psicanalíticas seriam "instituições livres", no sentido de que conseguissem refrear a tendência do desinteresse de uns homens pelos outros. Eu acrescentaria: que abrigasse seus membros resguardando a liberdade criativa dos indivíduos. A propósito, concluí o trabalho sobre a normopatia como a seguinte indagação:

> Como não pensar nos agrupamentos em torno de "ortodoxias": freudianos, lacanianos, kleinianos, bionianos e, mais recentemente, winnicottianos, entre outros "ianos" menos votados? Como é possível ser "ortodoxo" em psicanálise, se esta pressupõe a escuta do novo, ao invés do fechamento para ele? *Ortodoxia*, lembremos, é a ação de *orthos*: normatização que redunda em rigidez e em intransigência ao que é novo ou diferente. O compromisso da psicanálise, ao contrário, é com *pathos*, que rejeita, pela sua própria natureza, toda forma de enquadramento ou de normalização. (FERRAZ, 2003, p. 43)

Sobre este mesmo problema, Silvia L. Alonso (2001) faz a seguinte afirmação, que traduz fielmente as nossas inquietações sobre os riscos da normalização institucional e de seus efeitos deletérios sobre a criatividade:

> Colocar-se como seguidor de alguém, considerar-se freudiano, bioniano ou lacaniano, traz a preocupação com a fidelidade a um texto, a um autor, e este não me parece o melhor lugar para um analista. Manter-se como analista na experiência da escuta coloca-nos em um lugar difícil. Um lugar no qual se deve suportar as transferências, um contato

> permanente com a incerteza, com a irrupção do desconhecido, com o que é do processo primário, e do funcionamento associativo. E isso traz consequências para a relação que se tem com as teorizações. Acredito que muitos analistas, para lidar com o equilíbrio instável que se vive na clínica, buscam certa estabilidade narcísica atribuindo a um autor ou a um pensamento a totalidade do saber, mantendo uma relação de fidelidade e absoluto dogmatismo. Com isso, correm o risco de se converterem em meros repetidores. (p. 132)

Compreendemos nossos dispositivos de formação – o "Curso" e, posteriormente, as atividades departamentais de formação contínua – como um espaço facilitador que não se oferece como molde nem como garantia, o que traria um efeito ilusório de autorização. Preferimos, por isso, falar em *reconhecimento* entre pares a falar em *autorização*, pelo que optamos de modo muito consciente pelo caráter não oficial de nossa formação, desvinculando-a de qualquer intervenção oficial, ainda que seja a atribuição de um título de especialista que em nada mudaria nossos procedimentos internos.

Os alunos ou ex-alunos do Curso de Psicanálise podem pleitear a admissão no Departamento de Psicanálise – como, aliás, todo analista pode fazer – mediante o pedido, feito a uma Comissão de Admissão, para falar de seu desejo de pertinência e de sua condição de analista. Uma vez admitido, ele será um par, sem diferença hierárquica em relação aos outros membros. A própria fundação do Departamento de Psicanálise, em 1855, teve como diretrizes básicas, de acordo com Maria Laurinda Ribeiro de Souza (2005), "[...] o desejo de formar um espaço menos hierarquizado de poder, uma forma de gestão mais igualitária na qual se abolissem as diferenças hierárquicas entre alunos, ex-alunos e professores" (p. 108).

Deste desejo surge outro dispositivo institucional, que é a possibilidade da livre iniciativa na proposição das atividades departamentais, como enfatiza Miriam Chnaiderman: "[...] o que é interessante no Departamento", diz ela, "[...] é alguém querer fazer alguma coisa e propor" (p. 114), numa fidelidade a outra marca política fundamental de nossa origem, que foi a militância libertária de Madre Cristina Sodré Dória.

Estarmos inseridos no Instituto Sedes Sapientiae, com sua história de luta pela justiça social, não deixa de ter efeitos. Esta é uma marca de nossa origem, que se faz presente na práxis departamental, seja na forma como concebemos nossa organização interna, seja na ética que procuramos imprimir nas escolhas de nossos posicionamentos no campo da saúde mental, dos movimentos sociais e nos rumos que definimos para nossa pesquisa e nossas produções. Maria de Fátima Vicente (2005), falando de nossas marcas distintivas, lembra que sempre foi uma preocupação central do Departamento de Psicanálise contemplar uma produção psicanalítica "[...] que levasse em conta a realidade social do país e reconhecesse o trabalho do psicanalista no campo social" (p. 108).

Como afirma Mario P. Fuks (1988), nosso surgimento como instituição psicanalítica se deu a partir do "[...] questionamento científico, ideológico e político da instituição oficial" (p. 9), o que era possível no seio de uma instituição com as características do Sedes em um momento político crucial para o Brasil e para a América Latina, em que se buscava imprimir o caráter de resistência (não na acepção psicanalítica!) aos empreendimentos intelectuais. Cleide Monteiro (1994) complementa ao dizer que aderir ao Sedes tinha – e julgo que ainda tem – o caráter de ratificar certo posicionamento político, donde se pode depreender que a marca inaugural, da qual fala Mario P. Fuks, renova-se na *opção* que fazemos, desde as origens, pela pertinência ao Departamento de Psicanálise do Instituto Sedes Sapientiae.

REFERÊNCIAS BIBLIOGRÁFICAS

AHUMADA, J. L. *Descobertas e refutações*: a lógica do método psicanalítico. Rio de Janeiro: Imago, 1999.

ALONSO, S. L. Mal-estar inevitável – espaços possíveis (situando algumas questões). *Percurso*, ano VII, n 12, p. 33-38, 1994.

_____. A construção do analista (Entrevista). *Percurso*, ano XIV, n 27, p. 127-138, 2001.

_____. A apropriação das heranças no caminho da construção do analista. *Jornal de Psicanálise (Instituto de Psicanálise – SBPSP)*, v. 38, n. 69, p. 168-176, 2005.

AMARAL, A. M. A. Tornar-se analista: variâncias e invariâncias. *Jornal de Psicanálise (Instituto de Psicanálise – SBPSP)*, v. 38, n. 69, p. 373-377, 2005.

CASTEL, P.-H. Igualdad de las condiciones y normalización de los individuos: cuestiones a partir de Tocqueville. In: FUNDACIÓN EUROPEA PARA EL PSICOANÁLISIS. *La normalidade como síntoma*. Buenos Aires: Kliné, 1994.

CHNAIDERMAN, M. Vinte anos de Departamento de Psicanálise: para onde vamos? (Entrevista). *Percurso*, ano XVII, n 35, p. 105-114, 2005.

CROMBERG, R.U. Diálogos com Regina Schnaiderman (Debate). *Percurso*, ano XVIII, n. 35, p. 115-119, 2005.

DAYAN, M. Normalidad, normatividad, idiopatía. In FUNDACIÓN EUROPEA PARA EL PSICOANÁLISIS. *La normalidad como síntoma*. Buenos Aires: Kliné, 1994.

FERRAZ, F. C. A loucura suprimida: normopatia, pós-modernidade e instituições psicanalíticas. In: FUKS, L. B.; FERRAZ, F. C. (Orgs.). *Desafios para a psicanálise contemporânea*. São Paulo: Escuta, 2003.

FREUD, S. (1914) A história do movimento psicanalítico. In: _____. *Edição standard brasileira das obras psicológicas completas*. Rio de Janeiro: Imago, 1980. v.14.

FROCHTENGARTEN, J. A necessária inquietude de quem transmite. *Percurso*, ano VII, n 12, p. 39-45, 1994.

FUKS, L. B. Formação e supervisão. *Psicanálise e Universidade*, n 16, p. 79-91, 2002.

FUKS, M. P. Por uma história do Curso de Psicanálise. *Percurso*, ano I, n 1, p. 7-9, 1988.

GURFINKEL, D. Diálogos com Regina Schnaiderman (Debate). *Percurso*, ano XVIII, n 35, p. 115-119, 2005.

KERNBERG, O. F. Crítica comprometida à educação psicanalítica. *Jornal de Psicanálise (Instituto de Psicanálise – SBPSP)*, v. 38, n 69, p. 95-129, 2005.

MENEZES, L. C. O Departamento e o Curso na formação de seus analistas (Entrevista). *Percurso*, ano VII, n 12, p. 104-117, 1994.

MEZAN R. Sobre a epistemologia da psicanálise. In: _____. *Interfaces da psicanálise*. São Paulo: Companhia das Letras, 2002.

_____. Longe da ortodoxia e do ecletismo (Debate). *Percurso*, ano XVII, n 33, p. 135-138, 2004.

MONTEIRO, C. O Departamento e o Curso na formação de seus analistas (Entrevista). *Percurso*, ano VII, n. 12, p. 104-117, 1994.

NASIO, J.-D. *Cinco lições sobre a teoria de Jacques Lacan*. Rio de Janeiro: Jorge Zahar, 1993.

OCARIZ, M. C. Vinte anos de Departamento de Psicanálise: para onde vamos? (Entrevista). *Percurso*, ano XVII, n 35, p. 105-114, 2005.

PEREIRA, M. E. C. O ato analítico e a questão da formação do psicanalista. *Jornal de Psicanálise (Instituto de Psicanálise – SBPSP)*, v. 38, n 69, p. 211-225, 2005.

SCHNAIDERMAN, R. Política de formação em psicanálise: alinhavando algumas anotações de leitura. *Percurso*, ano I, n 1, p. 11-14, 1988.

SIGAL, A. M. O Departamento e o Curso na formação de seus analistas (Entrevista). *Percurso*, ano VII, n 12, p. 104-117, 1994.

_____. *Psicanálise e Universidade*: entre ensinar psicanálise e formar psicanalistas. Inédito, 2008.

SILVA Jr., N. Psicanálise: uma titulação, uma especialização, uma profissão? Debate promovido pelo Departamento de Psicanálise do Instituto Sedes Sapientiae. São Paulo, 04/10/2003.

SOUZA, M.L.R. Vinte anos de Departamento de Psicanálise: para onde vamos? (Entrevista). *Percurso*, ano XVII, n 35, p. 105-114, 2005.

STOLLER, R. S. *Splitting*: a case of female masculinity. New Haven and London: Yale University Press, 1997.

TANIS, B. Considerações sobre a formação psicanalítica: desafios atuais. *Percurso*, ano XVIII, n 35, p. 29-36, 2005.

TOCQUEVILLE, A. (1835) A democracia na América. In: _____. *Os Pensadores*. São Paulo: Abril Cultural, 1979.

VICENTE, M. F. Vinte anos de Departamento de Psicanálise: para onde vamos? (Entrevista). *Percurso*, ano XVII, n 35, p. 105-114, 2005.

12.

ALIENAÇÃO E SUBLIMAÇÃO NO TRABALHO[1]

> *O homem põe seu corpo*
> *no artefato que fabrica.*
> *Veias, suor e respiração*
> *a serviço da monotonia.*
> *O homem gasta seu tempo*
> *e o coloca dentro dos objetos.*
> *Preso no círculo da repetição*
> *morre um pouco*
> *ao fim de cada dia.*
> *(Donizete Galvão)[2]*

---

[1] Este texto, apresentado no *II Congresso Brasileiro de Psicodinâmica e Clínica do Trabalho*, em Brasília, no dia 8 de julho de 2011, originou-se de outro artigo, intitulado "O mal-estar no trabalho", que foi lido no *II Simpósio de Psicanálise e Psicossomática*, promovido pelo Curso de Psicossomática do Instituto Sedes Sapientiae, São Paulo, no dia 10 de maio de 1997. Essa versão original foi publicada no *Boletim de Novidades Pulsional*, ano X, n. 100, pp. 72-80, 1997, e reproduzida no livro *Psicossoma II: psicossomática psicanalítica*, organizado por Rubens Marcelo Volich, Flávio Carvalho Ferraz e Maria Auxiliadora de Almeida Cunha Arantes, São Paulo, Casa do Psicólogo, 1998, pp. 163-173.

[2] "Mística do trabalho". In: *O homem inacabado*. São Paulo: Portal, 2010; p.50,

O trabalho, enquanto atividade em si mesma, não possui uma significação intrínseca para o homem: pode ser tanto um mero ganha-pão como a parte mais significativa da vida interior de um ser humano. Seu valor encontra-se condicionado pelo *significado* que ele assumirá para cada um, o que, em grande parte, definir-se-á pela relação estabelecida entre a organização do trabalho e a subjetividade do trabalhador.

O significado do trabalho variou enormemente no decorrer da história da humanidade. Vejamos, sucintamente, o esquema histórico proposto pelo sociólogo Wright Mills (1976), percorrendo diversos tempos e civilizações.

Para os gregos antigos, o trabalho era uma espécie de "mal físico", que embrutecia o espírito, ao qual os indivíduos de maior valor não deveriam submeter-se. Para os hebreus, tratava-se de uma "labuta penosa", à qual o homem estava condenado em função de sua condição de pecador; o reino de Deus, que refletia a condição de vida ideal, seria o do ócio abençoado. Para o cristianismo, além do caráter de expiação do pecado, o trabalho também significava a evitação do ócio, o que ajudava o homem a livrar-se dos maus pensamentos. Para Lutero, é um modo de servir a Deus, tornando-se o caminho religioso da salvação. A ideia calvinista de predestinação ajudou a arrastar o homem para o ritmo moderno de trabalho, visto que considerava a necessidade de uma ação racional e metódica sobre o mundo. O economista John Locke via no trabalho a origem da prosperidade individual e a fonte de todo valor econômico. Sua teoria, desenvolvida posteriormente por Adam Smith, tornou-se o princípio básico do sistema econômico liberal: o trabalho passa a ser concebido como "elemento regulador da economia das nações".

Mas o significado da atividade do trabalho em si mesma, isto é, o seu sentido para a vida do homem que a ele se dedica, poucas vezes mereceu consideração, conforme se vê ao examinar a evolução de sua concepção no decorrer da história da humanidade. Apenas no século XIX surgiram reações em relação ao significado utilitarista que se imprimia ao trabalho.

Ruskin, observando os rumos que tomava a organização capitalista do trabalho, denunciou o lucro sobre o capital como uma injustiça: procurar o lucro por si mesmo arruina a alma e leva o homem à loucura. Desta forma, ele pedia uma volta ao passado, o que queria dizer, ao modelo de trabalho artesanal pré-capitalista. Ele considerava que o trabalho, além de ser um meio de se ganhar a vida, deveria ser também um ato artístico que traria a tranquilidade interior.

Marx voltou-se para o futuro; concebendo o trabalho como atividade inseparável do próprio desenvolvimento humano – a essência mesma do ser humano – denunciou as distorções do capitalismo, cujo modo de produção conduzia à deformação do trabalhador, isto é, a uma espécie de despersonalização que reduzia o ser humano à condição de mercadoria. Ele falava, portanto, do fenômeno da *alienação* do homem.

Segundo Marx (1867), o trabalho propriamente dito teve seu início a partir da adoção da ferramenta pelo homem. A principal característica do trabalho seria o uso do instrumento, e o que o constitui uma atividade peculiar à espécie humana é essencialmente um processo psíquico: a antecipação de resultados, isto é, uma imagem mental do produto final que apenas o homem está habilitado a fazer. Marx apontou a correlação entre trabalho e desenvolvimento humano, afirmando que *a essência do ser humano está no trabalho*. Sua essência coincide com aquilo que ele produz e com o modo como o faz. A natureza dos indivíduos depende, portanto, das condições materiais que determinaram sua produção. Assim, a distorção do trabalho na sociedade capitalista coincide com a própria deformação do homem, a que ele chamou de *alienação*. A um modo de trabalho fragmentado corresponde um homem fragmentado.

Valendo-se do ideal humanista de uma personalidade harmoniosa, característico do idealismo clássico alemão, Marx viu no modo de produção da sociedade capitalista um sistema que resultava na deformação dos homens, tornando-os criaturas alienadas, especializadas, animalizadas e despersonalizadas (FISCHER, 1959).

É curioso observar como, partindo de um campo predominantemente econômico, Marx acabou por tirar conclusões que se encontram já no domínio da psicologia, ao ligar o trabalho ao desenvolvimento humano e ao mostrar que, a partir de uma determinada forma de sua organização, poderiam resultar prejuízos tais como a despersonalização. Ao tratar das consequências da organização do trabalho sobre o homem, postulando a alienação, ele tocou de perto aquilo que, em psicanálise, poderíamos chamar de *economia libidinal*. Mas de que forma?

Se partirmos de outro ponto de vista bastante diferente, que é a psicanálise de Freud, encontraremos alguns referenciais teóricos, e mesmo clínicos, que nos permitirão pensar a atividade do trabalho à sua luz.

Freud (1908, 1913, 1930), mais de uma vez, mostrou seu interesse pelo estudo da civilização, sua história e suas bases. Para ele, dito de modo sintético, a civilização passou a existir quando os homens resolveram fazer um pacto entre si, pelo qual trocavam uma parcela de liberdade pulsional por um pouco de segurança. Desta forma, a civilização e tudo o que ela leva consigo – a moralidade, a lei, a organização social, a ciência e a arte – se baseia em um fato primordial: a renúncia à pulsão. E, principalmente, a seus aspectos agressivos e destrutivos.

Uma das exigências da vida em civilização, e das mais fundamentais, foi o aprofundamento dos laços comunitários. A própria energia pulsional do homem teve, deste modo, de operar modificações em seus objetivos para atender à necessidade de uma coesão social, através de um mecanismo psíquico a que Freud chamou *deslocamento*. Através do deslocamento, a libido pode ser inibida em sua finalidade, e, assim, dirigir-se a objetivos socialmente "nobres", como a solidariedade social, a construção do conhecimento e a busca do belo. Esta modalidade de deslocamento seria a *sublimação*.

Quando se fala em sublimação, é muito comum que se imagine, em um primeiro momento, um deslocamento de impulsos psíquicos que conduzem principalmente à criação artística. No entanto, a sublimação pode existir em qualquer atividade humana que comporte o mecanismo do deslocamento de impulsos destrutivos para uma ação construtiva. Desta forma, o uso do conceito de sublimação ajusta-se perfeitamente para a atividade do trabalho.

Se o homem civilizado é obrigado a abrir mão da satisfação direta de uma parcela de sua energia libidinal, é necessário que ele encontre uma satisfação deslocada na atividade substitutiva. Se pensarmos então que o trabalho é, em qualquer cultura, uma atividade central na organização social e econômica, imaginamos que ele deva fornecer ao homem a oportunidade de tal satisfação. Mas ocorre que, devido a uma série de distorções que vamos encontrar na relação do homem com o seu trabalho, os canais que possibilitam a ocorrência da sublimação se acham, na maioria das vezes, total ou parcialmente bloqueados. Foi o próprio Freud (1930) quem afirmou:

> Nenhuma outra técnica para a conduta da vida prende o indivíduo tão firmemente à realidade quanto a ênfase concedida ao trabalho, pois este, pelo menos, fornece-lhe um lugar seguro numa parte da realidade, na comunidade humana. A possibilidade que esta técnica oferece de deslocar uma grande quantidade de componentes libidinais, sejam eles narcísicos, agressivos ou mesmo eróticos, para o trabalho profissional, e para os relacionamentos humanos a ele vinculados, empresta-lhe um valor que de maneira alguma está em segundo plano quanto ao de que goza como algo indispensável à preservação e justificação da existência

> em sociedade. A atividade profissional constitui fonte de satisfação especial, se for livremente escolhida, isto é, se, por meio de sublimação, tornar possível o uso de inclinações existentes, de impulsos instintivos persistentes ou constitucionalmente reforçados. No entanto, como caminho para a felicidade, o trabalho não é altamente prezado pelos homens. Não se esforçam em relação a ele como o fazem em relação a outras possibilidades de satisfação. A grande maioria das pessoas só trabalha sob a pressão da necessidade, e essa natural aversão humana ao trabalho suscita problemas sociais extremamente difíceis. (p. 99n)

Está aí colocado um problema capital que aflige o homem contemporâneo em seu afã de buscar um pouco de felicidade, que é a impossibilidade de sublimação que se verifica na maioria das situações de trabalho que conhecemos. Não se utiliza o potencial que o trabalho oferece enquanto um meio privilegiado de realização humana, "[...] quer por uma dificuldade individual de desenvolvê-lo, quer por uma limitação ligada à sua configuração social, na qual nem todos podem escolher o que fazer" (FERRAZ, 1994, p. 92). Além disso, como salienta Mendes (2008), o trabalho, como atividade social, contém, necessariamente, relações de dominação. Suas regras foram fixadas por uma instância alheia à vontade e às características de cada trabalhador.

Ausência de sublimação, no corpo teórico psicanalítico, e *alienação*, na filosofia marxista, encontram-se aqui como conceitos correlatos, à medida que dão conta de uma insatisfação reinante no domínio do trabalho, que não permite ao homem desenvolver suas aptidões e, portanto, desenvolver-se enquanto ser humano. Ainda outro aspecto do trabalho nos é lembrado, além da atividade em si: a possibilidade que ele traz no campo das relações humanas, para as quais ele se torna o lugar propício por excelência. Tanto que, quando se fala em adaptação ou em não adaptação ao trabalho, incluem-se aí tanto a relação com a tarefa propriamente quanto a relação com o ambiente, isto é, com os outros.

Marx, no entanto, analisou mais detidamente o significado político da alienação e buscou na organização capitalista do trabalho, que pressupunha a divisão entre capital e trabalho, a causa central da alienação. Freud, por sua vez, enfatizou a economia libidinal em sua relação com o trabalho.

Podemos encontrar, na psicanálise pós-freudiana, alguns desdobramentos da aplicação do conceito de sublimação ao trabalho. Para Melanie Klein (1934), o brincar é fundamental ao desenvolvimento infantil. É por meio do brinquedo que a criança pode elaborar suas angústias, dramatizando-as e buscando soluções no mundo de fantasia a que são conduzidas pelo jogo. A angústia se instala fortemente na criança como resultante dos ataques destrutivos que ela desferiu, em fantasia, contra seus objetos bons, e deve agora encontrar uma forma de ser contida. Por meio do mecanismo de *reparação* a criança pode reconstruir, em sua fantasia, o bom objeto que ela destruíra e que lhe trazia, agora, a experiência do sentimento de culpa. Trata-se do acesso àquilo que Klein chamou de *posição depressiva*, que propicia a experiência do sentimento de culpa e possibilita, então, a busca da reparação.

Pela reparação, busca-se reconstruir o bom objeto de forma perfeita, isto é, sem a deformação que o ataque sádico lhe impusera. Hanna Segal (1952) viu nessa busca da restauração do objeto, tanto dentro como fora do ego, a origem do senso estético do homem. Mas é possível postularmos, também, que todo impulso ao trabalho construtivo encontre aí suas bases psíquicas.

Winnicott (1939) viu no significado psíquico do trabalho a mesma essência do brincar infantil: a assimilação dos impulsos instintivos, incluindo os agressivos, de modo a transformá-los, na vida real, em um bem que, em fantasia, era somente destruição. A preocupação com a preservação de si próprio, característica da posição esquizoparanoide, cede lugar à preocupação com o outro, essência da posição depressiva. Sentimentos altruístas aparecem no lugar de sentimentos exclusivamente egoístas. Desta forma, abre-se o caminho tanto para o aparecimento dos sentimentos éticos e estéticos do ser humano, que possuem, na verdade, uma mesma raiz e uma mesma essência[3].

Freud (1908) dizia que a sublimação é essencial para a vida do homem em civilização; mas advertia que não é possível

---

[3] É curioso associar a esta constatação que a dinâmica do reconhecimento no trabalho, de acordo com Martins (2009) funda-se sobre dois tipos de julgamento: o da utilidade daquilo que se faz (que bem poderíamos associar ao aspecto ético) e o estético, que se refere à qualidade do produto (ser "bem feito").

que toda energia libidinal seja convertida, devendo restar sempre uma parcela de libido que se realize, isto é, encontre meios de descarga, através da sexualidade propriamente. Isso nos interessa do ponto de vista clínico quando observamos as perturbações que podem aparecer na relação do homem com o seu trabalho, que podem ser inúmeras e situadas entre duas formas extremas. De um lado, podemos encontrar a *dificuldade ou a incapacidade para trabalhar*. A etiologia destes casos pode ser encontrada na impossibilidade de sublimação, que ocorre quando a energia libidinal somente pode satisfazer-se por meios diretos. Verificamos aí uma dificuldade de adaptação às situações de trabalho bem como uma inibição na capacidade de construir, tanto material como simbolicamente. Alguns casos de indivíduos com tendências antissociais ilustram bem esta situação, quando a tolerância à frustração parece ser muito baixa. De outro lado, encontramos a *dificuldade, a incapacidade ou a impossibilidade de escoar livremente os afetos*. Esta situação pode significar, inclusive, uma dificuldade para amar, para devanear ou para experienciar os estados subjetivos dentro de si próprio. Neste caso, a etiologia se encontra em um bloqueio da afetividade que se dá basicamente pela atuação do mecanismo de repressão (*Unterdrückung*), e o indivíduo se apega ao trabalho como uma espécie de tábua de salvação a fim de que possa se preservar de seus próprios desejos, que funcionam primordialmente como fonte de conflitos. Não se pode falar propriamente de sublimação neste caso, mas, antes, de um processo defensivo neurótico, como se observa contemporaneamente naquilo que se diagnosticou como um indivíduo *workaholic*, isto é, viciado em trabalho.

Christopher Bollas (1992), tratando da *doença normótica*, descreveu este quadro como uma espécie de funcionamento psíquico à moda de um robô:

> Floresce na estrutura da vida e constrói seu futuro consultando agendas. Muitas vezes sabe o que estará fazendo em cada hora de cada dia. Os intervalos são destinados aos rituais, prevenindo assim a possibilidade de uma escolha espontânea. Sabe onde irá almoçar, que nas tardes de quinta-feira estará jogando cartas, ou que todas as segundas-feiras jantará com sua mulher. Falta ao lazer aquele espírito de diversão, mas ele é perseguido com o mesmo zelo empregado em qualquer outra tarefa. (p. 174)

De forma geral, acabamos por nos aproximar de um conceito de saúde mental que pressupõe como requisitos básicos a capacidade para amar e a concomitante capacidade para trabalhar. Ou seja, há que se obter alguma satisfação direta para os impulsos afetivos e sexuais e, ao mesmo tempo, há que se conquistar a capacidade de deslocamento sublimatório. Estes fatos possuem uma enorme importância clínica, na medida em que a resolução de um problema que se dá na esfera do trabalho pode alterar substancialmente a relação do paciente com sua sexualidade, e não apenas a recíproca.

O trabalho dá ao homem a possibilidade de afirmar-se perante a natureza, dominando-a e transformando-a de acordo com suas próprias necessidades e desejos. Sua capacidade psíquica para trabalhar, como já vimos, advém de um deslocamento que se opera em sua energia libidinal. O erotismo anal exerce especial papel neste processo. Segundo Freud (1930), um *recalcamento orgânico* prepara o caminho para a civilização, e o erotismo anal deve ceder lugar para o culto à limpeza, à ordem e à beleza, através de um mecanismo de *formação reativa*, isto é, de transformação da pulsão em seu oposto. O valor inconsciente das fezes pode ser entrevisto nas chamadas *equações simbólicas*, por meio das quais elas se associam à produção humana. Portanto, o ato de defecar encontra um equivalente no ato de produzir. Não é à toa que o próprio costume linguístico atribuiu ao vocábulo "obrar" (do latim *operare*, isto é, fazer, executar, realizar) o significado de *defecar*.

Mas, se nos voltarmos agora para a questão social concernente ao trabalho, constataremos que, na realidade, as situações de trabalho poucas chances oferecem aos homens de se realizarem, isto é, de obterem uma satisfação que seja inerente à sua tarefa. O trabalho passa a ser, então, apenas uma tarefa enfadonha executada meramente como ganha-pão, destituída completamente de uma significação intrínseca. Trabalho e lazer encontram-se como atividades opostas. O próprio cultivo de *hobbies* demonstra que algo está falido no dia a dia do trabalho. Pouquíssimos são aqueles profissionais privilegiados que podem usufruir de seu trabalho como atividade criativa e realizadora, pois, para que isso ocorra, é necessário que a *organização do trabalho* esteja conforme ao trabalhador. Como isso quase nunca acontece, podemos falar da instauração de verdadeira uma patologia do trabalho.

Christophe Dejours (1988b) delimitou uma área de estudo e intervenção, à qual chamou de *psicopatologia do trabalho* e que, com a ampliação da compreensão de seu campo, veio a ser renomeada como *psicodinâmica do trabalho*. Trata-se da investigação do sofrimento psíquico do trabalhador destituído do uso pleno de seu aparato mental em razão da organização do trabalho. Mas que também pode procurar compreender como o trabalho pode promover a saúde mental e ser parte fundamental da identidade do trabalhador. A psicopatologia do trabalho, desde sua fundação, tinha como ponto básico de investigação as consequências psíquicas do trabalho, formulando a seguinte questão: como fazem os trabalhadores para se adaptar e para suportar as contrariedades que o trabalho impõe a seu psiquismo? (Dejours; Doppler, 1985). Assim, buscam-se essencialmente os mecanismos de defesa, quer individuais, quer coletivos, que os trabalhadores desenvolvem para subsistir à organização do trabalho que lhes é adversa.

Para tanto, ele se vale de um referencial genuinamente psicanalítico para a compreensão do trabalhador enquanto homem, integrado a uma a abordagem marxista da organização do trabalho. Dejours (1985) fala tanto em *alienação* como em *repressão do funcionamento psíquico* (repressão, aqui, não no sentido de recalcamento, de Freud, mas no sentido que lhe empresta a Escola Psicossomática de Paris) e em *clivagem do eu*, como mecanismos defensivos contra a divisão de tarefas e a divisão dos homens (hierarquia), respectivamente. Estas duas formas de divisão concernem à essência da organização do trabalho.

Observando o modo de funcionamento mental exigido do trabalhador submetido à organização taylorista do trabalho, Dejours (1988a) pôde aí identificar a necessidade do abandono da vida fantasmática do sujeito, a fim de que ele pudesse adaptar-se ao próprio ritmo da tarefa. Curiosamente, esta exigência da repressão do funcionamento mental em seu extrato fantasmático – que concerne, em última instância, ao sonho – conduzia ao aparecimento, durante a situação de trabalho, de um pensamento predominantemente *operatório*, na exata acepção do termo dada por P. Marty e M. de M'Uzan (1963). Assim, certas formas de organização do trabalho – a taylorista de modo mais contundente – seriam uma espécie de produção *in vitro* de um funcionamento psíquico operatório ou desafetado, ou ainda, um estímulo ou uma exigência de um funcionamento nos moldes da *doença normótica*.

> A repressão, cujo interesse teórico em psicossomática foi enfatizado por C. Parat, permanece bastante misteriosa. É a partir da observação clínica dos trabalhadores submetidos ao salário pela produção de peças que se pode abordar o mecanismo de ação da repressão, Com efeito, esse tipo de organização do trabalho suscita, de forma experimental, a

> repressão e a depressão essencial. O operário que trabalha por peça deve lutar contra seu funcionamento mental e contra toda forma de retorno do recalcado que entraria inevitavelmente em competição com a mobilização e o investimento sensório-motores que são, nesta situação, uma exigência contínua de cada instante, sem falha alguma. Assim pode-se demonstrar que o exercício excessivo e forçado de desempenhos sensório-motores pode fazer parar o funcionamento pré-consciente. Na verdade, não se trata de qualquer desempenho. A tarefa é repetitiva e estereotipada, e esse caráter é fundamental para que se inaugure a via da repressão do instinto. (DEJOURS, 1988a, p. 126)

Dejours (1988a) observa que um funcionamento muito parecido com este pode ser observado nos somatizadores, que se impõem, muitas vezes, uma atividade sensorial, motora ou cognitiva, repetitiva e estereotipada e, em seguida, procedem a uma aceleração do ritmo (por exemplo, recitar preces, fazer balanceios repetitivos e acelerados, rotações e barulhos repetitivos pseudomusicais etc.). É então que sobrevém a crise somática. Para ele, aliás, o mecanismo da neurose de angústia em nada difere, estruturalmente, deste funcionamento. Muitas vezes, a descompensação representada pela neurose de angústia prefigura o futuro na ordem das somatizações (p. 126).

Joyce McDougall (1991) considera como fenômenos psicossomáticos "[...] tudo aquilo que atinge a saúde ou a integridade física quando os fatores psicológicos desempenham algum papel" (p. 22). É assim que ela amplia o campo da psicossomática, nele incluindo tanto as falhas do sistema imunológico de um indivíduo como as predisposições aos acidentes corporais, podendo estes últimos serem entendidos como *atos* que visam a descarregar a sobrecarga afetiva e a dor mental que ultrapassam a capacidade de absorção do sujeito:

> Ao invés de contermos nossas emoções e de refletirmos sobre elas para encontrarmos uma resposta adequada, somos levados a *fazer* alguma coisa: comer demais, beber demais, fumar demais, provocar uma briga com o namorado, destruir o automóvel... pegar uma gripe! (p. 17)

McDougall inclui os acidentes de trabalho nesta categoria de significação, visto que a pesquisa industrial demonstra a existência de uma maior propensão para o adoecimento dos trabalhadores e para os acidentes de trabalho quando estes se encontram mais ansiosos, deprimidos ou estafados. As adicções também seriam expressão possível para a mesma problemática.

Com base nos recursos terapêuticos que nos fornece a psicanálise, ampliados pelas pesquisas acerca da especificidade clínica decorrente da conceituação da *mentalização* e do *pensamento operatório*, cabe, evidentemente, tratar do trabalhador cujo aparelho psíquico foi lesado pela organização do trabalho. O que nos mostra Dejours, entretanto, é que, se o elemento patógeno se encontra na organização do trabalho, cabe à clínica do trabalho detectá-lo e propor alterações. Ainda mais: um olhar mais profundo poderá ligar certas injunções do mundo do trabalho com o estilo geral imposto pela cultura que lhe for contemporânea. Por exemplo: se o ponto de partida da psicopatologia do trabalho foi o trabalho fragmentado, tal como preconizava o sistema taylorista, hoje, de acordo com Martins (2009), o que se verifica é a "[...] erosão das estratégias coletivas de defesa" (p. 82). Ora, trata-se de uma realidade que não se restringe ao mundo do trabalho, mas que deita raízes na configuração do próprio laço social.

Deste modo, impõe-se uma dupla tarefa à clínica do trabalho, que é a atenção à saúde do trabalhador e, simultaneamente, à organização do trabalho. Temos aí não só um caráter *técnico* de sua atuação, mas também um caráter eminentemente *ético* da intervenção na área da saúde mental do trabalhador: o compromisso com a construção de um trabalho que possa servir como instrumento colocado a serviço das aspirações e das realizações humanas, tarefa que, segundo Dejours e Doppler (1985), "não é uma utopia, mas um projeto realista" (p. 13).

Referências bibliográficas

BOLLAS, C. *A sombra do objeto*. Rio de Janeiro: Imago, 1992.

DEJOURS, C. Organisation du travail, clivage, alienatio. In: DEJOURS, C., VEIL, C. & WISNER, A. (Orgs.). *Psychopathologie du travail*. Paris: Entreprise Moderne d'Édition, 1985.

_____. *O corpo entre a biologia e a psicanálise*. Porto Alegre: Artes Médicas, 1988a.

_____. *A loucura do trabalho*. São Paulo: Cortez, 1988b.

DEJOURS, C.; DOPPLER, F. Avant-propos. In: DEJOURS, C.; VEIL, C.; WISNER, A. (Orgs.). *Psychopathologie du travail*. Paris: Entreprise Moderne d'Édition, 1985.

FERRAZ, F. C. *A eternidade da maçã: Freud e a ética*. São Paulo: Escuta, 1994.

_____. O mal-estar no trabalho. *Boletim de Novidades Pulsional*, no X, n100, p. 72-80, 1997

FISCHER, E. (1959) *A necessidade da arte*. Rio de Janeiro: Zahar, 1979.

FREUD, S. (1908) Moral sexual "civilizada" e doença nervosa moderna. In: _____. *Edição standard brasileira das obras psicológicas completas*. Rio de Janeiro: Imago, 1980. v. 9.

_____. (1913) Totem e tabu. In: _____. *Edição standard brasileira das obras psicológicas completas*. Rio de Janeiro: Imago, 1980. v. 13.

_____. (1930) O mal-estar na civilização. In: _____. *Edição standard brasileira das obras psicológicas completas*. Rio de Janeiro: Imago, 1980. v. 21.

KLEIN, M. (1934) Uma contribuição à psicogênese dos estados maníaco-depressivos. In: _____. *Contribuições à psicanálise*. São Paulo: Mestre Jou, 1981.

MARTINS, S. R. *Clínica do trabalho*. São Paulo: Casa do Psicólogo, 2009.

MARTY, P.; M'UZAN, M. La pensée opératoire. *Revue Française de Psychanalyse*, v. XXVII, p. 345-355, 1963.

MARX, K. (1867) *O capital*. Rio de Janeiro: Civilização Brasileira, 1971.

McDOUGALL, J. *Teatros do corpo*. São Paulo: Martins Fontes, 1991.

MENDES, A. M. Prazer, reconhecimento e transformação do sofrimento no trabalho. In: MENDES, A. M. (Org.). *Saúde e trabalho*: o sujeito entre emancipação e servidão. Curitiba: Juruá, 2008.

MILLS, W. *A nova classe média*. Rio de Janeiro: Zahar, 1976.

SEGAL, H. (1952) Uma abordagem psicanalítica da estética. In: _____. A obra de Hanna Segal. Rio de Janeiro: Imago, 1982.

WINNICOTT, D. W. (1939) Agressão e suas raízes. In: _____. *Privação e delinqüência*. São Paulo: Martins Fontes, 1987.

13.

Algumas consequências da teoria freudiana sobre a ética[1]

A contribuição da psicanálise para o campo da ética transcende a constituição de uma estrita ética do tratamento psicanalítico. Além das decorrências técnicas que surgiram da necessidade de se balizar o processo analítico pela chamada *regra fundamental* – e sua contrapartida representada pela *atenção flutuante* e pela suspensão de qualquer forma de juízo do analista – a teoria freudiana acabou por balançar algumas vigas do edifício filosófico da ética. Por outro lado, forneceu a este edifício novas possibilidades de sustentação.

Freud (1917), no artigo "Uma dificuldade no caminho da psicanálise", arrolou três grandes golpes que o narcisismo da humanidade teria sofrido: a) o golpe *cosmológico*, devido à descoberta de Copérnico de que a Terra, o domicílio do homem,

---

[1] Uma versão mais sucinta deste texto foi publicada originalmente no *Boletim de Novidades Pulsional*, ano VII, n. 64, pp. 20-25, 1994; a ideia de fundo deste artigo foi desenvolvida em minha dissertação de mestrado, orientada por Melany Schvartz Copit, defendida em 1993 no Instituto de Psicologia da USP e publicada em livro intitulado *A eternidade da maça: Freud e a ética*, São Paulo, Escuta, 1994.

não era o centro estacionário do universo; b) o golpe *biológico*, resultado das pesquisas de Darwin, que retiraram o homem de sua supremacia para o colocar em seu devido lugar na escala animal; c) finalmente, o golpe *psicológico*, ocorrido por obra e mérito do próprio Freud, atingiu o sujeito da certeza e da razão, à medida que a psicanálise apontou para um ego que não era completamente senhor de si, isto é, encontrava-se sujeito a aspectos inconscientes que, a despeito de influenciarem profundamente em sua configuração psíquica, não se deixavam sujeitar pela consciência ou pela razão.

> Em determinadas doenças [...[o ego sente-se apreensivo; rebela-se contra os limites de poder em sua própria casa, a mente. Os pensamentos emergem de súbito, sem que se saiba de onde vêm, nem se possa fazer algo para afastá-los. Esses estranhos hóspedes parecem até ser mais poderosos do que os pensamentos que estão sob o comando do ego. Resistem a todas as medidas de coação utilizadas pela vontade, não se deixam mover pela refutação lógica e não são afetados pelas afirmações contraditórias da realidade. Ou então os impulsos surgem, parecendo como que os de um estranho, de modo que o ego os rejeita; mas, ainda assim, os teme e toma precauções contra eles. O ego diz para consigo: 'Isto é uma doença, uma invasão estrangeira.' Aumenta sua vigilância, mas não pode compreender porque se sente tão estranhamente paralisado. (p. 176)

Os impulsos que invadem a consciência provêm do campo da sexualidade, e os pensamentos súbitos são produtos do inconsciente transformados pelos mecanismos de defesa. Mecanismos presentes na *doença* neurótica, como frisou Freud. Mas, antecipando-se na defesa à crítica que a psiquiatria bem poderia fazer-lhe, reduzindo os fenômenos por ele descritos a formações patológicas, Freud mostrou que eles se *intensificavam* na neurose obsessiva, mas não eram, decididamente, estranhos à própria natureza do funcionamento psíquico do homem civilizado[2].

Ora, a ética que pressupunha que apenas os fundamentos da consciência e da razão atuavam sobre a responsabilidade viu-se interrogada pela metapsicologia freudiana, que reservava à consciência um território cada vez restrito dentro do ego. A qualidade daquilo que era *psíquico* deixava de coincidir com a *consciência*, contrariando assim pressupostos fortemente arraigados na tradição filosófica[3]. Se o id se equiparava às *tendências* naturais do instinto animal do homem, isso não chegava a

---

[2] No artigo "A doença sexual: a intolerável invasão", Fédida (1991) tratou da neurose obsessiva como protótipo de todo funcionamento humano diante da realidade de uma sexualidade que se vê às voltas com a civilização: "Os doentes obsessivos seriam exatamente aqueles que [...] permitem compreender a maioria das manifestações humanas. Em outros termos, a neurose obsessiva não seria apenas uma neurose entre outras, mas sua própria condição de funcionamento, sua natureza, as teorias que ela comporta na sintomatologia de seus doentes constituiriam precisamente o ponto de observação de todos os outros fenômenos" (p. 9).

[3] É bem verdade que a tradição irracionalista na filosofia estava mais próxima das conclusões de Freud sobre a realidade e o papel do inconsciente. Segundo o próprio Freud, a "Vontade" em Schopenhauer poderia equivaler à pulsão na psicanálise. A "Vontade" para Schopenhauer (1819-44) era a raiz metafísica de toda a realidade; sendo independente da representação, ela não estava submetida às leis da razão.

causar grandes surpresas, pois o lado humano remanescente da natureza parece ter sido sempre reconhecido. No entanto, quando se afirmava que até mesmo o superego, encarregado do funcionamento da consciência moral, continha aspectos inconscientes e que ele, muitas vezes, poderia sobrepor-se ao ego, sujeitando-o incondicionalmente, mais ainda se aprofundava o abismo incômodo que a psicanálise insistia em apresentar à teoria constituída da ética.

Em "O ego e o id" Freud (1923) afirmou que as descobertas da psicanálise surpreendiam nossa "escala social ou ética de valores", já que tanto a função moral como a intelectual de um sujeito poderiam desempenhar seu papel à margem da consciência. Nosso "juízo crítico", na verdade, era um reflexo de nosso "sentimento inconsciente de culpa", por mais paradoxal que parecesse a postulação de um "sentimento" que não fosse consciente[4].

Outro ponto em que a psicanálise incidiu desorganizando um dos pilares da ética foi o da concepção de bem e de mal, tão arraigada na tradição cultural do Ocidente. Claro que não se trata aqui de uma universalidade da ética, pois mesmo que ela sempre tenha se pautado pela procura de uma baliza para a ação moral, nem todo modelo ético pressupôs uma transcendência de um *bem supremo*, existente acima e independentemente do sujeito. Isto é claro e cristalino no modelo ético kantiano, que destituiu de conteúdo todo e qualquer mandamento moral,

---

[4] Freud (1923) discute esta questão no capítulo II de *O ego e o id* (p. 36).

deixando para a razão prática a determinação, no plano da ação, do norte da conduta. Mas, para aqueles modelos éticos que pressupunham o bem transcendente, a psicanálise representou a mais aguerrida oposição, ao afirmar que o *bem*, para uma criança, significa a atitude que lhe assegura a manutenção do amor e da proteção das figuras parentais (isto é, a atitude que serve ao apaziguamento do medo da castração), e que, respectivamente, seu contrário – o *mal* – seria uma noção ancorada na experiência da reprovação, que significa a ameaça da perda do amor e da proteção. Ora, isto relativiza sobremaneira o aspecto epistêmico das ideias de *bem* e de *mal*[5].

No que toca à concepção de uma *natureza humana*, Freud sempre insistiu em dizer que ela nada teria de "boa". Isso quer dizer que, para ele, a tendência à agressão seria constitutiva do ser humano e representaria a maior dificuldade na edificação da civilização e na consolidação de um relacionamento ético entre os homens. Sua concepção de natureza humana,

---

[5] "[...] a existência de uma capacidade original, por assim dizer, natural de distinguir o bom do mau. O que é mau, frequentemente, não é de modo algum o que é prejudicial ou perigoso ao ego; pelo contrário, pode ser algo desejável pelo ego e prazeroso para ele. Aqui, portanto, está em ação uma influência estranha, que decide o que deve ser chamado de bom ou mau. De uma vez que os próprios sentimentos de uma pessoa não a conduziriam ao longo desse caminho, ela deve ter um motivo para submeter-se a essa influência estranha. Esse motivo é facilmente descoberto no desamparo e na dependência dela em relação a outras pessoas, e pode ser mais bem designado como medo da perda de amor. Se ela perde o amor de outra pessoa de quem é dependente, deixa também de ser protegida de uma série de perigos. Acima de tudo, fica exposta ao perigo de que essa pessoa mais forte mostre a sua superioridade sob forma de punição. De início, portanto, mau é tudo aquilo que, com a perda do amor, nos faz sentir ameaçados. Por medo dessa perda, deve-se evitá-lo" (p. 147-148).

desta forma, distancia-se daquela de Rousseau, mas alinha-se definitivamente ao *homo homini lupus* de Hobbes. Esta ideia, já expressa pela caracterização do egoísmo infantil em "A interpretação dos sonhos" (1900), ganha sucessivos reforços, como, por exemplo, na afirmação do ódio como precursor do amor em "O instinto e suas vicissitudes" (1915b), na característica destrutiva da pulsão em "Além do princípio do prazer" (1920) e na inclinação constitutiva dos seres humanos para a agressão mútua em "O mal-estar na civilização" (1930), para ficar apenas nestes três exemplos.

Em "O mal-estar na civilização" Freud (1930) procura demonstrar a existência de dificuldades quase incontornáveis para a prosperidade da civilização, sob o ponto de vista da ética, dizendo que aí se encontra exatamente o seu "ponto mais doloroso". Como poderia o homem ter chegado à formulação de um mandamento tão antinatural e impossível de ser seguido à risca, como o de "amar ao próximo como a si mesmo"? Ele já tentara investigar a origem deste mandamento em "Totem e tabu" (1913), conectando-o à culpa decorrente do assassinato do pai primevo, culpa que se ampliou mais tarde e erigiu regras cada vez mais restritivas para o relacionamento entre os homens. A questão da característica antinatural do mandamento de amar ao próximo, curiosamente, já chamara a atenção de Kant (1785), que, na "Fundamentação da metafísica dos costumes" tentou solucionar o problema fazendo a distinção entre amor *prático* e amor *patológico* (passional). Visto que o amor é algo que não pode ser ordenado, Kant diz que o amor a que o mandamento se refere só pode residir na *vontade*, e jamais na *inclinação*.

O problema que Freud (1930) procura explorar em sua referência à ética, em "O mal-estar na civilização", pode ser expresso pela seguinte indagação: o que faz a civilização na tentativa de manter sob controle a tendência à agressão mútua inerente ao ser humano? Sua resposta é incrivelmente semelhante à que Nietzsche (1887) já dera, em "Para a genealogia da moral", para o aparecimento da má consciência: seria a internalização da agressividade, seu desvio da direção do objeto externo e sua volta para o próprio sujeito. Se não, vejamos.

Para Nietszche (1887), a moral é um instrumento inventado pelos fracos hipócritas para dominar os fortes, controlando seus desejos, paixões e vontades que atestam sua vitalidade. O objetivo da moral seria submeter a vontade à razão, e para isso foram inventados os castigos. Eis sua tese:

> Todos os instintos que não se descarregam para fora *voltam-se para dentro* – é isto que eu denomino a *interiorização* do homem: é somente com isso que cresce no homem aquilo que mais tarde se denomina sua "alma". O inteiro mundo interior, originariamente delgado como algo retesado entre duas peles, separou-se e aumentou, adquiriu profundeza, largura, altura, na medida em que a descarga do homem para fora foi *obstruída*. Aqueles terríveis baluartes com que a organização estatal se protegia contra os velhos instintos de liberdade – os castigos fazem parte, antes de tudo, desses

baluartes – acarretaram que todos aqueles instintos do homem selvagem, livre, errante, se voltassem para trás, *contra o homem mesmo*. A hostilidade, a crueldade, o gosto pela perseguição, pelo assalto, pela mudança, pela destruição – tudo isso se voltando contra os possuidores de tais instintos: *essa* é a origem da "má consciência". (p. 310)

Freud (1930), de modo muito semelhante, afirma:

> Sua agressividade (*do indivíduo*) é introjetada, internalizada; ela é, na realidade, enviada de volta para o lugar de onde proveio, isto é, dirigida no sentido de seu próprio ego. Aí, é assumida por uma parte do ego, que se coloca contra o resto do ego, como superego, e que então, sob forma de 'consciência', está pronta para pôr em ação contra o ego a mesma agressividade rude que o ego teria gostado de satisfazer sobre outros indivíduos, a ele estranhos. A tensão entre o severo superego e o ego, a que ele se acha sujeito, é por nós chamada de sentimento de culpa; expressa-se como necessidade de punição. A civilização, portanto, consegue dominar o perigoso desejo de agressão do indivíduo, enfraquecendo-o, desarmando-o e estabelecendo no seu interior um agente para cuidasse dele, como uma guarnição numa cidade conquistada. (p. 146-147)

Se Freud nunca escreveu um trabalho que tratasse exclusivamente de sua concepção da ética ou do aparecimento dos sentimentos éticos no indivíduo e na cultura, o conjunto de sua obra, em compensação, fornece-nos material mais do que suficiente para deduzirmos o que seria um modelo freudiano da ética. Conforme apontei em outra ocasião (FERRAZ, 1994), o mecanismo da formação de uma *consciência moral*, na acepção freudiana, pressupõe dois fatores, que se engendram mutuamente: a *renúncia* à pulsão e a *culpabilidade*, que, em forma de conjunto dialético, resultariam, por um lado, da passagem da predominância do processo primário para o secundário, e, por outro, das consequências da vivência do conflito edípico.

Neste ponto, aproximamo-nos de um problema que certas formas da psicopatologia propõem para a psicologia da moral: trata-se do fato de que a consciência moral que se volta contra o ego obtém seu *quantum* de energia destrutiva no domínio das pulsões. Daí o caráter primitivo e cruel do superego na melancolia, quando ele pode chegar a exigir até mesmo a destruição completa do ego.

A observação do funcionamento do superego levou Freud a aproximá-lo, por algumas vezes, do *imperativo categórico* de Kant. Antes mesmo da formulação da segunda tópica do aparelho psíquico, Freud (1913) escreveu em "Totem e tabu" que a natureza da proibição ligada ao tabu era a mesma do imperativo categórico, já que ambos operavam de forma compulsiva e rejeitavam os apelos da consciência. Neste ponto, parece-me que nos encontramos diante de uma inexatidão conceitual, visto que Kant insiste na *razão* como caráter fundamental da consciência moral, enquanto o superego freudiano encerraria em si qualidades essenciais de não razão. O que me parece mais harmônico entre as ideias de superego e de imperativo categórico é exatamente o caráter implacável da ordem ditada, bem como sua feição francamente compulsiva e compulsória, o que se verifica principalmente no caso do superego rígido que se volta com violência contra o ego (FERRAZ, 1994).

Mas existe ainda outro ponto na construção da ética psicanalítica que eu gostaria de ressaltar: trata-se da maneira como Freud (1915a) propõe, para a técnica analítica, o manejo das relações entre fantasia e norma, cujo conflito mais candente se verifica no sintoma histérico. Ao erigir uma técnica soldada a uma ética para o tratamento analítico, Freud elevou o binômio *neutralidade-abstinência* a algo maior do que meras prescrições aos "médicos" que exerciam a psicanálise. Este binômio passou, assim, a representar a própria condição necessária à enunciação da fantasia, pelo lado do paciente, e à respectiva escuta, pelo lado do analista. Isto quer dizer que o analista, ao se isentar de qualquer forma de juízo, favorece o surgimento de um espaço para a encenação da fantasia, seja ela verbalizada ou "transferida". Esta ética teria como escopo privilegiado a "apropriação do desejo" por parte do sujeito, por assim dizer.

A junção dos pressupostos técnicos com os éticos, no entanto, não surgiu apenas de considerações a respeito do enquadramento necessário à criação da situação analítica. Ela ancorou, também, naquilo que poderíamos chamar de uma *ética da teoria psicanalítica*, cujas raízes mais vigorosas se encontram na concepção freudiana de sexualidade, apresentada de forma contundente nos "Três ensaios sobre a teoria da sexualidade" (FREUD, 1905b). Ao mostrar que o desejo do perverso em nada se diferenciava do desejo do neurótico ou do indivíduo "normal", isto é, que as pulsões parciais estavam presentes em qualquer configuração sexual, e que havia uma bissexualidade constitucional no ser humano – que deslocava o objeto sexual de uma esfera natural para uma esfera da contingência – Freud produziu um abalo, desta vez nos alicerces, da "moral sexual civilizada" e da "ética naturalista" que a sustentava.

Portanto, um dos marcos da revolução freudiana foi a dissolução da ruptura que se estabelecia entre o normal e o patológico, tanto no campo da sexualidade como no campo da sanidade mental. Este fato, certamente, representava um incômodo ao pensamento conservador. Não é por outra razão que a psicanálise foi tantas vezes duramente acusada de ser uma experiência imoral, comprometida com a liberação dos impulsos e das fantasias de natureza "antissocial". Mas, em contrapartida, é imperioso também lembrar que se costuma atacar a psicanálise pela razão exatamente inversa, isto é, por seu suposto caráter conservador, como se ela se esforçasse por ser, em última instância, um processo adaptativo à norma da moral sexual civilizada. Na realidade, ela não é nem uma coisa nem outra: Freud (1915a) já enunciara, em "Observações sobre o amor transferencial", que o compromisso com a verdade era o alvo e o princípio maior do processo analítico. Lagache (1958) viria a afirmar mais tarde que o processo analítico é uma "experiência moral", à medida que ele pode proporcionar um incremento na arte de viver e na sabedoria.

O impacto das descobertas de Freud sobre o campo da sexualidade não poderia deixar de influenciar os rumos da ética social. Ao prestar o devido tributo à contribuição da moral sexual na gênese da histeria e, portanto, no recalque da fantasia, Freud acabou por se converter em um crítico ácido da civilização, mostrando seus aspectos indubitavelmente danosos, que, combinados com as características destrutivas da pulsão, assim como pelos mecanismos de autofrustração a ela inerentes (Freud, 1912), vão tornar a busca da felicidade uma tentativa cultural e individual inexoravelmente vã.

No artigo "Moral sexual 'civilizada' e doença nervosa moderna", Freud (1908) denuncia as exigências demasiadamente severas da moral civilizada sobre a vida pulsional do homem, e atribui a ela a causa da infelicidade e das neuroses. Diz ele:

> Uma das óbvias injustiças sociais é que os padrões de civilização exigem de todos uma idêntica conduta sexual, conduta esta que pode ser observada sem dificuldades por alguns indivíduos, graças às suas organizações, mas que impõe a outros os mais pesados sacrifícios psíquicos. Entretanto, na realidade, essa injustiça é geralmente sanada pela desobediência às injunções morais. (p. 196)

Os mais sacrificados seriam as mulheres, de quem se exigiria maior observância aos padrões morais, e os homossexuais, por não se adaptarem à chamada "normalidade". Os homens, por meio da "moral dupla", conseguiriam escapar da estreita obediência às normas. Freud vai mais além, criticando o casamento e a monogamia, instituições para ele fadadas ao fracasso por contrariarem a natureza da pulsão sexual.

Na história clínica de Dora (1905a), Freud não se furta ao emprego de um discurso veemente para afirmar que não se pode falar com indignação sobre as perversões, visto que elas se encontram em todas as pessoas e, mais que isso, o juízo que delas se faz só resiste enquanto fragmento de uma mentalidade datada, que, assim, não pode reivindicar para si o *status* de verdade universal. Como exemplo, compara a condenação à homossexualidade em nossa cultura à sua aceitação e, mais que isso, a seu papel socialmente relevante na Grécia antiga:

> [...] precisamos aprender a falar sem indignação sobre o que chamamos perversões sexuais – casos em que a função sexual estende seus limites, seja para a parte do corpo em causa ou para o objeto sexual escolhido. A incerteza no tocante aos limites do que deve ser chamado de vida sexual normal, quando levamos em conta raças e épocas diferentes, deve, por si mesma, bastar para esfriar o ardor do apaixonado. Certamente não podemos esquecer que a perversão que a mais repelente para nós, o amor sensual de um homem por outro homem, não só foi tolerada por um povo muito superior a nós em cultura – os gregos – como foi por eles considerada digna de importantes funções sociais. A vida sexual de cada

um de nós se estende ligeiramente – ora numa direção, ora
noutra – além das estreitas linhas impostas como padrão de
normalidade. As perversões não são bestiais nem degenera-
das no sentido emocional da palavra. (p. 47)

Cumpre lembrar, no entanto, que, no seio da própria psicanálise, deparamo-nos com o perigo da reprodução do juízo
de valor sobre a sexualidade dita pré-genital. Lacan (1959-
60) chamou a atenção para esta confusão, que pode, muitas
vezes, procurar "[...] promover na ordenação da análise a
normalização psicológica" que incluiria em si uma "moralização
racionalizante". Exemplo disso, segundo ele, seria a objetivação
de uma sexualidade madura, que teria seu "acabamento" no
estágio da genitalidade.

Mas, feitas estas observações, o que teríamos a dizer a
respeito da ordenação dos valores sociais, já que a psicanálise,
para a manutenção de sua essência, recusa-se a ser um campo
normativo, e que ela, além disso, relativizou sobremaneira as
"verdades" a respeito do mundo da sexualidade?

Ora a radicalidade da experiência freudiana colocou para
a psicanálise o objetivo da desalienação do sujeito, rumo à
conquista de sua autonomia e de sua capacidade de amar e
de realizar-se. Por essa razão, não há como engessá-la com
objetivos adaptacionistas. A ética que se pode deduzir de
sua teoria e de seu método só poderia ser a *ética da tolerância*.
A mesma que, de acordo com Jurandir Freire Costa (1992),
encontra-se presente no vocabulário da tradição democrática e

significa "[...] agir, pensar e falar de modo a evitar os exemplos de intolerância que conhecemos: intolerância racial, sexual, étnica, estética, religiosa, política, social etc." (p. 74).

Referências bibliográficas

COSTA, J. F. *A inocência e o vício*. Rio de Janeiro: Relume-Dumará, 1992.

FÉDIDA, P. A doença sexual: a intolerável invasão. In: _____. *Nome, figura e memória*. São Paulo: Escuta, 1991.

FERRAZ, F. C. *A eternidade da maçã: Freud e a ética*. São Paulo: Escuta, 1994.

FREUD, S. (1900) A interpretação dos sonhos. In: _____. *Edição standard brasileira das obras psicológicas completas*. Rio de Janeiro: Imago, 1980. v. 4-5.

_____. (1905a) Fragmentos da análise de um caso de histeria. In: _____. *Edição standard brasileira das obras psicológicas completas*. Rio de Janeiro: Imago, 1980 v. 7.

_____. (1905b) Três ensaios sobre a teoria da sexualidade. In: _____. *Edição standard brasileira das obras psicológicas completas*. Rio de Janeiro: Imago, 1980 v. 7.

_____.(1908) Moral sexual "civilizada" e doença nervosa moderna. In: _____. *Edição standard brasileira das obras psicológicas completas*. Rio de Janeiro: Imago, 1980. v. 9.

_____. (1912) Sobre a tendência universal à depreciação na esfera do amor. In: _____. *Edição standard brasileira das obras psicológicas completas*. Rio de Janeiro: Imago, 1980. v. 11.

_____. (1913) Totem e tabu. In: _____. *Edição standard brasileira das obras psicológicas completas*. Rio de Janeiro: Imago, 1980, v. 13.

_____. (1915a) Observações sobre o amor transferencial. In: _____. *Edição standard brasileira das obras psicológicas completas*. Rio de Janeiro: Imago, 1980, v.12.

_____. (1915b) O instinto e suas vicissitudes. In: _____. *Edição standard brasileira das obras psicológicas completas*. Rio de Janeiro: Imago, 1980 v. 14

_____. (1923) O ego e o id. In: _____. *Edição standard brasileira das obras psicológicas completas*. Rio de Janeiro: Imago, 1980. Op., v. 19_____. (1917) Uma dificuldade no caminho da psicanálise. In: _____. *Edição standard brasileira das obras psicológicas completas*. Rio de Janeiro: Imago, 1980, v. 17.

_____. (1920) Além do princípio do prazer. In: _____. *Edição standard brasileira das obras psicológicas completas*. Rio de Janeiro: Imago, 1980. v. 18.

_____. (1930) O mal-estar na civilização. In: _____. *Edição standard brasileira das obras psicológicas completas*. Rio de Janeiro: Imago, 1980. v. 21.

KANT, I. (1785) Fundamentação da metafísica dos costumes. In: _____. *Os Pensadores*. São Paulo: Abril Cultural, 1974.

LACAN, J. (1959-60) *O Seminário*. Rio de Janeiro: Zahar, 1988. Livro 7: A ética da psicanálise.

LAGACHE, D. (1958) *A psicanálise*. Rio de Janeiro: Difel, 1978.

NIETZSCHE, F. (1887) Para a genealogia da moral. In: _____. *Os Pensadores*. São Paulo: Abril Cultural, 1978.

SCHOPENHAUER, A. (1819-44) Crítica da filosofia kantiana. In: _____. *Os Pensadores*. São Paulo: Abril Cultural, 1980.

Impresso por :

gráfica e editora

Tel.:11 2769-9056